O CONTADOR DE HISTÓRIAS

Dave Grohl

O CONTADOR DE HISTÓRIAS

Memórias de vida e música

Tradução de
Alexandre Raposo, Jaime Biaggio
e Leonardo Alves

Copyright © 2021 by David Eric Grohl

TÍTULO ORIGINAL
The Storyteller: Tales of Life and Music

CRÉDITO DAS IMAGENS
Páginas 3, 14, 20, 32, 39, 44, 48, 65, 78, 86, 96, 98, 116, 134, 141, 155, 185, 200, 204, 211, 216, 274, 286, 309 e 398: cortesia do autor. Páginas 4, 10, 270 e 410: cortesia de Magdalena Wosinska. Página 18: cortesia de Kevin Mazur. Página 68: cortesia do autor, parte dos arquivos da Ruthless Records. Páginas 93, 119, 120, 123, 124, 128 e 130: cortesia de Virginia Grohl. Páginas 170 e 179: cortesia de Charles Peterson. Página 218: cortesia de John Silva/SAM. Páginas 232, 236, 258, 260, 261, 300, 330, 334, 348 e 388: cortesia de Danny Clinch. Páginas 266, 352, 368 e 375: cortesia de Jordyn Blum. Página 282: cortesia de Mary McCartney. Página 316: cortesia de Ross Halfin. Página 356: cortesia de Brantley Guitterrez. Página 408: cortesia de Andreas Neumann.

PREPARAÇÃO
Laura Folgueira
Stella Carneiro

REVISÃO
Ana Cristina Gonçalves
Iuri Pavan
Ulisses Teixeira

PROJETO GRÁFICO
Renata De Oliveira

ILUSTRAÇÃO
Angela Boutin

DESIGN DE CAPA
Jeanne Reina

FOTOS DE CAPA
Magdalena Wosinska/HarperCollins Publishers

ADAPTAÇÃO DE CAPA
Henrique Diniz

DIAGRAMAÇÃO
Ilustrarte Design e Produção Editorial

CIP-BRASIL. CATALOGAÇÃO NA PUBLICAÇÃO
SINDICATO NACIONAL DOS EDITORES DE LIVROS, RJ

G897c

Grohl, Dave, 1969-
O contador de histórias : memórias de vida e música / Dave Grohl ; tradução Alexandre Raposo, Jaime Biaggio, Leonardo Alves. - 1. ed. - Rio de Janeiro : Intrínseca, 2022.
; 23 cm.

Tradução de: The storyteller : tales of life and music
ISBN 978-65-5560-558-7

1. Grohl, Dave, 1969-. 2. Foo Fighters (Conjunto musical). 3. Nirvana (Conjunto musical). 4. Músicos de rock - Estados Unidos - Biografia. I. Raposo, Alexandre

21-73962

CDD: 781.66092
CDU: 929:78.071.2

Meri Gleice Rodrigues de Souza - Bibliotecária - CRB-7/6439

[2022]
Todos os direitos desta edição reservados à
EDITORA INTRÍNSECA LTDA.
Av. das Américas, 500, bloco 12, sala 303
22640-904 – Barra da Tijuca
Rio de Janeiro — RJ
Tel./Fax: (21) 3206-7400
www.intrinseca.com.br

PARA VIRGINIA GROHL.
Sem ela, minhas histórias seriam bem diferentes.

PARA JORDYN BLUM.
Você tornou a minha história muito mais incrível e linda.

PARA VIOLET, HARPER E OPHELIA.
Que as suas histórias sejam tão únicas e fantásticas quanto vocês.

SUMÁRIO

INTRODUÇÃO: AUMENTE O SOM 11

PARTE UM: MONTANDO O CENÁRIO
O DNA NÃO MENTE 17
A DESILUSÃO COM SANDI 31
AS CICATRIZES SÃO INTERNAS 43
TRACEY É UMA PUNK ROCKER 61
SESSÃO ESPÍRITA COM JOHN BONHAM 75

PARTE DOIS: O DESENVOLVIMENTO
TOMARA QUE VOCÊ SEJA BOM 89
CLARO QUE EU QUERO SER SEU CACHORRO! 115
CADA DIA É UMA PÁGINA EM BRANCO 133
É UM NEGÓCIO PARA SEMPRE 151
A GENTE ESTAVA CERCADO, E NÃO TINHA SAÍDA 167
A RUPTURA 181

PARTE TRÊS: O MOMENTO
ELE SE FOI 203
O HEARTBREAKER 215
DOCE VIRGÍNIA 231
ERA ISSO QUE EU QUERIA 255

PARTE QUATRO: NAVEGANDO
CRUZANDO A PONTE PARA WASHINGTON 273
DIRIGINDO BÊBADO DO OUTRO LADO DO MUNDO 285
A VIDA ACELERAVA 305
DANÇANDO O SWING COM O AC/DC 323
INSPIRADO, MAIS UMA VEZ 337

PARTE CINCO: VIVENDO
HISTÓRIAS DE NINAR COM JOAN JETT 355
O BAILE DE PAIS E FILHAS 367
A SABEDORIA DA VIOLET 385

CONCLUSÃO: MAIS UM PASSO NA FAIXA DE PEDESTRES 397
AGRADECIMENTOS 411

INTRODUÇÃO

AUMENTE O SOM

Às vezes, esqueço que envelheci.

Minha cabeça e meu coração parecem me pregar uma peça cruel, me deixando com a falsa sensação de juventude ao encarar o mundo todos os dias com os olhos idealistas e travessos de uma criança rebelde que enxerga valor e felicidade nas coisas mais básicas e simples.

Uma rápida olhada no espelho é o suficiente para me lembrar de que não sou mais aquele garotinho com uma guitarra fuleira e uma pilha de discos ensaiando sozinho por horas a fio na esperança de um dia quebrar as barreiras e expectativas de uma vidinha classe média de comercial de margarina na Virgínia. Não. Meu reflexo agora exibe dentes lascados num sorriso baleado, todos rachados e retraídos, o esmalte desgastado por anos de fricção com os microfones. Vejo as olheiras fundas sob meus olhos caídos, fruto de décadas de fusos horários trocados, de sono perdido em nome de mais uma preciosa hora de vida. Vejo os tufos brancos da minha barba. E sou grato por tudo isso.

Anos atrás, me pediram para tocar no show beneficente 12-12-12, para as vítimas do furacão Sandy. Foi no Madison Square Garden, em Nova York, com a meca do rock and roll: McCartney, The Rolling Stones, The Who, Roger Waters e mais uma penca de nomes de primeira. Em certo momento, um dos promotores me abordou e perguntou se eu poderia me juntar a alguns daqueles artistas icônicos na coxia para tirar fotos com fãs que haviam doado bastante dinheiro para a causa. Honrado por fazer parte daquilo, aceitei com o maior prazer e cruzei o labirinto de corredores do backstage rumo ao que imaginava ser uma sala repleta de história do rock and roll, todo mundo enfileirado como numa foto de turma do colégio, casacos de couro e sotaques britânicos para todos os lados. Ao chegar lá, para a minha surpresa, encontrei só dois artistas, cada um no seu canto. Um tinha a aparência reluzente de um carro de luxo novinho em folha. Cabelo impecavelmente tingido, bronzeamento artificial e sorriso recém-recauchutado que parecia saído de uma embalagem de chiclete (uma tentativa óbvia de tentar adiar o processo de envelhecimento que acabou criando o efeito contrário, dando a aparência de uma parede desgastada com excesso de demãos de tinta). O outro parecia um carro envenenado, mas já nas últimas. Cabelo grisalho desgrenhado, cara emburrada com vincos profundos, dentes que poderiam ter pertencido a George Washington e uma camiseta preta tão apertada no torso de barril que você percebia na mesma hora: esse aí está pouco se fodendo.

Pode parecer clichê falar em epifania, mas, num lampejo, enxerguei o meu futuro. Decidi ali mesmo que seria como o segundo. Que celebraria os anos que estavam por vir aceitando o efeito que teriam sobre mim. Que aspiraria a me tornar o carro envenenado nas últimas, mesmo que passasse o restante da vida pegando no tranco. Nem tudo precisa de polimento, afinal. Se você deixar uma guitarra Pelham Blue Gibson Trini Lopez dentro do case por cinquenta anos, ela vai parecer recém-saída da fábrica. Mas, se pegá-la, expô-la ao sol, deixá-la respirar, suar em cima dela, TOCAR a porra da guitarra, com o tempo ela vai ganhar um tom próprio. E cada instrumento envelhece de um jeito totalmente diferente. Isso que é beleza para mim. Não o brilho da perfeição pré-fabricada, mas a beleza da individualidade, do tempo e da sabedoria que só vem com a experiência.

Por um milagre, minha memória ainda está relativamente intacta. Desde pequeno, sempre medi a minha vida por parâmetros musicais, não por meses ou anos. Para me lembrar de um lugar ou de uma época específicos, minha mente se guia fielmente por canções, álbuns e bandas. Das rádios AM dos anos 1970 a cada microfone diante do qual eu tenha me colocado, sou capaz de relembrar pessoas, coisas, locais e momentos pelas primeiras notas de qualquer música que tenha saído de uma caixa de som e entrado na minha alma. Ou da minha alma para as caixas de som de vocês. Para alguns, sabores desencadeiam reminiscências. Para outros, são imagens ou cheiros. No meu caso, são sons, tocando como uma mixtape inacabada esperando pelo momento de ser enviada.

Embora nunca tenha sido de colecionar "coisas", eu coleciono momentos. Portanto, nesse sentido, minha vida passa diante dos meus olhos e ouvidos todos os dias. Neste livro, capturei alguns desses momentos da melhor maneira que pude. Essas memórias, da minha vida inteira, são recheadas de música, claro. E elas, às vezes, podem estar bem altas.

AUMENTE O SOM. OUÇA COMIGO.

PARTE UM

MONTANDO O CENÁRIO

O DNA NÃO MENTE

— Pai, quero aprender a tocar bateria!

Eu sabia que esse dia ia chegar.

Lá estava Harper, minha filha de oito anos, me encarando com seus grandes olhos castanhos como se fosse a Cindy Lou Who, de *O Grinch*, segurando agitadas nas mãozinhas um dos meus pares de baquetas lascadas. Minha filha do meio, minha mini-eu, a que mais se parece fisicamente comigo. Sempre soube que ela acabaria se interessando por música, mas... bateria? Que coisa mais raspa de tacho, nível vaga de estagiário.

— Bateria? — respondi, com as sobrancelhas arqueadas.

— É! — guinchou ela, com aquele sorrisão.

Parei um momento para pensar e, com a garganta começando a apertar com todas aquelas emoções, disse:

— Ok... E você quer que eu te ensine?

Aos pulinhos, calçando tênis quadriculados, ela timidamente fez que sim, e na mesma hora uma onda de orgulho paternal recaiu sobre mim, além de um sorriso de orelha a orelha. Nos abraçamos e subimos as escadas de mãos dadas até o meu escritório, onde há uma bateria velha. É uma lembrança que vou levar para sempre, feito um daqueles momentos melodramáticos em novelas ou em comerciais megassentimentais do Super Bowl (aqueles que fazem até o mais cascudo entusiasta de *monster trucks* se debulhar em lágrimas em cima do molho de frango).

Bastou entrarmos no escritório para eu lembrar que nunca havia tido aulas profissionais e, portanto, não fazia a menor ideia de como ensinar alguém a tocar bateria. O mais próximo que cheguei de qualquer instrução musical mais estruturada foram umas poucas horas que passei na companhia de um baterista de jazz espetacular chamado Lenny Robinson, que eu via tocar todos os domingos à tarde num muquifo de jazz chamado One Step Down, em Washington. Era um clubeco na Pennsylvania Avenue, colado no bairro de Georgetown, mas ele não só atraía um monte de músicos itinerantes já de nome, como também abrigava um workshop de jazz todo fim de semana, no qual a banda da casa (cujo líder era Lawrence Wheatley, uma lenda do jazz local) se apresentava algumas vezes no salão escuro e lotado e convidava iniciantes para improvisar com eles no palco.

Na minha adolescência, nos anos 1980, aqueles workshops se tornaram um ritual dominical para mim e para minha mãe. A gente se sentava a uma mesinha, pedia bebidas e petiscos e passava horas vendo aqueles mestres da música tocarem, aproveitando a bela liberdade de improvisação do jazz tradicional. Ninguém nunca sabia o que esperar no interior daquelas paredes de tijolos sem adornos, com o ar impregnado de fumaça, onde o único som era o das músicas no palquinho (falar era expressamente proibido). Eu tinha quinze anos na época e estava no auge da minha obsessão pelo punk rock. Escutava apenas o que existisse de mais rápido e barulhento. Ainda assim, estabeleci um vínculo com os aspectos emocionais do jazz. Ao contrário da música pop e das suas convenções (que eu desprezava por completo na época, como o garoto de *A Profecia* ao entrar numa igreja), havia, na tapeçaria caótica das composições de jazz, um grau de beleza e dinamismo que me agradava. Às vezes, era estruturado; outras vezes, não. Mas, acima de tudo, eu amava a bateria de Lenny Robinson. Era algo que nunca tinha visto em shows de punk rock. Um som bombástico com precisão elegante; ele fazia tudo parecer muito fácil (hoje eu sei que não era).

Foi uma espécie de despertar musical para mim. Tendo aprendido a tocar bateria de ouvido no meu quarto, usando almofadas sujas, nunca havia tido alguém do meu lado para dizer o que estava "certo" ou "errado" e, por isso, tocava com uma fúria inconsistente e hábitos selvagens. UMA VERSÃO PIORADA DO ANIMAL, DOS MUPPETS. Lenny obviamente tinha algum grau de instrução formal, e eu ficava assombrado com a sensibilidade e o controle dele. Meus "professores" eram meus discos de punk rock: chapas de vinil rápidas, dissonantes, cheias de berro, com bateristas que poucos chamariam de *tradicionais*, mas cujo brilhantismo cru era inegável. Sempre vou dever muito a estes heróis pouco celebrados da cena marginal do punk rock. Bateristas como Ivor Hanson, Earl Hudson, Jeff Nelson, Bill Stevenson, Reed Mullin, D.H. Peligro, John Wright... A lista é longa. Até hoje dá para ouvir ecos do trabalho deles no meu, com sua marca indelével surgindo em composições como "Song for the Dead", do Queens of the Stone Age, "Monkey Wrench", do Foo Fighters, ou até mesmo "Smells Like Teen Spirit", do Nirvana (para citar apenas algumas). Todos esses músicos ficam aparentemente a anos-luz de distância da turma de Lenny, mas compartilhavam com ele um sentido familiar de beleza no caos estruturado, sentido este que eu amava naqueles domingos no One Step Down e que ralei para conseguir alcançar.

Numa tarde úmida de verão, minha mãe e eu decidimos comemorar o aniversário dela em mais um workshop semanal de jazz no clube. Aquilo já havia se tornado o nosso programa e é algo que ainda lembro com carinho. Nenhum outro amigo meu saía com os pais, ainda mais para ir a uma porra de clube de jazz no centro de Washington, e eu achava minha mãe maneira demais por isso, sem falar que era outra forma de fortalecer nossos laços. Em plena era da Geração X, do divórcio, das disfunções, nós realmente éramos amigos. Ainda somos! E foi naquele dia, depois de algumas porções de batatas fritas e performances do quarteto de Lawrence Wheatley, que minha mãe se virou para mim e disse:

— David, vai lá tocar com a banda como presente de aniversário pra mim?

Não lembro bem qual foi a minha reação, mas certamente foi algo na linha "VOCÊ SURTOU, CARALHO?". Fazia só alguns anos que eu tinha começado a tocar bateria (almofadas) e, tendo aprendido a partir de discos arranhados de punk rock da minha coleção, NEM A PAU que conseguiria tocar JAZZ decentemente com aqueles fodões. O pedido era inimaginável, um delírio completo. Era me jogar aos leões. Um desastre iminente. Mas... era a minha mãe, e ela já tinha sido tão legal só por me levar até lá. Então...

Concordei, ainda que relutante, e me levantei devagar da nossa mesinha, navegando o recinto lotado de entusiastas do jazz a caminho da beirada do palco para colocar meu nome na lista manchada de café. Havia duas colunas: "Nome" e "Instrumento". Passei os olhos nos outros nomes de músicos aparentemente tarimbados da lista e, com a mão tremendo, fiz um rápido garrancho: "David Grohl — bateria." Me senti como se estivesse assinando minha própria sentença de morte. Cambaleei de volta para nossa mesa, atordoado, achando que todo mundo estava de olho em mim e começando a empapar de suor meu jeans rasgado e minha camiseta de punk rock na mesma hora. O que eu tinha acabado de fazer? Nada de bom poderia sair daquilo! Cada minuto parecia uma hora enquanto chamavam um músico fantástico após o outro para entreter aquelas paredes sagradas e aqueles ouvidos experientes. Todos mais do que capazes de acompanhar aquelas feras do jazz. A cada momento, uma parte da minha confiança desaparecia. O estômago revirado, as palmas das mãos suadas, o coração disparado, tentando ao máximo entender o tempo alucinante dos músicos e pensando como eu conseguiria acompanhar os instrumentistas de nível técnico incrível que subiam toda semana naquele palco. *Pelo amor de Deus, não me chamem ainda*, eu pensava. *Pelo amor...*

E logo a voz arrastada de barítono profundo de Lawrence Wheatley ressoou nos alto-falantes, enunciando as temidas palavras que até hoje me assombram:

— Senhoras e senhores, recebam... na bateria... David Grohl.

Me levantei, tão tímido quanto os aplausos, que logo se dissiparam ao notar que eu, evidentemente, não era uma lenda com anos de serviços prestados ao jazz, mas um punk de classe média magrelo com cabelo esquisito, tênis All Star sujos e uma camiseta que dizia "KILLING JOKE". O horror no rosto dos músicos quando fui até o palco fazia parecer que a própria Morte se aproximava. Lá, o grande Lenny Robinson me entregou as baquetas, me sentei com relutância em seu trono e, pela primeira vez, enxerguei o ambiente daquela perspectiva. Não mais seguro, escondido atrás da mesa cheia de petiscos da minha mãe, mas literalmente sob os holofotes, congelado, os olhos de cada pessoa na plateia grudados em mim como se dizendo "Vai lá, moleque... mostra aí o que você sabe fazer". Um, dois, três e a banda começou a tocar algo que eu jamais tinha tocado antes (ou seja, qualquer música de jazz), e fiz o melhor possível para acompanhá-la sem desmaiar sobre uma poça do meu próprio vômito. Sem solo, sem nada espalhafatoso, só mantenha o ritmo e não faça merda. Graças a tudo que é mais sagrado, a coisa toda foi muito rápida, sem vômito ou incidentes. Diferentemente do ocorrido com a maioria dos músicos que subiu ao palco naquele dia, a música que tocaram comigo era surpreendentemente curta (claro que não foi por acaso). Que surpresa! Fim de papo, saí dali com o alívio que se sente no fim de um tratamento de canal. Me levantei, agradeci à banda com a boca seca e um sorriso nervoso e me curvei desajeitado diante da plateia. Se a banda soubesse qual era a minha intenção, teria entendido aquele ato desesperado e estúpido. Sob a caridade acidental daqueles pobres músicos, tive a chance de dar à minha mãe um presente de aniversário que ela nunca esqueceria (para a infelicidade de cerca de 75 pagantes), e isso significava mais para mim do que qualquer salva de palmas. Voltei cheio de vergonha para a nossa mesa e as nossas comidinhas, pensando que ainda faltava muito, mas muito, para que pudesse me considerar um baterista de verdade.

Aquela tarde fatídica acendeu um fogo em mim. Inspirado pelo fracasso, decidi que precisava aprender a tocar bateria com alguém que de fato soubesse o que estava fazendo e não ficar de teimosia, tentando aprender sozinho no chão do meu quarto. E, para mim, havia apenas uma pessoa que poderia me ensinar: o grande Lenny Robinson.

Alguns domingos depois, minha mãe e eu retornamos ao One Step Down, e, com toda a coragem ingênua que consegui reunir, abordei Lenny a caminho do banheiro.

— Hã... Com licença. O senhor dá aulas? — perguntei num balbucio digno de *The Brady Bunch*.

— Sim, cara. Trinta dólares a hora — respondeu ele.

Trinta dólares a hora? São seis gramados que vou ter que cortar nesse calor infernal! É um fim de semana inteiro de trabalho na pizzaria! São 3,5 gramas de maconha que não vou poder fumar esta semana. FECHADO. Trocamos números de telefone e marcamos uma data. Lá ia eu me tornar o próximo Gene Krupa! Ou assim eu esperava...

Nossa casa de 120 metros quadrados em Springfield nem de longe tinha tamanho para abrigar uma bateria completa (por isso o treino improvisado com almofadas no meu quarto minúsculo), mas, como a ocasião era especial, trouxe a Tama baratinha de cinco peças do estúdio em que a minha banda, Dain Bramage, ensaiava, um instrumento absolutamente indigno do calibre de Lenny. Muito sem jeito, instalei a bateria imunda na frente do equipamento de som da sala e a poli com um resto de limpa-vidros que encontrei debaixo da pia da cozinha enquanto o aguardava todo ansioso, na esperança de que os vizinhos logo o ouvissem detonando nos tambores.... e achassem que era eu!

— Ele chegou! Ele chegou! — gritei, como se o Papai Noel tivesse acabado de estacionar em frente à nossa casa.

Mal conseguindo me conter, eu o recebi à porta e convidei para entrar na nossa salinha, onde a bateria o aguardava, tinindo, ainda com o cheiro do limpa-vidros recém-passado. Ele se sentou na banqueta, examinou o instrumento e logo se encarregou de fazer soar aqueles mesmos riffs impossíveis que ecoaram em tantos domingos no clube de jazz. Eu mal enxergava suas mãos e suas baquetas executando os rufares certeiros de tambores sem perder o ritmo. De queixo caído, não conseguia acreditar que aquilo estava acontecendo no mesmo pedaço de carpete onde eu tinha passado a vida sonhando em me tornar um baterista de primeira algum dia. Finalmente se concretizava. Aquele era o meu destino. Em breve, eu me tornaria o novo Lenny Robinson, e os riffs dele logo seriam meus.

— Ok — disse ele ao terminar. — Vamos ver o que você sabe fazer.

Reunindo toda a coragem que pude, me lancei ao apanhado de "*greatest hits*" de riffs e bossas surrupiados dos meus heróis do punk rock, atacando aquela bateriazinha fuleira feito uma criança hiperativa em pleno chilique, numa explosão gloriosa e bruta de falta de ritmo. Lenny observou com atenção e, com um olhar severo, logo se deu conta do enorme trabalho que tinha pela frente. Depois de alguns cacófonos minutos de solos desastrosos, ele me interrompeu.

— Ok... Para começar... você está segurando as baquetas de cabeça para baixo.

Primeira lição. Constrangido, mudei-as rapidamente de posição, me desculpando por aquele erro de principiante. Sempre as havia segurado daquela forma por achar que o lado mais grosso produziria um som mais poderoso ao acertar os tambores, o que fazia sentido no estilo neandertal que eu adotara. Nunca tinha me dado conta de ser a antítese da batida do jazz. Coitado de mim. Ele então pegou a minha mão esquerda e me mostrou a maneira correta de segurar a baqueta, entre o polegar e o dedo médio, como faziam todos os grandes bateristas antes dele e com certeza antes de mim. Esse simples ajuste zerou por completo tudo que eu achava saber sobre tocar bateria até então. Eu vacilava atrás do instrumento como se estivesse aprendendo a andar de novo após dez anos em coma. Enquanto lutava para conseguir segurar a baqueta daquele jeito novo e impossível, ele começou a me mostrar como fazer *single-stroke rolls* simples num pad de treino. Direita, esquerda, direita, esquerda. Acertar o pad várias vezes em ritmo lento até encontrar um padrão consistente. Direita, esquerda, direita, esquerda. De novo. Direita, esquerda, direita, esquerda. Quando dei por mim, a aula havia terminado, e foi quando me toquei de que, a trinta dólares a hora, provavelmente seria mais barato me especializar em cirurgia cerebral ou qualquer porra dessas do que aprender a tocar bateria como Lenny Robinson. Dei o dinheiro a ele, agradeci pela boa vontade, e ficou por isso mesmo. Minha única aula de bateria.

— Tá bem... hum... então, esse é o bumbo. Coloca o pé aí — falei, enquanto Harper repousava seu pequeno tênis no pedal. — Ali é o chimbau. Coloca o outro pé.

Acomodada na banqueta, baquetas na mão, ela se preparava para sentar a porrada. Sem a mínima ideia do que eu devia fazer, pulei toda aquela baboseira de direita-esquerda-direita-esquerda que Lenny Robinson tinha me ensinado (com todo o respeito, Lenny) e decidi mostrar logo a ela uma batida.

— Hum... tá... isso é um padrãozinho simples de bumbo e caixa... — depois de algumas tentativas frustradas, fiz sinal para ela parar e continuei: — Espera aí, já volto.

Saí correndo do escritório, porque sabia do que ela precisava. Não era de mim. Era de *Back in Black*, do AC/DC.

Pus a faixa-título e pedi para ela prestar atenção.

— Tá escutando? — perguntei. — Esse é o bumbo. Esse é o chimbau. Essa é a caixa.

Ela prestou atenção e começou a tocar. O tempo dela era incrivelmente consistente, o que qualquer baterista sabe que já é meio caminho andado. Sua noção de ritmo era natural, e, quando se encontrou na coordenação dos movimentos, ela começou a tocar com muito jeito. Com o coração cheio de orgulho, eu pulava e fazia festa, batendo cabeça e cantando a letra enquanto Harper tocava. Foi quando me dei conta de algo curioso: sua postura. As costas largas ligeiramente inclinadas para a frente, os braços angulosos e os cotovelos mirrados meio abertos, o queixo erguido acima da caixa... e caiu a ficha. ERA UMA CÓPIA PERFEITA DE MIM QUANDO TOCAVA BATERIA NA IDADE DELA. A sensação era um misto de viagem no tempo e projeção de consciência. E não só isso: ali estava a minha mini-eu, minha gêmea sorridente, aprendendo a tocar bateria exatamente como eu tinha aprendido 35 anos antes, ouvindo música com um dos pais. Mas não fiquei exatamente surpreso. Foi como falei: eu sabia que aquele dia ia chegar.

Como contei no prefácio do livro da minha mãe, *From Cradle to Stage* [*Do berço ao palco*, em tradução livre], considero que esses impulsos musicais não são exatamente um mistério. Predeterminados, talvez, muito bem inseridos em algum ponto da cadeia de DNA, esperando o momento de virem à tona.

Escrevi o seguinte: "O DNA é algo milagroso. Todos carregamos traços de gente que nunca conhecemos gravados profundamente em algum ponto da nossa química. Não sou cientista, mas acredito que as minhas habilidades musicais são a prova disso. Não houve qualquer intervenção divina. É tudo carne e osso. É algo que vem de dentro para fora. No dia em que peguei uma guitarra e toquei 'Smoke on the Water', do Deep Purple, de ouvido, soube que só precisava mesmo do DNA e de muita paciência (algo que, evidentemente, minha mãe tinha de sobra). Meus ouvidos, meu coração e minha mente nasceram de alguém. Alguém que tinha o mesmo amor pela música, pelas canções. Fui abençoado com uma sinfonia genética, esperando para ser executada. Só foi preciso aquela fagulha..."

A "fagulha", no caso da Harper, tinha se acendido no dia anterior, no Roxy, um clube noturno na Sunset Boulevard, quando ela se sentou para assistir ao primeiro show da irmã mais velha, Violet, que subiu ao palco na tenra idade de onze anos.

Sim, eu também já esperava por essa.

Violet era uma criança muito verbal. Aos três anos, já tinha o vocabulário e a clareza da fala de uma criança bem mais velha. Vivia dando sustos em garçons desprevenidos com pedidos plenamente enunciados do alto da sua cadeirinha, como:

— Senhor? Pode trazer mais manteiga para o pão, por favor?

Eu quase me mijava de rir toda vez só de olhar para a cara de surpresa das pessoas, como se ela estivesse sendo controlada por um ventríloquo. Certa vez, quando Violet deu um piti na mesa do jantar, em casa, tentei acalmá-la dizendo:

— Olha, tudo bem, todo mundo fica com raiva às vezes. Até eu fico!

E ela respondeu:

— Não estou com raiva, só estou FRUSTRADA!

(Eu *ainda* não sei a diferença, mas Violet sabe.)

Acabei percebendo que ela tinha uma ótima memória auditiva e um sentido avançado de reconhecimento de padrões, o que lhe dava um talento para fazer imitações ou repetições de ouvido perfeitas. Não demoraria para ela fazer sotaques a pedido das pessoas, imitações sem defeitos de irlandeses, escoceses, ingleses, italianos e por aí vai, tudo isso antes mesmo de podermos dispensar a cadeirinha manchada de vitamina durante nossas saídas de carro.

Em pouco tempo, o amor de Violet pela música aguçou seu ouvido para conceitos como tom e afinação. Eu a ouvia cantar no banco traseiro e comecei a reparar em como ela prestava atenção aos movimentos mais sutis das vozes de seus cantores favoritos. As harmonias dos Beatles, o vibrato de Freddie Mercury, a alma de Amy Winehouse (talvez o momento mais memorável de todos, pois nada como ouvir "Rehab" na voz de sua filha de cinco anos, cantando palavra por palavra usando o pijama estampado com personagens do programa infantil *Yo Gabba Gabba!*). Era evidente que ela levava jeito. Seria apenas uma questão de tempo até a fagulha se acender.

A fagulha acabou virando um incêndio. A música se tornou um norte na sua vida, e ela não demorou a formar uma banda de rock com os amigos da escola. A cada performance, foi ganhando força e confiança, movida pelo ouvido musical voraz e profundamente diverso, capaz de acompanhar cantando tanto Aretha Franklin quanto Ramones, seu alcance se ampliando à medida que investia no caminho de descoberta e inspiração. Sua sinfonia genética estava sendo executada, e nos restava apenas escutar. Afinal, é algo que vem de dentro para fora.

No dia da apresentação de Violet no Roxy, o primeiro show "oficial" da sua banda, me sentei com a minha família na plateia para ouvi-la cantar seu repertório. Minhas favoritas foram "Don't Stop Believin'", do Journey, "Hit Me With Your Best Shot", de Pat Benatar, e "Sweet Child o' Mine", do Guns N' Roses, mas, durante a performance, tive que parar por um instante para entender o que estava acontecendo ali. À minha esquerda, os olhos de Harper brilhavam com o sonho de um dia fazer música também. À minha direita, minha mãe era a testemunha orgulhosa de outra geração da família a abrir o coração para um salão cheio de estranhos. Foi uma experiência profunda, muito bem resumida na mensagem enviada pela minha mãe no dia seguinte. "Agora VOCÊ sabe qual é a sensação de ficar sentado nervoso na plateia e ver a SUA filha subir ao palco pela primeira vez, com cabelo esquisito, jeans e camiseta, para ir atrás de um sonho." Ela tinha razão. Não era intervenção divina. Era sangue.

Desde então, já me apresentei com ambas as filhas na frente de milhares de pessoas mundo afora e, todas as vezes, tenho uma sensação bem semelhante ao orgulho da minha mãe naquela tarde úmida de verão no One Step Down tantos anos atrás. Ver a paixão e a coragem das minhas filhas ao se arriscarem assim é a maior dádiva da minha vida. Espero que um dia sejam os filhos *delas* a sentirem essa mesma alegria e ecoarem as últimas palavras que escrevi anos atrás para o livro da minha mãe:

"Mas, para além de qualquer informação biológica, há o amor. Algo que desafia a ciência e a razão. E isso eu tive a grande sorte de receber. Talvez seja o fator que mais define a vida de alguém. É com certeza a maior musa de um artista. E não há amor como o amor de mãe. É a melhor música da vida. Todos temos uma dívida para com as mulheres que nos deram a vida. Porque, sem elas, não haveria música."

A DESILUSÃO COM SANDI

O nome dela era Sandi.

E foi a primeira vez que tive uma desilusão.

Era 1982. Eu era um adolescente desengonçado de treze anos chegando à sétima série, ansioso até não poder mais com a perspectiva de conhecer tantos rostos novos na Escola Intermediária Holmes. Até aquele momento, minha existência havia sido limitada ao confinamento do meu cantinho pitoresco do mundo, North Springfield, cercado pelas mesmas crianças com quem convivia desde o jardim de infância naquele labirinto classe média de colinas e ruas cheias de casas. Menos de vinte quilômetros a sul de Washington, North Springfield não passava de um entroncamento rural até ser toda loteada entre o fim dos anos 1950 e o início dos 1960 e transformada numa série de ruas sinuosas ladeadas por casinhas bonitinhas de tijolos. O sonho americano. Onde eu morava só existiam três tipos de casas: o modelo econômico de um andar; o modelo de dois níveis; e os abatedouros de dois andares (todos sem ultrapassar 150 metros quadrados), instalados em terrenos ínfimos, com os quintais todos colados. Chutem em qual tipo eu morava. Isso mesmo: modelo mais que econômico. Com três quartos e um banheiro, o espaço era o mínimo indispensável para que a minha mãe criasse dois filhos com o parco salário de professora de escola pública no condado de Fairfax. A gente nunca teve muito, mas sempre foi o suficiente. North Springfield era uma comunidade unida, composta sobretudo por famílias jovens; ninguém era realmente estranho ali. Todos sabiam o seu nome, a rua onde você morava e que igreja frequentava depois do seu complicado divórcio. Por outro lado, cada quarteirão tinha a sua gangue de esfarrapados que aterrorizavam calçadas em geral agradáveis (inclusive a minha), e passei a infância subindo em árvores, mascando tabaco, matando aula, soltando bombinhas, procurando lagostins nos riachos e pichando paredes igual aos outros. Era um retrato esmaecido de Kodachrome em tamanho real, a mais pura vidinha americanizada dos anos 1970. Bicicletas de selim grande e espingardas de ar comprimido. Um meio-termo entre *Conta Comigo*, de Rob Reiner, e o clássico *Juventude Assassina*, de Tim Hunter.

A ideia de começar a frequentar outra escola, cheia de crianças de lugares distantes e diferentes, me parecia uma experiência praticamente internacional. Tinha passado a vida inteira andando apenas um quarteirão até a escola da esquina. Eu me preparei muito para aquele novo passo. Com algumas camisas novas compradas a preço de banana nos outlets na saída da Pennsylvania Avenue e um frasco de desodorante Old Spice, estava animado para expandir meus contatos e enfim achar a minha galera. Quem sabe até encontrar minha alma gêmea de classe média sob as luzes fluorescentes dos corredores cheios de armários da escola nova. Nunca tinha me apaixonado, mas sabia que ela estaria ali, em algum lugar.

Com um grande pente de plástico no bolso de trás da calça de bombazina e meus tênis sujos da Nike, eu pegava o ônibus todos os dias na esperança de chegar até o último sinal sem apanhar nem ser expulso. Era um aluno ruim pra caralho e já me encontrava no estágio inicial da minha metamorfose para roqueiro punk, tendo descoberto os B-52's e o Devo no *Saturday Night Live*, sentido certa afinidade com a estética subversiva e radical da música deles e assim começado a dar meus primeiros passos naquela direção. POR MAIS QUE QUISESSE ME ENCAIXAR E SER ACEITO PELO MEU CÍRCULO DE AMIGOS, NO FUNDO, ME SENTIA DIFERENTE. Levaria anos até ter coragem de abraçar de vez a minha individualidade. Na época, vivia quase no armário, escondendo meu amor pela cultura alternativa por medo de ser excluído pelo pessoal mais popular. Eu *ia na onda*, digamos, mas sabia que não tinha lá muito a ver com a turma do encontro de jovens ou o time de futebol. Era meio que um desajustado; precisava de uma pessoa que me entendesse, estava esperando alguém que me aceitasse como eu era.

Foi quando eu a encontrei.

Sandi era a garota mais linda que já tinha visto. Olhos de um azul-gelo, cabelo louro desfiado e um sorriso tão eletrizante que seria capaz de carregar a bateria de todos os Teslas de Brentwood a Pequim, se Teslas existissem em 1982. Farrah Fawcett não era ninguém perto dela. Chupa, Cheryl Tiegs! Bo Derek? Christie Brinkley? Sem chance. Fiquei com os joelhos bambos assim que nossos olhos se cruzaram no corredor lotado, e o que senti só pode ser descrito como amor à primeira vista. Perdi o fôlego, como se tivesse levado um soco no peito, sem palavras diante daquela beleza. O olhar dela me deixou paralisado. Há quem enxergue anjos em tortilhas queimadas. A minha aparição angelical usava brilho labial e jeans Jordache.

De pegador eu não tinha nada. Joelhos ossudos e dentes gigantescos de cavalo não eram de muita ajuda na busca por uma namorada, e era tímido com as garotas até não poder mais. Do sexo oposto, eu recebia, no máximo, alguma compaixão. Com certeza não me enxergavam como o melhor candidato para chupões no baile de formatura. Claro, já tinha participado da brincadeira da garrafa em festas em porões de North Springfield afora, mas não era exatamente o George Clooney. Estava mais para o Barney Fife, do *The Andy Griffith Show*, mas com um skate a tiracolo.

Independentemente disso, tinha encontrado quem queria e não sossegaria enquanto Sandi não fosse minha. Voltava correndo da escola para casa e me trancava no quarto para escrever poemas e músicas para ela com a minha guitarra Sears Silvertone, colocando toda a alma em melodias tenebrosas feitas só para os ouvidos dela. Sandi havia se tornado minha musa, meu farol, e eu sonhava acordado o dia inteiro com a nossa união perfeita e inevitável. Estava perdidamente apaixonado, e meu coraçãozinho magrelo com certeza não sobreviveria a outro dia sem ao menos uma migalha de retribuição da parte dela. Ensaiei o pedido de namoro na minha cabeça inúmeras vezes por dia e, depois do que pareceu uma exasperante eternidade de flerte desajeitado (passando bilhetinhos entre uma aula e outra, ligando para ela depois do colégio... nem um pouco sutil), de alguma maneira encontrei uma oportunidade e consegui reunir charme (e Old Spice) suficiente para pedi-la em namoro. Para meu espanto, ela aceitou (mais uma vez, a questão da pena). Logo demos o importante passo de, em vez de caminhar lado a lado entre uma aula e outra, caminhar de mãos dadas entre uma aula e outra. Eu me sentia um rei. O deus dos nerds. EU, DAVID ERIC GROHL, ESTAVA AGORA NUM RELACIONAMENTO SÉRIO COM A GAROTA MAIS LINDA DO MUNDO... OU PELO MENOS DA MINHA SÉRIE. Tinha finalmente encontrado a alma gêmea da minha existência classe média, o amor da minha vida, a pessoa com quem envelheceria cercado por ninhadas de netos adoráveis. Havia encontrado minha cara-metade. E ela, a dela.

Ou foi o que achei.

Sendo bem sincero, talvez não tenha durado nem uma semana. Nem sei direito o que aconteceu. Para mim, tudo estava ótimo! Éramos jovens, felizes e livres! Éramos Burt Reynolds e Loni Anderson, David Copperfield e Claudia Schiffer, Siegfried

& Roy, um casal vinte de proporções épicas e possibilidades infinitas! O mundo era o nosso playground, e teríamos uma vida inteira de devoção pela frente. E então, sem aviso, ela me lançou a maior bomba de todas...

— Sabe? Eu sou nova aqui... Não quero ficar presa a ninguém.

Pego completamente de surpresa, não tive reação perante tamanho sacrilégio. Foi como se o tempo parasse e minha mente se esvaziasse. Minha garganta se fechou, e eu não conseguia respirar. Haviam tirado o universo inteiro de debaixo dos meus pés, do nada, e, com aquelas palavras alvejando o meu coração com uma força devastadora, fui abatido e reduzido a uma poça de agonia. Aceitei e dei de ombros com um sorriso, é lógico, mas, por dentro, estava acabado. Aniquilado.

Em pleno estado de miséria, voltei para casa, para as minhas pilhas de escritos enjoativamente românticos, juntei tudo e queimei de forma ritualística no altar que obviamente havia construído para Sandi na garagem. Tá, pode ser que eu apenas tenha jogado tudo na lata de lixo no quintal. Mas, sim, me livrei das minhas páginas de poesia melosa no intuito de acabar com nossa ligação e dar sequência à minha vidinha desinteressante de pré-adolescente. Devia ter imaginado que ela nunca me amaria. Afinal, eu não passava de um magrelo esquisito que ouvia música estranha e usava jeans baratos rasgados e que ninguém jamais entenderia.

Naquela noite, tive um sonho. Estava num palco gigantesco, envolvido por luzes coloridas, e tocava um triunfante solo de guitarra diante de uma arena lotada de fãs em êxtase, subindo as escalas com uma destreza jamais igualada por qualquer mortal. A reação da plateia era tão ensurdecedora que praticamente engolia o som dos riffs incríveis que eu oferecia àqueles filhos da mãe. Ao observar os milhares de rostos histéricos que testemunhavam meu solo arrasador, de repente via Sandi na primeira fila, seus braços esticados tentando me alcançar, chorando sem parar, visivelmente consumida pelo arrependimento de ter terminado comigo — o maior superastro do rock no mundo — horas antes (no sonho, nós dois ainda tínhamos treze anos). Acordei de repente, e toda aquela tristeza, todo aquele desespero da rejeição tinham desaparecido e dado lugar a uma renovada sensação de poder. DEITADO NA CAMA, ENCARANDO O TETO, ME DEI CONTA DE QUE TALVEZ O AMOR DA MINHA VIDA FOSSE A MINHA GUITARRA. Talvez eu não precisasse de Sandi. Talvez a minha Silvertone pudesse ajudar a cicatrizar meu coração partido. Talvez compor me tirasse do fundo do poço. Fiquei ainda mais determinado a concretizar o sonho de ser astro do rock.

É possível que este seja o impulso por trás de cada música que já compus. Não para me vingar de Sandi, lógico, mas para proteger meus lados mais vulneráveis usando a desilusão como combustível. O que pode ser mais inspirador do que toda a vulnerabilidade de um coração partido? De certa forma, chego quase a valorizar mais as minhas muitas decepções amorosas do que o amor que as precedeu, já que a desilusão sempre me provou que sou capaz de sentir. Vai por mim: o doce baque da rejeição amorosa é forte o bastante para fazer qualquer escriba pegar papel e caneta na ânsia de encontrar beleza na dor de um pé na bunda. E o mais comum é que o resultado seja bom, porque a dor é verdadeira, e dói pra caralho.

Sandi e eu acabamos nos afastando com o passar dos anos. Amigos diferentes, escolas diferentes, caminhos diferentes na vida até perdermos o contato e um passar a ser nada mais que uma memória de infância do outro. Certa vez, lá pelos nossos vinte e poucos, nos esbarramos num bar e demos umas boas risadas num ambiente lotado, mas nada além disso. A mágica havia acabado. Seguimos novamente cada um o seu caminho, de volta à vida adulta e às pessoas que nos tornamos. O que passou... vocês sabem.

Até que um dia, em 2011, o Foo Fighters foi até Washington na turnê de *Wasting Light*, e um amigo em comum me ligou e perguntou se eu poderia colocar o nome dele na lista de convidados do show no Verizon Center. Tocaríamos pela primeira vez numa arena lotada no lugar onde eu tinha crescido, e a lista de convidados era quase uma festa de reunião da escola. Mais de cem velhos amigos iriam ao show para celebrar e reviver nosso passado por uma noite. Era quase como se eu fosse enfim viver a experiência do baile de formatura para o qual nunca fui convidado! Meu amigo pediu com toda a delicadeza se poderia levar mais uma pessoa.

— Sabe quem vai comigo? — falou. — A Sandi!

Puta que pariu. Não acreditei. Fazia quase trinta anos que tínhamos nos conhecido e que eu havia entregado o meu coração apenas para que ela o estilhaçasse em mil pedaços (podem rir), então estava feliz de poder passar um tempo com ela e nossos amigos da vizinhança. Aquela tinha tudo para ser uma noite inesquecível.

Eu estava um pouco nervoso, admito. Não por conta do show, é claro (essa parte é fácil), mas por ver Sandi. Fazia tanto tempo que nem imaginava que fôssemos reconhecer um ao outro depois de anos e anos de reviravoltas nas nossas vidas. Como ela estaria? E sua voz? O que ela vestiria? O que *eu* vestiria? Torcia para que alguém educadamente nos reapresentasse e passássemos uma noite inteira na mais ridícula sessão de nostalgia até as luzes do lugar voltarem a se acender e sermos forçados a entornar a champanhe e seguir cada um o seu caminho outra vez, de volta às pessoas que nos tornamos. Tomado pela mais infantil das expectativas, passava os olhos pelos corredores lotados do backstage a cada poucos minutos para tentar vê-la antes que ela me visse, mas nada dela aparecer. Minha insegurança adolescente começou a dar as caras mais uma vez, depois de tantos anos. E se Sandi tivesse recusado o convite? E se não quisesse me ver? Acho que meu coração não aguentaria uma segunda desilusão com Sandi. Até as mais antigas feridas podem se reabrir, vocês sabem.

E então eu a vi.

Ergui os olhos quando ela entrou no camarim e me levantei da cadeira num pulo. Foi como ver um fantasma. Engoli em seco. Mal conseguia acreditar — ela não havia mudado absolutamente porra nenhuma (fora o jeans Jordache e o cabelo desfiado, claro). Nossos olhares se cruzaram, ambos abrimos sorrisos de orelha a orelha e nos lançamos num abraço mais que merecido. O sentimento agora era obviamente bem diferente das palpitações que eu um dia cheguei a viver sob as luzes fluorescentes dos corredores da escola, mas havia um tipo de alegria que sentimos apenas quando nos reunimos com alguém do nosso passado, uma espécie de confirmação de que a vida de fato aconteceu. Nos sentamos e colocamos o papo em dia, falando de casamentos, filhos, família, rindo das encrencas em que costumávamos nos meter, relembrando velhos amigos, bem no estilo que-fim-levou-o-fulano. Os minutos voaram, e logo era hora de me preparar para subir ao palco, mas perguntei a Sandi se ela não gostaria de continuar a conversa depois do show e tomar uma cerveja. Saí correndo porta afora para montar o setlist e esperar as luzes do recinto baixarem.

Os urros da plateia quando subimos ao palco foram do tipo que só se ouve quando se toca em casa: trovejantes decibéis, acima de qualquer outro show daquela turnê, sacudiram todo o meu ser com emoção e orgulho. Eu tinha passado a infância ali, subindo em árvores, mascando tabaco, matando aula, soltando bombinhas, procurando lagostins nos riachos e pichando paredes. Conhecia aquelas ruas, aquelas pessoas, e elas também me conheciam. Dei tudo de mim em cada acorde naquela noite para agradecer aos presentes por toda uma vida de memórias em Kodachrome, retribuir o turbilhão de amor que recaía sobre mim enquanto cantávamos juntos cada uma das músicas. Em dado momento, enquanto fazia um triunfante solo de guitarra da beirada do palco perante um mar de rostos em êxtase, subindo as escalas em meio a uma reação estrondosa, olhei para baixo e vi Sandi... no exato lugar em que tinha aparecido naquele sonho da noite em que ela partiu meu coração. Me dei conta de que eu havia imaginado em detalhes aquele exato momento trinta anos antes, aos treze anos, como uma premonição, e naquele instante estava acontecendo de verdade! POR MAIS LOUCO QUE PARECESSE, MEU SONHO DE ROCK DE ADOLESCÊNCIA TINHA VIRADO REALIDADE. Com só uma diferença: Sandi não estava chorando descontroladamente, consumida pela culpa de ter terminado comigo.

Não.

Estava sorrindo, aquele sorriso cativante dela, os olhos azul-gelo brilhando e o dedo médio erguido enquanto pronunciava as palavras imortais...

— Vai se foder, babaca!

AS CICATRIZES SÃO INTERNAS

— Sua cabeça não está doendo, não, David?

Deitado em posição fetal no chão frio e úmido, vi os rostos apavorados dos meus dois vizinhos me encarando mortos de medo e ouvi o taco de golfe ensanguentado cair com um ruído surdo sobre a grama impecavelmente aparada do quintal deles.

— É... acho que está... — respondi, com um fiapo de consciência, enquanto esfregava a nuca sem perceber o quão emaranhado e empapado de sangue estava o meu cabelo, o sangue escorrendo da enorme ferida que o taco de ferro do pai deles havia aberto no meu crânio de nove anos.

— V-v-v-você devia ir pra casa, sabe... — balbuciaram em uníssono.

Ligeiramente tonto, mas sem sentir dor, reuni forças, me levantei do chão e comecei a caminhar os cerca de 140 metros até a porta da casa da minha mãe, do outro lado da rua. Era uma tarde ensolarada de sábado, e, como na maioria dos fins de semana, nossa pequena e idílica ruela sem saída fervilhava de atividades juvenis. Fosse o ruído distante de cortadores de grama, as buzinas de bicicletas no mesmo ritmo das pedaladas ou os gritos das partidas de *kickball* a todo vapor, nossa vizinhança era sempre marcada pelo som alegre de crianças brincando ao ar livre. O tipo exato de vidinha tipicamente americana que inspirava programas de TV como *The Brady Bunch* e *Dias Felizes*. Afinal, North Springfield, Virgínia, era uma comunidade planejada no pós-Segunda Guerra Mundial e visava exatamente a esse tipo de estética. Quilômetros de casinhas de tijolos uma atrás da outra, grandes o suficiente para casais de *baby boomers* criarem dois filhos com seus parcos salários de funcionários públicos, numa rede de gramados impecáveis, calçadas rachadas e carvalhos-brancos altos. A minutos de distância da capital federal, todas as manhãs o ponto de ônibus da esquina exibia uma longa fila de homens em processo de calvície trajando sobretudos bege e carregando maletas, lendo o *The Washington Post* à espera da condução que os levaria ao Pentágono ou a algum outro edifício federal monolítico e indistinto para outro dia de trabalho. Uma vida ditada pelo horário comercial, estável em sua monotonia. Uma competição em que o prêmio na linha de chegada nunca seria nada além de um relógio de ouro. Para os doutrinados pela síndrome da casinha-perfeita-com-varanda, era a confortável recompensa da segurança e da estabilidade. Mas uma criança hiperativa e levada como eu só podia passar o dia inteiro procurando merda para fazer.

As manhãs de sábado em geral começavam com desenhos animados e uma tigela de cereal, até eu ir espiar a rua pela janela panorâmica da sala para ver o que estava rolando. Se tivesse alguma coisa interessante, vestia meu Toughskins (um jeans baratinho da loja de departamento Sears, disponível numa infinidade de cores enjoativas) com a mesma pressa de um bombeiro convocado para uma emergência e me mandava, gritando com a voz esganiçada:

— Tchau, mãe! Depois eu volto!

De recluso eu não tinha nada. Preferia mil vezes as incontáveis aventuras que me esperavam do lado de fora, como rastejar por canos de escoamento, pular de telhados ou me esconder nos arbustos ao lado da estrada para jogar maçãs em carros desavisados (uma travessura desaconselhável que costumava resultar numa perseguição frenética em que eu tinha que cortar caminho por quintais e pular grades em velocidade olímpica para evitar uma surra). De manhã bem cedo até a hora em que os postes da rua começavam a se acender, eu vagava pela calçada à procura de aventuras até abrir buracos nos meus tênis especiais, cujo pé esquerdo fora acrescido de uma palmilha para corrigir minha escoliose.

Naquele dia em particular, no entanto, reparei que meus dois melhores amigos, Johnny e Tae, estavam enchendo o porta-malas do carro do pai deles de tacos de golfe. *Golfe?*, pensei comigo mesmo. *A gente nunca joga essa porra de golfe. Que troço mais burguês.* A gente tinha gravetos! E pedras! E riachos cheios de lagostins! Para que iríamos querer chapéus ridículos e calças xadrez? Me vesti rápido e dei um pulo na entrada da casa deles para averiguar o que se passava. Descobri que a família tinha planejado uma tarde no campo de golfe local, o que, infelizmente, queria dizer que eu ficaria sozinho naquela tarde. Desapontado, me despedi e dei meia-volta, assim esperando, sem um pingo de paciência, o retorno deles enquanto matava o tempo com as tão temidas tarefas de varrer folhas do quintal e arrumar meu quarto (um verdadeiro exercício de futilidade, pois não tinha afinidade com os conceitos básicos de organização e limpeza na época; de lá para cá, melhorei um pouco. Um pouco).

As horas se passaram devagar até eu enfim ver o Cadillac azul subindo a rua. Parei na hora o que estava fazendo e corri até a casa deles, encontrando-os no quintal dos fundos brandindo tacos de golfe feito doidos contra uma bola de treino presa a uma corda envolta numa estaca fincada no chão como se fosse um espirobol em miniatura. Que demais! Quando cheguei perto, fiquei impressionado ao vê-los atingindo a bola feito dois lenhadores enlouquecidos. Cada golpe fazia voar grandes tufos de terra pelo quintal. Sem jamais ter experimentado aquele esporte, esperei a minha vez, reunindo cada resquício de disciplina que o meu corpo jovem era capaz de juntar até enfim me passarem o velho e enferrujado taco. *Que negócio pesado...*, pensei ao erguer meus braços magrelos para sacudi-lo com o máximo de força que fosse possível. Tchum. Errei. Tchum. Errei de novo. Nacos gigantes de relva voaram para todos os lados como se fossem estilhaços até eu pegar o jeito e acertar a bola. Fazendo um som perfeito de *ping*, ela girou em círculos ao redor da estaca, me preenchendo com uma sensação incrível de satisfação. Meu coração se encheu de orgulho.

— Minha vez! — gritou Tae, tirando o taco das minhas mãos e reposicionando a bola para mais um golpe.

Bati tão forte naquele troço..., pensei. *Melhor garantir que a estaca ainda esteja firme no chão depois da pancada que eu dei...* E me inclinei para empurrá-la mais fundo na terra fofa quando...

POU.

Quem já foi atingido na cabeça com muita força com certeza se lembra do som do impacto ecoando dentro do crânio. Lembra uma bola de basquete ou um melão ainda não maduro (como o meu) batendo no chão, e é uma sensação impossível de esquecer. E o silêncio subsequente, que costuma ser acompanhado de belas estrelinhas e algumas fadinhas, é ensurdecedor. Eu tinha acabado de levar uma pancada na cabeça com força total de um adolescente usando um taco de golfe de ferro para adultos, concebido para mandar a bola em alta trajetória no campo. Na cabeça de um moleque de nove anos, o efeito é bem diferente: um terror sem tamanho.

Mal sabia eu que minha cabeça estava aberta como uma abóbora madura bem depois de as crianças encerrarem o ciclo de gostosuras ou travessuras e voltarem para casa. Não senti nada. Nadica de nada. Acatei a sugestão de Johnny e Tae e comecei a andar de volta para casa, assoviando inquieto e pensando *estou tão ferrado, tão, tão ferrado*, sem me dar conta da seriedade do que havia acontecido. Naquele dia, eu estava usando a minha camiseta favorita, uma *ringer* branca com o S do Super-Homem no peito, e, ao atravessar a rua, baixei os olhos para o logo vermelho e amarelo. Para o meu choque, já não era mais a minha linda camiseta do Super-Homem. Estava agora coberta por uma massa grudenta e coagulada de sangue, pele e cabelo. Apertei o passo em pânico para chegar ao meu quintal. Continuava a não sentir dor, mas sabia que bastaria uma gota de sangue no tapete da sala para eu tomar na cabeça (desculpem, não resisti). Ao subir os degraus da entrada, ouvia o aspirador de pó da minha mãe do lado de dentro. Em vez de entrar de repente pela porta todo ensanguentado e gritando, parei na varanda e bati na porta delicadamente, fazendo o que podia para ajudar com a inevitável histeria.

— Mãe? Pode vir aqui fora rapidinho? — murmurei com minha melhor e mais calma voz de "menino que dessa vez fez uma merda federal".

— Só um segundo... — respondeu ela, sem fazer ideia do horror que a aguardava do lado de fora, enquanto terminava de aspirar o outro cômodo.

— É que é... tipo... meio urgente — choraminguei.

A visão do rosto da minha pobre mãe ao surgir na porta e ver seu filho mais novo na porta de casa coberto de sangue ficará gravada na minha mente para sempre. Ainda que não estivesse sentindo dor, senti a dela.

Verdade seja dita, porém, aquela não era a primeira vez.

Sempre brincávamos que os médicos do hospital do condado de Fairfax já sabiam o meu nome. Todos gritavam "David!" assim que eu entrava no pronto-socorro com mais uma ferida para levar uns pontos. Com o tempo, passei a nem ligar mais para a picada da anestesia ou a sensação da pele esticada enquanto o médico puxava finos fios de náilon, apertando-os para fechar o machucado. Virou um ritual. Até hoje, nunca raspei totalmente a cabeça, mas imagino que a minha cabeleira castanho-escura esconda algo semelhante ao mapa do metrô de Londres: incontáveis linhas se cruzando numa teia de cicatrizes. Mãos, joelhos, dedos, pernas, lábios, testa, o que for: se ainda estiver conectado ao meu corpo, já foi costurado que nem uma boneca de pano. E, se isso soa traumático, não se deixe enganar. Sempre pensei positivo e encarei cada machucado como um dia de folga da escola. E eu teria feito *qualquer coisa* para um dia desses.

Eis um exemplo: certa vez, quebrei o tornozelo num jogo de futebol num parque próximo ao lago Accotink, um recanto pitoresco a pouco mais de um quilômetro de casa. Toda a turma da sexta série tinha se reunido num único trecho de grama naquela tarde, e não demorou até uma partida acirrada começar, já que vários de nós havíamos jogado futebol a vida toda no clube da vizinhança (detalhe curioso: sempre me colocavam no gol em qualquer esporte que eu praticasse, o que só posso imaginar se tratar de algum tipo de teste de perfil psicológico prematuro, mas isso é outra história). Em dado momento, fiz contato com a bola no exato instante em que outro jogador também fez, retorcendo meu pé num movimento horrendo que ele não havia sido projetado para fazer. Quando caí no chão, percebi o nível do estrago. O que eu fiz, então? Andei até em casa, pensando em formas de apresentar a lesão à minha mãe que pudessem garantir um dia de repouso, sem perceber que havia quebrado o tornozelo. Para minha surpresa, acordei no dia seguinte com o pé roxo e enorme. E fiquei nas nuvens.

— UHÚÚ! HOJE NÃO VOU PRA ESCOLA!

— David! — saudaram os médicos à minha chegada.

A lista é longa. O ovo de Páscoa congelado que inventei de cortar com a faca mais afiada da gaveta, quase decepando meu indicador esquerdo. A quina do corredor em frente ao quarto da minha irmã em que enfiei a cara não uma, mas *duas* vezes durante a infância, contabilizando mais do que alguns poucos pontos no retalho que era a minha testa. As quedas de bicicleta. Os acidentes de carro. Eu fui *atropelado* por um carro aos quatro anos. (Minha reação? "Mas, mãe, eu não me machuquei!") Minha infância foi uma longa série de visitas ao pronto-socorro, cada uma gerando uma nova cicatriz, um dia de folga da escola e uma ótima história.

Refletindo sobre isso, percebo como sempre foi curiosa a minha relação com as consequências. As físicas eu aparentemente não temia. Só tinha medo das emocionais. Sofri danos corporais atrozes em diversas ocasiões e nunca senti dor física em nenhuma delas. Nem mesmo uma vez. Sempre voltei para casa a pé depois de me machucar. Sempre caprichei na expressão neutra no intuito de não causar mais inconvenientes para minha mãe do que a vida já havia causado, e sempre tentei convencê-la de que, por mais escancaradas que estivessem as feridas, por mais pontos que exigissem, não passavam de meros arranhões. Chamem de mecanismo de defesa, chamem de desligamento neurológico, chamem do que quiser — só posso imaginar que seja fruto dos sacrifícios feitos pela minha mãe para criar dois filhos felizes, não importa o quanto tenha sofrido. **PORQUE O SHOW TEM QUE CONTINUAR.**

Dizem que a medida da nossa felicidade é a do nosso filho mais infeliz. Nunca entendi muito bem o que isso significava até o dia em que precisei levar minha filha Violet ao pediatra para se vacinar. Até então, seus únicos choros não passavam de indicativos normais de fome, fadiga ou da hora de trocar a fralda. Ela tinha passado quase todos os seus primeiros seis meses de vida no meu colo, sorrindo e gargalhando quando eu a balançava para cima e para baixo, curtindo-a como o milagre que ela é enquanto me encarava com seus gigantescos olhos azuis, me deixando todo bobo com cada guincho. Naquele dia, porém, o médico me pediu para sentá-la no meu colo enquanto preparavam a injeção, e eu virei seu rosto na minha direção exatamente como fazia na cadeira da sala, nós dois sorrindo um para o outro e nos comunicando com o olhar, sem palavras. Só que daquela vez foi diferente. Eu sabia que o que estava por vir iria machucá-la. Tentei ao máximo fazê-la gargalhar e sorrir, mas, quando a longa agulha penetrou seu bracinho, a expressão do seu rosto passou de júbilo e alegria para uma imensa dor. Seus olhos, ainda fixos nos meus, se arregalaram e se encheram de lágrimas, como se dissessem: "Pai, por que você deixou eles me machucarem?" Fiquei completamente devastado. Meu coração se partiu em mil pedaços e, naquele instante, senti não apenas a dor de Violet, mas também a da minha mãe.

Quando chegamos em casa (ela já com os olhos secos desde o momento em que saímos do consultório, óbvio), telefonei para minha mãe e lhe disse que não conseguia tirar do peito aquela sensação agoniante, explicando que tinha sido a primeira vez que via minha filha chorar de dor de verdade e o quanto aquilo acabou comigo. Sua reação foi tão sábia quanto eu havia me acostumado a esperar dela.

— Deus nos livre de ela um dia aparecer na sua porta coberta com o próprio sangue. Aí você vai entender de verdade...

Ainda bem que minha mãe não estava na plateia na noite de 12 de junho de 2015 no estádio de Ullevi, em Gotemburgo, na Suécia.

Era uma bela noite do verão escandinavo. Céu claro, uma brisa gostosa e cinquenta mil fãs do Foo Fighters esperando ansiosamente pelo nosso mais que testado setlist de 25 canções ao longo de duas horas e meia. Àquela altura, nossa bandinha havia trocado de patamar, indo das arenas aos estádios, e virado uma máquina compacta, bem azeitada, que emendava uma música na outra sem descanso. Eu já estava mais do que à vontade em entreter uma plateia daquela magnitude, vivendo minhas mais intensas fantasias de Freddie Mercury noite após noite. Ouvir o coro potente das vozes ecoar nas caixas de retorno com um ligeiro atraso, vindas dos confins mais distantes de um estádio de futebol, é o equivalente a deixar o próprio corpo, uma sensação de conexão suprema, que, com o tempo, se torna estranhamente viciante. O vento no rosto em rajadas que fazem seu cabelo esvoaçar como o da Beyoncé, enquanto você inspira o aroma de suor e cerveja que às vezes surge da plateia como uma névoa condensada. O rugir dos fogos de artifício sobre a sua cabeça quando você se curva para o agradecimento final e corre de volta para o camarim, onde a pizza de pepperoni morna está à sua espera. Acreditem, é tudo o que dizem que é e muito mais. Nunca entendi de verdade o rock de estádio até vivê-lo da beirada do palco e, desde então, nunca deixei de valorizar cada momento. É uma experiência transcendental que só pode ser descrita em duas palavras: muito foda.

Pouco antes do show, um promotor enfiou a cabeça dentro do camarim para me desejar boa sorte e lembrar que a expectativa era alta, já que ninguém menos que Bruce Springsteen havia tocado naquele estádio antes e o público ficara tão encantado que tinha "abalado os alicerces" do gigantesco local. Pressão? Imagina! Eu nunca nem tinha pensado em mim no nível do "Boss", mas devo admitir que aquela conversa me deu uma empolgada. *Vou arrebentar hoje*, pensei, e continuei meu ritual pré-show, que geralmente consiste em três Advils, três cervejas e muitas risadas. Confesso que sempre me senti constrangido demais para fazer quaisquer exercícios convencionais de aquecimento de voz. Ainda mais se levarmos em conta que, na maior parte das vezes, minhas performances consistem em gritar feito um condenado, não em bel-canto operático majestoso. Algumas boas gargalhadas e a nossa versão da "oração da banda" (um momento não religioso em que todos viramos doses de Crown Royal encarando uns aos outros nos olhos) dão conta do recado.

O sol ainda estava alto quando subimos no palco naquela noite, e, quando abrimos com os primeiros acordes de "Everlong" (sem dúvida a nossa música mais popular), o público foi ao delírio. Aquela canção, que em geral deixamos para fechar, era a escolha perfeita para iniciar aquele que se provaria ser o nosso show mais inesquecível, e a atacamos com a força e a animação de uma banda no seu auge. Sem hesitação, contamos um-dois-três e emendamos no rock acelerado de "Monkey Wrench", e eu corria de um lado para outro do palco, sacudindo a cabeça e solando feito um moleque com a raquete de tênis na frente do espelho do quarto. Palcos de estádio não apenas são largos, mas também extremamente altos, para que a plateia possa enxergar os músicos a muitos metros de distância. Cada movimento vira uma arrancada de cinquenta metros. Eu mal tinha fôlego para cantar o próximo verso após correr de volta para o microfone.

Na metade da música, dei um solavanco adiante para começar uma nova corrida, e meu pé enganchou num cabo esticado, tropeçando a centímetros da beirada do palco. Meu corpo se projetou para a frente, e perdi o equilíbrio, vislumbrando a inevitável queda de mais de três metros. *Sem grilo*, pensei. *Vou pular*. Já tinha feito aquilo incontáveis vezes quando era criança, do alto dos telhados da vizinhança. Fé em Deus e pé na tábua (trocadilho é comigo mesmo). Só que aquele não era um telhado com um gramado idílico logo abaixo. Não. Era concreto sólido e impiedoso, com camadas de plástico rígido para proteger a superfície do campo de futebol. Meu corpo se estatelou no chão com um baque medonho, e uma grande onda de pânico movido a adrenalina surgiu na mesma hora dentro de mim. *Que mico!*, pensei, e me levantei logo para encarar aquilo como mais um tombo inconsequente de infância, nada de mais. Só que, no primeiro passo, já pude sentir que algo estava errado. Ao colocar o peso sobre o tornozelo direito, senti uma quentura, uma dormência e a consistência repugnante de uma meia recheada de purê de batata. Meu pé estava... mole. Caí de novo, segurando a perna enquanto os seguranças próximos me cercavam. Sem a menor ideia do que havia acontecido comigo, já que eu estava fora do ângulo de visão deles, a banda continuava a tocar nas alturas do palco, alheia à minha desgraça. Dei um jeito de chamar a atenção de Ray, nosso segurança, a quase trinta metros de distância, exagerando nos movimentos labiais de "QUEBREI A PORRA DA PERNA!". Ray correu em meu socorro, a forma física avantajada projetando-se na minha direção enquanto a banda parava de tocar no meio da música.

Pedi um microfone e, dali do corredor estreito do abafado fosso dos seguranças, disse calmamente:

— Senhoras e senhores, acho que acabei de quebrar a perna. Acho que quebrei a perna bonito...

O estádio caiu num silêncio atônito enquanto minha fiel banda espiava, estupefata, da beira do palco e os paramédicos rapidamente me cercavam pedindo por uma maca. Minha mente estava a mil, tentando pensar em algo para dizer que aliviasse ou remediasse aquela ridícula reviravolta do destino. Ali estava eu, sem terminar de tocar nem duas músicas de um show com previsão de duas horas e meia prestes a ser carregado para fora do campo como um atleta contundido diante de cinquenta mil espectadores. Aquela gente tinha vindo de todo lugar, dos cantos mais distantes, e gastado o dinheiro suado em troca de uma noite de diversão. Eu estava pronto para fazer um show do mesmo nível do Boss, porra. Pensei um pouco e então disse a primeira coisa que me veio à cabeça:

— Prometo a vocês que o Foo Fighters... a gente vai voltar e continuar este show...

OLHEI PARA O NOSSO BATERISTA, TAYLOR, MEU MELHOR AMIGO, COMPANHEIRO DE TODAS AS HORAS, E DISSE:

— CONTINUEM A TOCAR!

Enquanto me carregavam para a lateral do palco, os primeiros acordes de "Cold Day in the Sun", do nosso quinto álbum, ecoaram estádio afora para uma plateia chocada. Um jovem médico sueco de nome Johan Sampson cortou os cadarços do meu tênis de cano alto e, ao retirá-lo, viu que o meu pé caiu flácido para o lado. Eu havia deslocado o tornozelo, rompendo todos os ligamentos que mantêm as articulações no lugar, além de ter rompido o perônio no que, sem dúvida, era uma fratura. Ele me olhou e disse com forte sotaque sueco:

— Sua perna provavelmente quebrou, e seu tornozelo está deslocado. Precisamos colocar de volta no lugar agora mesmo.

Naquele exato momento, minha esposa, Jordyn, e meu gerente de turnê, Gus Brandt, chegaram esbaforidos, terrivelmente preocupados, mas eu só conseguia rir do absurdo da situação. Orientei Gus a me trazer um copo descartável cheio de Crown Royal, me recostei na minha esposa, peguei a manga da sua jaqueta de couro e mordi.

— Vai em frente — falei ao médico enquanto abocanhava o tecido preto de sabor salgado, sentindo uma estranha pressão enquanto faziam força para colocar meu tornozelo de volta no lugar como se fosse uma chave velha numa fechadura enferrujada.

"Stay with me/Stay with me/Tonight you better stay with me!!!", cantava Taylor. O clássico do Faces que tocávamos havia anos ecoava à distância, e outra paramédica tentava me cobrir com um

daqueles cobertores de poliéster, achando que eu estava em estado de choque. Nem posso culpá-la. Talvez estivesse mesmo. Recostado, ria com um copo descartável cheio de uísque na mão, sem dar qualquer sinal de ter acabado de esmigalhar minha perna numa queda feia. A única coisa que sentia naquele momento era a responsabilidade de terminar o show para as milhares de pessoas que tinham ido nos ver botar o lugar abaixo com nossa excelente máquina bem azeitada de rock. Imaginava fileiras e fileiras de pessoas a caminho da saída, a decepção gritante na cabeça baixa deles, nos xingando e jurando nunca mais ver um show nosso. Virei para Johan, que diligentemente mantinha meu pé no lugar, e perguntei:

— Ei... Tem como eu voltar lá e terminar o show se ficar sentado numa cadeira?

— Você vai precisar de uma tala — disse ele.

Perguntei se teriam alguma à mão, e ele me informou que teríamos que ir ao hospital para imobilizar a perna. Aí poderíamos voltar.

— E esse hospital fica muito longe daqui? — perguntei.

— Meia hora — respondeu ele.

Mas nem fodendo!, pensei. De jeito nenhum eu deixaria aquele estádio sem dar às pessoas aquilo pelo que elas haviam pago.

— Que tal fazermos assim... *Você* vai até o hospital e pega a tala, eu me sento e toco, e, quando você voltar, a gente a coloca.

Ele me encarou com uma expressão frustrada.

— Se eu soltar o seu pé, ele sai do lugar de novo — me informou educadamente.

Sem hesitar e num momento de puro capricho teimoso, gritei a plenos pulmões:

— Bom, caralho, então você vai ter que subir ao palco comigo!

"Pressure/Pushing down on me...", continuava a voz rascante de Taylor, no tom exato, agora cantando o clássico do Queen com

David Bowie enquanto o médico apertava o meu tornozelo ferrado com um curativo elástico sem deixar de segurá-lo firme nem por um segundo. Num esforço coordenado de vários homens parrudos, fui levantado e carregado de volta para o palco, onde uma cadeira me aguardava no lugar onde antes eu tinha ficado de pé.

A vida se encarrega de nos fornecer momentos poéticos fortuitos de tempos em tempos. Quando sentei a bunda na cadeira, a guitarra foi colocada no meu colo, e entrei com tudo na ponte de "Under Pressure" como sempre havia feito, cantando no meu melhor falsete *"Chippin' around kick my brains around the floor/These are the days it never rains but it pours..."*, o rugido ensurdecedor da plateia confirmou que música e versos não poderiam ser mais apropriados para um momento tão inesquecível. Se alguém me contasse, eu não acreditaria. Era pura alegria. Triunfo. Sobrevivência.

Emendei com "Learn to Fly" e olhei para Johan ajoelhado na minha frente, fazendo o possível para manter meu pé estável enquanto eu sacudia a guitarra, a adrenalina pulsando nas veias. Reparei que ele já não estava mais num estado de preocupação constante, mas balançava a cabeça no ritmo da música. Sorri, pisquei e disse:

— Isso é bem maneiro, né?

— Muuuuito!!! — respondeu ele.

Mal sabia eu que ele também tocava rock e que a emoção de subir ao palco num estádio não lhe tinha passado batida.

Não demorou para a ambulância aparecer com a tala — na verdade, uma placa de gesso —, que puseram em mim com a velocidade de mecânicos da Nascar, e continuamos com o show. Horas e músicas se passaram, e, em dado momento, cheguei a me arrastar até o centro do estádio para cantar "My Hero" e "Times Like These"; o êxtase de amor e solidariedade da plateia ao cantar junto comigo me levou às lágrimas. Quando soaram os últimos acordes de "Best of You", sabia que havíamos acabado de viver um momento determinante nas nossas carreiras. Aquela banda, nascida do sofrimento e da tragédia do nosso passado rompido, celebrava a vida, o amor e a dedicação em ir atrás da felicidade todos os dias. E naquele dia, mais do que nunca, representava cura e sobrevivência.

Logo fui levado para um carro ao lado do palco, e fomos para o hospital à toda velocidade, com as sirenes da escolta policial ressoando ao nosso redor. No caminho, reparei que Harper, minha filha, então com seis anos, que havia presenciado toda aquela série de infortúnios, começou a chorar baixinho.

— O que foi, amor? — perguntei a ela, o rosto iluminado pela luz da sirene.

Ela não respondeu.

— Tá assustada?

Devagarinho, ela fez que sim enquanto as lágrimas escorriam por seu rostinho lindo e o meu coração afundava no peito. Ainda que eu não sentisse a minha dor, sentia a dela.

— Tá tudo bem! A gente só vai dar uma passada no hospital pra eles tirarem fotos dos meus ossos... É bem legal! — falei, com uma alegria forçada, artificial.

Ela fez o possível para sorrir e reunir alguma coragem, mas eu sentia o medo e a empatia no seu coraçãozinho inocente, e meu foco se desviou na mesma hora para o bem-estar dela. Afinal, a medida de nossa felicidade é a do nosso filho mais infeliz. Chegando ao hospital, me puseram numa cadeira de rodas, e eu a acomodei no meu colo para o passeio até a sala da radiografia, fazendo o possível para tornar divertido aquele momento bizarro.

Felizmente, ela riu.

Deitado sobre a mesa gelada da radiografia, fui instruído a ficar imóvel enquanto eles percorriam a minha perna com o equipamento para obter imagens claras da lesão. Como numa abdução alienígena, a luz branca encheu a sala, e lá estava eu, sozinho, com apenas uma janela me separando do meu gerente de turnê e do operador. Silêncio. Um zumbido surdo ressoou algumas vezes, e olhei para a expressão pesarosa de Gus do outro lado do vidro. Não era o que eu esperava ou queria ver. Ele me encarou e fez com os lábios a palavra "cirurgia". Puta que pariu.

À noite, quando cheguei ao hotel, a dor enfim começou a se manifestar. Ao me deitar no sofá com o gesso para o alto, foi impossível não me lembrar dos meus verões na infância, aquele moleque hiperativo que vagava pelas ruas à procura de aventuras até furar a sola do tênis, sem levar em conta as consequências físicas. Apenas as emocionais. E, ao olhar para as mensagens que pipocavam no meu celular, chorei com as demonstrações de amor e preocupação dos meus amigos ao saberem da notícia. Eu sabia o que tinha que fazer.

LEVANTAR E SACUDIR A POEIRA. VOLTAR PARA CASA. O SHOW TEM QUE CONTINUAR.

TRACEY É UMA PUNK ROCKER

— Tracey, eles chegaram!

No suntuoso saguão da casa de fins do século XIX em Evanston, Illinois, onde minha tia Sherry morava, eu esperava ansiosamente ao pé da longa e sinuosa escadaria para cumprimentar com um abraço minha superdescolada prima Tracey. Tecnicamente, não éramos parentes, mas eu a considerava parte da família tanto quanto os de sangue. Nossas mães tinham se conhecido durante a adolescência, na escola, em Boardman, Ohio, e eram amigas desde então. Chegaram a formar um grupo de canto *a cappella* chamado The Three Belles e se apresentaram em sedes locais do clube Kiwanis ou do Women's City Club, além de escolas, no início dos anos 1950 (isso sem falar do programa culinário matinal de TV em que a minha mãe bebeu leite por exigência do patrocinador e quase vomitou no estúdio todo). Junto com sua querida amiga Jeralyn Meyer, as duas cantavam "Tea for Two", "Bewitched" e "Alexander's Ragtime Band", sorridentes, com figurino idêntico e em perfeita harmonia. Elas não tinham aspirações profissionais. Era mais um caso de paixão sincera, somada a uma maneira de passar o tempo e compartilhar com os amigos o amor pela música. Depois de se formarem, minha mãe e Sherry seguiram rumos diferentes na vida sob a promessa de se reunirem todos os verões dali em diante, algo que fazíamos independentemente da distância física entre nossas famílias.

Dirigir mais de 1.120 quilômetros de Springfield, Virgínia, até Evanston não era moleza. Minha mãe, minha irmã e eu amontoávamos bagagem, travesseiros, cobertores e um *cooler* cheio de comida dentro do nosso Ford Fiesta 1981 azul-bebê para fazer o trajeto de onze horas, que em geral envolvia uma parada de alguns dias na metade do caminho, em Youngstown, Ohio, para visitar meus avós, não muito distante de Warren, a cidadezinha onde nasci. Era o momento mais divertido do ano: pegar a Pennsylvania Turnpike, cujo trajeto cruzava um dos cantos mais bonitos do país, percorrendo as colinas e passando por longos túneis nas montanhas. Eu sempre curtia a viagem, sentado no banco dianteiro junto com a minha mãe, cantando as músicas do rádio, comprando lembrancinhas nas paradas de beira de estrada e comendo os sanduíches que tínhamos levado. Aquelas foram minhas primeiras experiências verdadeiras de viagem, e eu já conseguia apreciar as mudanças graduais da paisagem à medida que avançávamos por horas a fio país adentro, rumo ao Meio-Oeste no nosso carrinho minúsculo, espremidos feito astronautas. Só posso imaginar que o prazer que sentia ao contemplar a longa estrada à frente me inspirou a continuar a cruzar aquelas mesmas rodovias na vida adulta.

Depois de sair da nossa sonolenta comunidade de classe média na Virgínia, cruzar as colinas da Pensilvânia e deixar para trás a vastidão imutável de milharais da zona rural de Ohio, ver a zona metropolitana de Chicago se descortinar diante do nosso para-brisa era simplesmente incrível. Como a Cidade das Esmeraldas de *O Mágico de Oz*, a visão gloriosa da Sears Tower à distância sempre me gerou assombro e uma expectativa intensa quanto ao que me reservaria a viagem de cada verão. Eu amava Chicago. Seu labirinto multicultural de vagões de metrô e edifícios de tijolos parecia trazer em si infinitas possibilidades, muito mais empolgante do que o ambiente tranquilo da minha casa na Virgínia.

Além de Tracey, a mais descolada entre os meus "primos", havia ainda os seus três irmãos mais velhos, Trip, Todd e Troy, que sempre me carregavam junto para todos os lados e me mostravam um mundo que eu jamais teria vivenciado, fosse explorando a cidade ou curtindo por horas as praias quentes do lago Michigan. Aquela era minha Ilha da Fantasia, meu Club Med, minha Copacabana. Foi também onde tive o primeiro gostinho verdadeiro de independência na vida, já que, aos poucos, comecei a pegar o metrô até o centro sem a supervisão da minha mãe para explorar os vários cantos da cidade, logo descobrindo que o meu próprio sentido de identidade ia muito além do que haviam me levado a acreditar ser possível. Sem me dar conta, estava vivendo estética e emocionalmente um momento digno de um dos clássicos filmes de formação feitos por John Hughes nos anos 1980.

Plantado, esperando Tracey descer animada a escada, vestindo os shorts e a camisa polo de sempre, reparei no som sinistro vindo lá de cima. O barulho de correntes, o ranger do couro, o baque das botas no chão a cada passo, como se fossem os de um viking se aproximando devagar da presa escolhida. Seria um intruso na casa? Um integrante do Hell's Angels? O Fantasma do Natal Passado? Senti o coração disparar ao ouvir os passos se aproximarem, vindos do topo da escadaria. *Bum, clinc, bum, clinc, bum, clinc.* E foi quando ela apareceu...

TRACEY AGORA ERA UMA PUNK ROCKER.

Com botas Doc Martens lustrosas, calça preta colada, camiseta do Anti-Pasti e cabeça raspada, ela era uma assustadora mas gloriosa imagem da rebeldia. Nem sinal do short de tenista e dos tênis do verão anterior; Tracey havia se transformado em algo que eu só tinha visto nas séries de TV que passavam à noite, como *CHIPS* ou *Quincy*. Só que não se tratava de uma vilã de desenho com cabelo espetado tocando o terror numa *sitcom* bobinha com seus comportamentos anarquistas e uma trilha sonora barulhenta ao fundo. Não. Aquilo era de verdade. Eu a observava, chocado, como se estivesse diante de uma alienígena enviada por outra civilização, examinando cada tachinha, cada alfinete e cada tira de couro com uma perplexidade encantada. Mas o choque e a surpresa se dissiparam no instante em que ela nos cumprimentou com o sorriso caloroso de sempre. Continuava a ser a Tracey, apenas com a parafernália de uma super-heroína pós-apocalíptica. Dizer que fiquei animado não chegaria nem perto da realidade. Eu não cabia em mim. Algo havia sido despertado — eu só ainda não sabia bem o quê.

Após a recepção alegre de sempre, Tracey e eu subimos até o seu quarto, onde ela desatou a me mostrar a gigantesca coleção de discos ao lado da sua vitrola. Filas e mais filas de singles e LPs, todos arrumados com o maior cuidado, de bandas cujos nomes eu nunca tinha ouvido falar — Misfits, Dead Kennedys, Bad Brains, Germs, Naked Raygun, Black Flag, Wire, Minor Threat, GBH, Discharge, The Effigies... Impossível enumerar todas. Uma verdadeira arca do tesouro de punk rock independente underground, algo que, até aquele momento, eu nem sequer sabia que existia. Nos sentamos no chão, e ela me mostrou um disco atrás do outro com o entusiasmo de uma professora que orientava um aluno faminto por conhecimento.

— Escuta esse! — dizia ela, e posicionava cuidadosamente o disco na vitrola. — Agora esse! — continuava, tocando um após o outro e me deixando completamente alucinado com cada faixa.

Eu tinha perguntas. Muitas. *Como eu não sabia que isso existia? Todo mundo sabe que existe? Não é contra a lei?* Examinava a capa de cada disco, os olhos arregalados encarando a agressividade de ilustrações, fotos e créditos, enquanto Tracey colocava aquela música brutal no volume máximo, marcada por levadas rítmicas aceleradas e berros insanos. As horas voavam, e tudo que eu sabia sobre música até aquele momento rolava ladeira abaixo.

FOI O PRIMEIRO DIA DO RESTO DA MINHA VIDA.

Ao examinar os álbuns de Tracey com mais atenção, reparei numa diferença gritante dos de rock clássico que eu tinha em casa: nunca havia ouvido falar de qualquer uma daquelas gravadoras. Aliás, a maioria dos discos parecia ser produzida artesanalmente. Capas xerocadas com fotos escuras e de baixa qualidade; letras e créditos escritos à mão; logotipos e gráficos em *silk screen*, tudo enfiado de qualquer jeito em capas de plástico e vendido a não mais que três ou quatro dólares. Uma rede underground que conseguia existir totalmente à parte da estrutura corporativa convencional, desafiando o processo comum de fabricação e distribuição musical. Aquelas pessoas, Tracey explicou, faziam tudo SOZINHAS. Fiquei hipnotizado, alerta e inspirado. Não mais considerava a música um ato inatingível de feitiçaria, ao alcance somente daqueles dotados da habilidade divina de um Jimi Hendrix ou de um Paul McCartney. Agora eu entendia que ninguém precisa de mais do que três acordes, mente aberta e um microfone. E da paixão e do ímpeto para fazer acontecer.

SIDE 1 SURF COMBAT
GEAR
SIDE A LIBIDO

ENGINEERED BY IAIN BURGESS
ASSISTANT ENGINEER JOHN PATTERSON
LYRICS & MUSIC © ℗ 1983 NAKED RAYGUN
NAKED RAYGUN WORLD H.Q.
PO BOX 578382
CHICAGO ILLINOIS 60657 8382

RUTHLESS RECORDS
PO BOX 1458
EVANSTON ILLINOIS 60204

Naquela noite, Tracey planejava pegar o metrô até o centro da cidade para ver a banda punk local Naked Raygun tocar num muquifo chamado Cubby Bear, em frente ao estádio de beisebol Wrigley Field. Tendo escutado uma música deles, "Surf Combat", naquela tarde, eu estava louco para vivenciar de perto aquele estilo de vida radical, mas nunca sonharia que Tracey fosse me convidar para ir junto, considerando que eu parecia um garoto careta de treze anos que tinha acabado de cair do ônibus da escola. Era mais Opie Taylor do que Sid Vicious, e só podia imaginar a vergonha dela se tivesse que entrar comigo num lugar cheio de moicanos e jaquetas de couro com rebites. Mas foi preciso apenas um pouco de incentivo da parte da tia Sherry para Tracey aceitar me levar. Aquele era um terreno inexplorado, território verdadeiramente novo, e meu estômago se revirava de expectativa.

Sem falar que eu nunca tinha ido a um show de rock antes.

Depois de tantos anos assistindo à MTV e encarando os pôsteres do Kiss e do Led Zeppelin nas paredes do meu quarto, eu tolamente pensava que bandas só se apresentavam em palcos gigantes com máquinas de fumaça e exibições grandiosas de laser e pirotecnia. Para mim, rock and roll era aquilo. Mal sabia eu que bastavam quatro paredes e uma música.

No trajeto de metrô, minha mente era pura tempestade elétrica de premonições perigosas, imaginando o caos e a loucura que nos aguardavam naquele buraco escuro do centro da cidade. Horas antes, uma verdade tinha surgido dentro de mim, e eu mal podia esperar para vivê-la. Agora me identificava com algo que não se parecia nem um pouco com qualquer coisa com que já houvesse tido contato em casa. Aquelas capas amassadas e as gravações de garagem com som distorcido saindo das caixas de som da Tracey escancararam uma janela na minha alma, e eu enfim vivia um tipo de conexão que fazia com que me sentisse compreendido. Sempre tinha me sentido ligeiramente diferente do normal, sem ninguém a quem recorrer ou um lugar para onde ir quando precisava de compreensão e apoio. Cria de um lar desfeito, filhinho da mamãe, um aluno no máximo razoável. Uma explosão de energia vagando em busca de um nicho, de uma tribo. Eu precisava muito de uma revolução existencial. E sentia que ela estava próxima.

Quando chegamos ao Cubby Bear, reparei em alguns punks de bobeira na rua, junto à porta do clube, e fiquei surpreso com a idade deles. Eram adolescentes como eu, não os rostos ameaçadores que tinha visto nas capas dos álbuns de Tracey. A maioria não passava de uns magricelas com jeito de skatista, jeans, camiseta e tênis All Star, cheios da mesma energia adolescente hiperativa que eu. Me senti aliviado na mesma hora, e Tracey me apresentou à sua turma de incompreendidos. Logo percebi que todos ali se conheciam — uma sólida comunidade de amigos, unida pelo amor à música subversiva e pela celebração da expressão pessoal. Lógico, havia rebites, couro, cabelos coloridos e piercings, mas não me pareceu assustador. Me senti em casa.

Como uma bomba prestes a detonar, o lugar era pura tensão e expectativa da subida ao palco do Naked Raygun. Quando as luzes da casa se apagaram, fui tomado pela imediata consciência do nível de intimidade do show. Ao contrário do que retratavam os pôsteres da parede do meu quarto, estávamos todos amontoados a poucos metros de distância de um palco pequeno. O cantor segurou o microfone, pronto para dar início à apresentação. Quando começou, foi como se acendessem um barril de pólvora no pequeno recinto. Um frenesi de braços, pernas e volume ensurdecedor, com pessoas subindo umas nas outras, se batendo e se jogando do palco, cantando as letras de cada música com punhos cerrados feito um exército de fiéis soldados sônicos. Pisaram nos meus pés. Levei empurrões e socos. Fui jogado de um lado para outro feito uma boneca de pano em meio ao fuzuê e achei aquilo divertido pra caralho. A música e a forma violenta de dançar liberaram uma energia reprimida em mim havia anos, como um exorcismo de todos os meus traumas de infância. ERA A SENSAÇÃO DE LIBERDADE PELA QUAL EU TINHA ESPERADO POR TODA A VIDA, E AGORA, BATIZADO COM CUSPE, SUOR E CACOS DE VIDRO, NÃO TINHA MAIS VOLTA.

Uma canção explosiva após a outra, eu me mantinha próximo ao pequeno palco, banhado pela glória distorcida da música. Há quem considere o Naked Raygun a banda mais importante da história do punk de Chicago. Seu estilo chega quase a lembrar uma espécie de surf rock *à la* Dick Dale em versão hardcore. Na época, lógico, eu não fazia ideia da relevância deles. Só sabia que a música deles enchia minha mente e minha alma de algo de que eu precisava mais. Nenhuma canção durava mais de três minutos e meio. A reação a cada explosão de som era insana, e as pausas entre elas me pareciam uma eternidade conforme eu aguardava o caos recomeçar. Acabou rápido demais, e, quando as luzes se acenderam, fui até a mesa que servia de loja improvisada e comprei meu primeiro disco de punk rock: o single de sete polegadas de "Flammable Solid", do Naked Raygun. Tiragem de apenas mil cópias.

Depois do show, pegamos o metrô e voltamos para Evanston com os ouvidos zumbindo e os corações renovados. Um dia de verão havia mudado minha vida para sempre ao me ensinar que não precisava de pirotecnia, lasers ou habilidade técnica inatingível de instrumentista virtuoso para me tornar músico. A performance do Naked Raygun me revelou o elemento mais importante do rock and roll: o som cru e imperfeito de seres humanos expurgando suas vozes interiores para o mundo todo escutar. Isso agora também estava à minha disposição, e eu mal podia esperar para voltar para casa, na Virgínia, e espalhar a palavra para os meus amigos, torcendo para que eles vissem a luz comigo.

Acabei descobrindo que a própria Tracey também era vocalista de uma banda de punk rock chamada Verboten, que já havia gravado algumas canções originais e feito shows em Chicago. Com média de idade em torno de treze anos, o quarteto fazia tudo sozinho, compondo e ensaiando no porão de Tracey, marcando seus shows e produzindo as próprias camisetas para vender na hora. Jason Narducy, o guitarrista, não devia ter mais que onze anos na época, e seu corpo franzino sumia atrás da sua Gibson SG enquanto descia a mão nela tocando os acordes de canções como "My Opinion" e "He's a Panther". Aquilo me inspirou ainda mais: ver um garoto mais novo que eu colocar a cara a tapa e ir atrás dos seus sonhos. Sabia que, quando chegasse em casa e colocasse as mãos na minha guitarra, daria a ela uma canseira. Porra, se aquela galera fazia tudo aquilo, eu também podia fazer!

Aqueles dias de férias passaram voando. Fiquei imerso na coleção musical da Tracey, estudando cada álbum e descobrindo no meio dela até algumas bandas da minha cidade: Minor Threat, Faith, Void e a minha favorita, um grupo chamado Scream, de Bailey's Crossroads, cujo endereço para correspondência era a poucos quilômetros de onde eu morava! Louco. Demais. Caralho. Mas o Scream era um grupo um pouco diferente. Os outros eram menos polidos. Eles, com melodias fortes e pitadas de rock and roll clássico aqui e ali, tinham canções velozes e agressivas que me pareciam mais trabalhadas do que qualquer outra coisa que eu tinha escutado na viagem. E o visual também não era exatamente o mesmo dos punks presentes nas capas dos outros álbuns e nas páginas dos fanzines no quarto da Tracey. Eles usavam jeans, blusa de flanela, tinham cabelo seboso e pareciam ser... da Virgínia. Eu escutava o álbum na maior animação, várias vezes, com certo orgulho de casa, memorizando cada verso — e cada batida.

Passei o restante das férias indo a shows, comprando álbuns na Wax Trax! Records e andando com outros punks enquanto aprendia aos poucos a nova linguagem de álbuns e fitas que circulavam entre eles. Testemunhei como aquela cena underground era uma rede orgânica de jovens amantes da música como eu, bem longe da ideia convencional de música como "carreira". Assim como as Three Belles tantos anos antes, aqueles grupos não tinham grandes aspirações profissionais, mas uma paixão sincera por compartilhar com os amigos seu amor pela música. E qual seria a recompensa? Muitas vezes nada mais que uma sensação de plenitude por terem feito algo que amavam completamente sozinhos. E valia cada gota de sangue, suor e lágrimas. Ali não havia astros de rock. Apenas gente de verdade.

Para mim, a longa viagem de volta à Virgínia foi como uma jornada metafórica do passado ao futuro. Eu tinha deixado uma parte minha para trás em Chicago. O garotinho que jamais poderia imaginar suas músicas, seus versos ou suas paixões sendo depositados um dia nos sulcos profundos de uma chapa escura e suja de vinil não existia mais. O garotinho com medo de ser excluído por parecer diferente dos moleques populares não existia mais. Armado com um disco dos Germs, uma camiseta do Killing Joke e aquele single de "Flammable Solid" comprado no show do Naked Raygun, estava decidido a começar a minha vida no punk rock. Aquela camada externa de insegurança adolescente frágil finalmente desbotava, e uma nova pele começava a crescer, uma dentro da qual se alojaria minha verdadeira identidade. E eu mal podia esperar para mostrá-la ao mundo.

They'll rip your skin off
They'll flay you alive
You try to keep breathing
On this ride of your life

I got gear
I got gear
I got gear
I can use it

SESSÃO ESPÍRITA COM JOHN BONHAM

O altar estava montado. As velas, acesas. O ritual, preparado. Sentei no chão de frente para o altar improvisado que eu mesmo tinha construído com restos de madeira e de tinta acrílica, esvaziei a mente de todos os pensamentos e comecei a rezar. Não sei exatamente para quem, mas sabia exatamente em nome de quê.

Sucesso.

Fiquei em silêncio e meditei, procurando me abrir para o universo e receber algum tipo de intervenção divina, imaginando cada célula do meu corpo transformada e fortalecida a me dotar dos poderes sobrenaturais que os meus heróis devem ter tido para conseguir que sua música transcendesse tempo e espaço. Algum elemento místico intangível deveria ter atuado sobre eles, eu pensava, e estava desesperado para acessá-lo, de forma que executei meu ritual primitivo com a convicção pura e intensa de um garoto de dezessete anos sem nada a perder.

A luz amarela bruxuleante das velas de ambos os lados da mesa tomava o chão de concreto frio da minha garagem, iluminando os símbolos que eu havia desenhado para evocar os espíritos que me guiariam até meu destino: o logotipo com três círculos que representava John Bonham e o número 606, dois emblemas dotados de um significado profundo na minha vida. Por meio da minha própria forma de telepatia, listava os meus desejos mais profundos na esperança de que alguém, alguma coisa, em algum lugar atendesse ao meu chamado e respondesse às minhas preces a tempo. Incorporação não é exatamente uma prática em que eu seja muito versado, mas tinha fé na ideia de que o que está ao alcance da nossa percepção está ao nosso alcance. Com a ajuda do universo, aquela era a minha intenção. Ou, indo na direção do sagrado:

O que você pensa, você se torna.
O que você sente, você atrai.
O que você imagina, você cria.

Algumas pessoas chamam isso de "Lei da Atração", a ideia de que o universo cria para você aquilo em que sua mente foca. Como adolescente, eu ainda não fazia ideia desse conceito, mas, desde cedo, sempre acreditei que tudo é possível quando a dedicação é total. Minhas opções na vida àquela altura eram escassas, na melhor das hipóteses. Sem diploma do segundo grau nem dinheiro de família, estaria destinado a viver de mês em mês, tendo a música como guia, o que, felizmente, era suficiente para não deixar meu espírito morrer. Tudo que me restava era sonhar. E, portanto, sonhei. Mas já não me limitava a fantasias de um dia "dar certo" como músico. Estava decidido a intimar o desconhecido para me levar até lá.

O que me inspirou a tomar medidas tão drásticas e extremas?

Há uma teoria por aí de que a maioria dos músicos decide seu rumo criativo entre os onze e os treze anos. É a janela perfeita de oportunidade, onde independência e identidade se cruzam, uma fase traiçoeira na vida de qualquer criança que está no processo de se tornar uma pessoa, não mais um acessório dos pais. Hora de descobrir quem VOCÊ é e, caso tenha qualquer tipo de inclinação musical e incentivo, é possível que decida que é isso o que deseja ser pelo resto da vida. Um músico. Acredito nessa teoria porque foi exatamente o que aconteceu comigo.

Houve um tempo em que a música não passava de um som para mim. Cantigas de ninar simples e jingles de rádio que eu cantarolava sem pensar só por ser divertido, entrando por um ouvido e saindo pelo outro. Canções eram apenas melodias e ritmos intermitentes que iam e vinham como o vento, nunca chegando a capturar meu coração por completo, limitando-se a fazer circular o ar que eu respirava e ocupar o tempo entre os momentos que realmente importavam na vida. ATÉ QUE UM DIA ELAS SE TORNARAM O PRÓPRIO AR QUE EU RESPIRAVA.

Essa é uma sensação difícil de explicar para quem não sofre da mesma doença. É semelhante a ser possuído, imagino eu, embora, até este momento, não me seja possível afirmá-lo por experiência própria. Quando coração, mente e alma não são capazes de controlar ou recusar o desejo de criar um som, uma letra ou um ritmo e você não tem defesa contra o impulso urgente de colocar para fora os seus fantasmas interiores, acontece um compromisso eterno de passar a vida à procura da próxima música. Se não fosse tão sublime, poderia muito bem ser considerada uma maldição.

A partir do momento em que a música enfiou as garras em mim, fiquei eternamente preocupado com cada aspecto da sua construção, e qualquer outro interesse de infância que um dia havia tido foi jogado pela janela. Nada fascinava e estimulava minha mente tanto quanto a composição e o arranjo de uma canção, e cada hora do dia era dedicada a desvendar esse mistério. Como não tinha qualquer instrução musical formal, os sons não me remetiam a "notas" reproduzíveis no papel: viravam formas que eu enxergava na cabeça ao escutar com atenção as múltiplas camadas de instrumentos. Como uma série de blocos de montar coloridos, a música se tornou algo que eu conseguia "enxergar", uma condição neurológica conhecida como sinestesia, através da qual um sentido (audição), ao ser acionado, faz com que um outro não relacionado (visão) também seja acionado ao mesmo tempo. Não saber ler partituras afiou minha memória musical, já que só conseguia reter informação se eu guardasse um retrato mental dela, o que desenvolveu minha capacidade de foco. A desvantagem de nunca ter tido aulas ou nem mesmo uma bateria de verdade para aprender foi o que me desafiou e fez com que eu me esforçasse ainda mais para melhorar, para encontrar uma forma de ser bem-sucedido. Hoje eu sei disso.

Ainda bem novo, comecei a tocar bateria com os dentes, deslizando o maxilar e fazendo movimentos de mastigação para batê-los e simular o som de uma bateria com a boca, fazendo rufares e adornos como se estivesse usando as mãos, sem que ninguém jamais notasse isso. Ao caminhar todas as manhãs para a escola, murmurava melodias e tocava as partes de bateria com os dentes, brincando com as minhas músicas favoritas e compondo canções originais até entrar pelo portão e colocar a mochila no armário. Era o meu segredo mais bem guardado, quase como se estivesse praticando bateria o dia inteiro na cabeça, em silêncio, o que me ensinou novos truques para tentar quando tivesse à mão o instrumento de verdade. Numa visita de infância ao dentista, ao inspecionar meu sorriso colgate, ele parou e perguntou:

— Você tem o hábito de mastigar gelo?

Intrigado, respondi:

— Hã... acho que não...?

Ele me disse que havia um grau de deterioração incomum, sinal de que algo estava gastando meus dentes, e na hora entendi o motivo.

— É que eu toco bateria com os dentes! — falei, todo animado e orgulhoso.

Ele, perplexo, me encarou como se eu tivesse perdido a cabeça. Pedi para que se aproximasse. Ele se ajoelhou, posicionando o ouvido a centímetros da minha boca. Toquei "Tom Sawyer", do Rush, para que ouvisse. Meu maxilar avançava e se retraía velozmente, o som de cálcio e esmalte sendo picados parecendo um sapateador num palco irregular. O dentista ficou de olhos arregalados, se afastando chocado e falando que eu deveria rever aquele hábito estranho e prejudicial à saúde oral. Mas não havia volta. Eu estava condenado a praticar percussão ortodôntica pelo resto da vida.

Só conheci outra pessoa na minha vida que adotava a mesma prática incomum: Kurt Cobain. Dá para notar bem isso durante nossa performance no *Acústico MTV* filmado em novembro de 1993 em Nova York. É possível ver o maxilar de Kurt cerrado e se movendo de um lado para outro em certas passagens do show, já que isso lhe servia como uma espécie de metrônomo enquanto dedilhava o violão. Para mim, fazia total sentido, considerando que cada músico cria a própria dinâmica pessoal. Há um ritmo interno que todo instrumentista segue, e um é sempre diferente do outro. Como escrevi no prefácio de *Beast* [*Fera*, em tradução livre], a biografia de John Bonham escrita por Chad Kushins, é um conceito difícil de definir:

> Cada um toca de forma diferente, sabemos disso, mas deve existir algo de intangível que diferencia a música escrita numa partitura daquilo que é criado de um baterista para o outro. Seria a forma como cada mente interpreta padrões? O relógio interno determinado pelo construto físico e emocional de cada indivíduo? A forma como enxergam o espaço entre as notas? Já vi vários produtores tentarem explicar e forjar "dinâmicas", mas estou convencido de que tentar intelectualizá-las demais é fútil. É algo divino que apenas o universo pode criar, como a batida de um coração ou uma estrela. Um enredo isolado dentro de cada música que pertence apenas a ele. Comparo "dinâmicas" à cadência da poesia, por vezes reconfortante, outras vezes inquietante, mas sempre um presente de uma alma para a outra. Um romance entre quem oferta e quem recebe que funciona para pontuar a verdade de cada pessoa.

E foi a "dinâmica" de John Bonham que me levou àquela fatídica noite em frente ao meu altar improvisado na garagem.

Eu ouvia Led Zeppelin desde muito pequeno, com as suas músicas em rotação permanente nas rádios de rock da minha juventude, mas foi apenas ao me tornar baterista que reparei no mistério desconcertante do som de John Bonham e me apaixonei perdidamente por todo o repertório da banda. Ao ouvi-lo tocar bateria, literalmente escutava vozes que falavam comigo, às vezes sussurrando, às vezes gritando. Jamais tinha vivenciado algo parecido ao ouvir qualquer baterista e chegava até a ficar assustado. Algo no espaço deixado por ele entre as notas desestruturava os impulsos elétricos do meu cérebro, e eu sentia o tempo ficar mais devagar nos milésimos de segundo entre cada ressoar da caixa, como se eu estivesse caindo repetidas vezes num buraco sombrio esmagador. O peso de sua levada ia além do físico. Era algo espiritual. Por mais que eu me esforçasse para imitar a maneira como ele tocava, finalmente me dei conta de que seria inútil, já que estava diante de algo que não era apenas uma levada de bateria. Era uma linguagem própria, o DNA irreplicável dele exposto em vinil.

Embora sua técnica fosse surreal, eu não estava tão preocupado em saber *como* ele tocava; estava mais interessado em saber *por quê*. Qual era a intenção dele? Por que a sua levada característica parecia bem mais natural do que a de qualquer outro baterista, que nem a maré, com ondas que, às vezes, se projetavam contra escarpas íngremes e, outras vezes, iam quebrar mansamente na praia? O que havia naquela dinâmica que ressonava tanto para mim? E eu, teria uma dinâmica própria? Acabei deduzindo que se tratava de obra do universo e, para chegar ao âmago daquela questão, decidi que seria necessário me entregar como oferenda.

Àquela altura da minha vida, eu explorava o misticismo e a noção de que uma pessoa podia se imbuir da presença divina ou do Todo, por isso me encontrava aberto a investigar como algo assim poderia acontecer (eu também fazia experimentos com alucinógenos na época), mas não seguia qualquer credo em particular na minha busca egoísta. E, ainda que compreendesse o básico de religião, não tinha crescido numa família religiosa e ia à missa apenas uma vez por ano, no dia 24 de dezembro, com o meu pai, de fé episcopal, na histórica igreja St. John's, em Washington. O aspecto espiritual da cerimônia certamente me tocava, e eu a achava muito bonita e inspiradora, mas, como aquele conjunto de crenças específicas não havia sido incutido em mim desde pequeno, tudo permanecia um mistério. Foi apenas no ensino médio, quando passei a frequentar uma escola católica (não pela religião, mas para melhorar meu comportamento), que estudei o conceito da fé e comecei a compreender o seu significado.

Entre as minhas diversas disciplinas ligadas ao catolicismo, como "Velho Testamento", "Novo Testamento" e "Escrituras", uma me cativava mais do que as outras. O nome era "Compreensão da Fé". Indo além da decoreba de salmos e versículos, a aula era uma exploração do conceito da fé, da crença incondicional em algo que desafia a lógica e guia nossa vida. Com *aquilo* eu conseguia me identificar, ainda que num contexto muito diferente. EM ALGUMAS COISAS NA MINHA VIDA, EU ME FIAVA INCONDICIONALMENTE E TINHA FÉ INABALÁVEL — O AMOR DA MINHA MÃE, MEU AMOR POR ELA E O AMOR QUE ME ENCHIA O CORAÇÃO QUANDO EU TOCAVA MÚSICA. Dessa forma, sem as estruturas e regras convencionais que, em geral, vinham a reboque com tais coisas, eu considerava a música a minha religião, a loja de discos a minha igreja, os astros do rock os meus santos e suas canções os meus hinos.

Foi em cima daquela fé incondicional que meditei ao me sentar perante o bruxulear das velas do meu tabernáculo punk rock.

Seria bruxaria? Já fui a uma cerimônia Wicca, e me pareceu bem semelhante ao meu inocente experimento adolescente de tantos anos passados, mas só consigo definir a minha pequena cerimônia como o que ela foi para mim na época, um apelo ao poder do universo para obter o que mais desejava. É fácil colocar tudo na conta da coincidência, mas hoje, ao escrever estas linhas, tendo tanto o logotipo com os três círculos quanto um "606" em fonte gótica tatuados, sou levado a pensar que, naquela noite, manifestei o meu destino, utilizando a Lei da Atração, invocando o universo, acessando alguma força maior, o que quer que seja. Tudo que sei hoje é que o sucesso pelo qual rezei na minha garagem naquela noite veio ao meu encontro.

Ou talvez eu tenha vendido a minha alma ao rock and roll.

PARTE DOIS

O DESENVOLVIMENTO

TOMARA QUE VOCÊ SEJA BOM

— Beleza... então, você quer tocar um pouco de Zeppelin, AC/DC ou algo do tipo?

Encurvado em cima de uma cadeira bem na frente da minha bateria estava ninguém mais, ninguém menos que o lendário guitarrista Franz Stahl, do Scream, a banda mais maneira de punk rock hardcore de Washington. Do alto dos meus dezessete anos e sendo megafã, eu mal conseguia conter o entusiasmo e estava quase tremendo no banquinho, prestes a tocar com meu herói pessoal, enquanto segurava as baquetas lascadas com tanta força e ansiedade nas mãos calejadas que meus dedos ficaram brancos.

Era dolorosamente nítido que a sensação fantástica não era recíproca. Franz parecia tão empolgado com aquele teste quanto se estivesse a caminho do dentista para um tratamento duplo de canal.

Eu praticamente gritei:

— Não, cara... vamos tocar músicas do Scream!

Meio em choque, ele tirou aqueles olhos azuis grandes da guitarra que estava no seu colo e perguntou:

— Ah, é? Quais você conhece?

Era o momento que eu estava esperando. Olhei bem na cara dele e, fazendo a minha melhor imitação do tom dos bordões cheios de marra de Clint Eastwood, respondi:

— Conheço todas...

Em pouco tempo, o porão decadente e escuro daquela tabacaria de Arlington, Virgínia, explodiu com uma fúria ensurdecedora de gemidos de guitarra e um ritmo astronômico de batucadas. Franz e eu passamos pelo repertório completo deles, um álbum atrás do outro, e tocamos até coisas que não tinham sido lançadas ainda (é, talvez eu tivesse umas fitas piratas). A cada música, dava para ver o ânimo de Franz melhorar, já que eu praticamente não precisava de orientação para nenhuma estrofe, refrão ou conclusão. Ele não sabia que as músicas do Scream estavam marcadas a ferro na minha memória. Afinal, exceto por uma única aula com um baterista local de jazz ("Você está segurando as baquetas de cabeça para baixo"), eu basicamente aprendera a tocar bateria ouvindo Scream.

Meu batismo no punk rock tinha acontecido apenas alguns anos antes, e eu havia começado a colecionar discos com voracidade de um animal no cio, gastando todo o meu dinheiro suado em qualquer álbum que visse na seção de hardcore da Olsson's Books and Records de Georgetown, uma das poucas lojas de discos da região que vendiam conteúdo underground. Cada centavo dos meus salários como entregador de pizza e cortador de grama era gasto para formar uma coleção de álbuns barulhentos, velozes e lindamente primitivos, que eu comprava cheio de empolgação com notas amassadas e moedas contadas com muito cuidado, voltava correndo para casa e colocava no toca-discos, examinando todos os detalhes, da arte até os créditos, enquanto tocava as músicas repetidas vezes em volume de show. Minha mãe era uma mulher muito tolerante e me deixava ouvir qualquer música que eu quisesse (até uma ou outra banda satânica de death metal).

Mas o Scream era diferente. A noção de musicalidade e dinâmica deles era um pouco mais profunda e ampla que a da maioria das outras bandas de hardcore, transitando tranquilamente entre rock clássico, metal, ska e até reggae. Mais importante ainda era que as músicas deles eram cheias de melodias incrivelmente memoráveis, que pareciam despertar meu beatlemaníaco interior, algo que a maioria das outras bandas de punk rock substituía por barulho atonal devido a uma simples incapacidade de composição. Além disso, Kent Stax, o baterista, era uma força rudimentar da natureza. Era evidente que ele entendia mais de bateria do que a maioria dos bateristas autodidatas de punk rock, pois sua velocidade e precisão eram praticamente inigualáveis. Como se ele fosse um Buddy Rich com coturnos Doc Martens e jaqueta de couro, dava para ver que o cara treinava os *paradiddles*.

David G.
1. Apressado no trabalho
   Impreciso
   Desorganizado
2. Não entrega o que foi pedido
3. Se esforça agora para se controlar e até ajuda os colegas a se acalmarem

Com minhas almofadas e um par de baquetas grandes de banda marcial, eu ficava tocando junto com os discos do Scream até começar a escorrer suor pelas janelas do meu quarto e me esforçava ao máximo para imitar o ritmo turbinado da bateria de Kent, o que não era nada fácil. Eu não tinha banda na época, que dirá uma bateria, mas não importava. Se fechasse os olhos, conseguia me imaginar como baterista do Scream, tocando minhas músicas preferidas como se eu mesmo as tivesse composto. Criado em 1979 depois de ver a lendária Bad Brains tocar num estabelecimento minúsculo no centro chamado Madam's Organ, o Scream era um grupo de amigos de longa data que se conheceram no ensino médio e formaram uma das bandas punk mais inspiradoras dos Estados Unidos, e todos os integrantes eram bem mais velhos que eu. Com o passar dos anos, eles tinham se tornado heróis locais, respeitados por todos os músicos da região, e eu ia vê-los sempre que possível. Pete Stahl, o vocalista, se deslocava pelo palco feito um Jim Morrison possuído, o baixista Skeeter Thompson sustentava os ritmos com uma sintonia forte, e os guitarristas Franz Stahl e Harley Davidson (isso mesmo, você leu certo) eram uma dupla ofuscante de ritmos saturados e solos. Por mais que possa parecer mórbido, eu tinha uma fantasia frequente de que um dia estaria na plateia num show do Scream e alguém anunciaria nos alto-falantes:

— Pedimos desculpas pela inconveniência, mas, devido a uma emergência com o baterista, o Scream não poderá se apresentar hoje. Quer dizer... a menos que alguém na plateia possa tocar no lugar dele...

E aí eu pulava para a bateria e salvava o dia. Juvenil, eu sei, mas, poxa... sonhar não custa nada...

Com o tempo, minha perícia como percussionista amador de almofadas ficou grande demais para os limites do meu quarto de nove metros quadrados, e comecei a tocar bateria de verdade em bandas de verdade, com nomes como Freak Baby, Mission Impossible e Dain

Bramage. Minha habilidade crescia exponencialmente, e eu estava aplicando todos os truques que tinha aprendido quando tocava com meus discos preferidos ao fundo, e até apresentava versões próprias dos estilos dos meus bateristas preferidos. Minha mão era extremamente pesada quando eu sentava atrás de uma bateria de verdade, de tanto treinar espancando almofadas, algo semelhante a um atleta correndo na areia. Eu arrebentava peles e quebrava pratos com uma frequência preocupante e bem cara, a ponto de virar freguês habitual na loja de instrumentos musicais do meu bairro, já que eu trocava constantemente meus equipamentos destruídos, e os funcionários, já acostumados, recebiam meu dinheiro de muito bom grado.

Um dia, quando passei pelo mural de avisos cheio de panfletos e anúncios na parede do lado da porta da loja, reparei com o canto do olho num papel que dizia:

SCREAM PROCURA BATERISTA. LIGAR PARA FRANZ.

Pensei: não é possível. Para começo de conversa, por que diabos o Scream, uma banda de renome internacional, anunciaria testes para bateristas em uma lojinha mequetrefe de Falls Church, Virgínia? E, além disso, que chance eles tinham de achar um baterista que fosse capaz de sequer chegar perto do que Kent Stax fazia nos discos incríveis deles? Incrédulo, peguei o número e decidi que ligaria, mesmo que fosse só para contar para os meus amigos que eu tinha falado no telefone com *o* Franz Stahl. Na época, eu tinha dezessete anos, ainda estava no ensino médio e participava de uma banda chamada Dain Bramage com dois dos meus melhores amigos, então com certeza não tinha currículo nem qualificação para me comprometer a entrar para um grupo tão estabelecido quanto o Scream, mas não dava para dispensar a oportunidade de me gabar de pelo menos ter tocado uma vez com os caras. Minha fantasia juvenil ridícula de entrar para salvar o dia talvez tivesse manifestado essa reviravolta inesperada do destino. Lá no fundo, eu sentia que precisava deixar o universo seguir seu rumo.

Voltei correndo para casa e, nervoso, disquei o número no telefone da escrivaninha da minha mãe, afastando os trabalhos escolares ainda não corrigidos. Para meu espanto, Franz atendeu, e, depois de eu dar um resumo gaguejante do meu currículo imaginário (tudo mentira), ele me falou que, no momento, a banda estava sem lugar para ensaiar, mas que anotaria meu número e me ligaria quando desse para tocar. Interpretei aquilo como um bom sinal e esperei que ele desse algum retorno. É claro que não comentei alguns detalhes importantes nessa primeira conversa. A omissão mais gritante? Minha idade. Eu duvidava que ele fosse deixar um garoto de dezessete anos que estava no ensino médio, não tinha carro e ainda morava com a mãe fazer um teste para a banda, então fiz o que qualquer roqueiro ambicioso faria: menti na cara de pau, dizendo que tinha 21 anos.

Passaram-se semanas sem notícias de Franz, então pensei em tentar outra vez e liguei de novo para o número, torcendo para que ele tivesse perdido o meu. A namorada dele atendeu e, depois de uma longa conversa, prometeu que falaria para Franz me ligar. (Como vim a aprender com a idade avançada, se você quiser alguma coisa de um músico, peça para a namorada dele.) Deu certo, e, horas depois, ele retornou minha ligação. Combinamos um horário e uma data, e escolhemos aquele porão decadente em Arlington.

Implorei para minha irmã me emprestar seu Fusca 1971 branco aquela noite e, por um milagre, consegui enfiar a minha bateria inteira dentro dele, como se fossem trinta palhaços jogando a última fase de Tetris. Mal sobrou espaço para respirar, que dirá mudar de marcha enquanto eu dirigia, mas nada ia me impedir de fazer aquele teste. Minha cabeça estava a mil de empolgação à medida que eu corria pela estrada só de imaginar estar NO MESMO CÔMODO que Pete, Skeeter, Harley e Franz, deixando os caras bobos com minhas paradas incríveis, vivendo minha fantasia de rock and roll.

Quando cheguei, fui recebido por Franz e mais ninguém. Com quase zero expectativa após ouvir no telefone a voz de um garoto que obviamente não tinha 21 anos, ele com certeza havia falado para os outros que o meu teste provavelmente seria perda de tempo e queria poupá-los da tortura. Meu sonho de uma noite com o poderoso Scream foi esmagado na hora, mas isso não me impediu de tocar como se a minha vida dependesse disso.

Porque dependia.

Depois, Franz pareceu surpreendentemente impressionado e perguntou se eu gostaria de voltar algum dia para tocar de novo. Não deu para acreditar no que eu estava ouvindo. Eu tinha passado ao menos pelo primeiro round. Com a sensação de que tinha acabado de ganhar na loteria, concordei, animado, enfiei a bateria metodicamente no Fusca e voltei para casa com o coração cheio de orgulho.

O teste seguinte foi com a banda inteira. Aparentemente, Franz tinha falado que valia a pena me escutar, e os outros vieram, curiosos para ver aquele garoto magrelo e desconhecido de Springfield que sabia todas as músicas do Scream arrebentar aquela bateria Tama barata como se estivesse tocando num estádio lotado. Agora eu estava com os figurões, cercado por rostos que só tinha visto em capas de discos ou à distância na plateia enquanto me acabava de dançar e cantava até perder o fôlego. Aquele porão decadente estava sacudindo com o som incrível da banda, só que o estilo rudimentar de Kent fora substituído pelas minhas batucadas incansáveis de neandertal, fortalecidas por anos de corrida em areia.

Depois de outro ensaio triunfal, comecei a ver que minha intenção de poder me gabar de ter tocado com o Scream estava se transformando em algo mais sério. Todos concordaram que eu era o baterista que eles estavam procurando, então me vi diante da oportunidade real de entrar para uma banda estabelecida que havia ganhado fama com um catálogo sensacional, tinha fãs fiéis e fazia turnês não só pelo país todo, mas também no exterior. Meu sonho estava virando realidade.

EU ESTAVA EM UMA ENCRUZILHADA. A escola não me servia de nada, e, a cada boletim trágico que recebia, eu parecia mais e mais destinado a uma vida de monotonia e trabalho braçal. Meu coração era totalmente dedicado à música, minha única paixão, então não havia mais remédio para as minhas notas e a minha frequência às aulas. Era uma situação complicada, considerando que minha mãe era uma professora muito querida do ensino médio no bairro, e eu, seu único filho, estava correndo a toda por um beco sem saída em rota de colisão com o conselheiro pedagógico da escola, na melhor das hipóteses, ou com uma expulsão, na pior. Além disso, havia o meu pai e seu sonho de que eu me tornasse um empresário republicano respeitado, a opção mais implausível de todas. Àquela altura, acho que ele já havia abandonado as esperanças de um futuro para mim no Capitólio, mas não deixava de ser meu pai e, desde o início, havia inculcado em mim o medo de decepcioná-lo. E tinha os meus amigos da Dain Bramage. Eu conhecia Dave Smith e Reuben Radding havia anos, e nosso triozinho fazia uma barulheira danada. A gente ainda não tinha feito nenhuma turnê de verdade nem formado uma base de fãs local razoável, mas éramos mesmo uma banda jovem se esforçando ao máximo. Em retrospecto, gosto de pensar que a gente era "de vanguarda", já que nosso som teria combinado muito bem com a explosão underground do começo dos anos 1990, misturando a energia do punk rock com as melodias de REM, Mission of Burma e Hüsker Dü. Mas, na época, ainda estávamos meio que à deriva.

Para mudar de vida e entrar no Scream, eu teria que: largar a escola, para a infelicidade da minha mãe, professora de escola pública; sacrificar a relação já tensa que eu tinha com o meu pai insatisfeito; e sair da banda que eu havia começado com meus dois grandes amigos. Era uma aposta enorme, para dizer o mínimo, sem absolutamente nenhuma garantia. Era um cenário total de terra arrasada. Depois de muita reflexão e ponderação, não tive coragem. Talvez porque me faltasse confiança em mim mesmo. Então, recusei educadamente, agradeci, e a minha vida seguiu seu curso tresloucado pelo beco sem saída.

Alguns meses depois, vi que o Scream ia fazer um show no centro, no 9:30 Club, um local de referência da música underground em Washington, D.C. Com limite de lotação de apenas 199 pessoas, era um pé-sujo mal iluminado, mas era o nosso templo, e eu tinha visto dezenas de shows ali ao longo dos anos e até tocado em alguns. Decidi ir assistir, já que agora me considerava amigo dos caras, mas, no fundo, eu sabia que seria devastador ver uma banda para a qual só não tinha entrado por medo. Medo de mudança. Medo do desconhecido. Medo de crescer.

As luzes se apagaram, o Scream subiu no palco, e Kent Stax começou a martelar a caixa com a introdução de "Walking by Myself", uma música mais recente que invocava as chamas dos Stooges e do MC5 numa muralha de guitarras e ritmo pesado. A energia da casa lotada parecia uma mola prestes a estourar, e, quando a banda inteira começou a tocar, foi uma explosão do caralho...

> *Hey you!*
> *Well take a look at me*
> *Have you forgotten what's real or what started our scene*
> *I'll tell you what I mean*
> *Am I screaming*
> *For something to be?*
> *Have all my friends*
> *Turned their backs on me?*
> *I'm out here walking by myself*
> *I'm out here talking to myself...*

Cantei junto esses versos com todas as minhas forças, e, de repente, tudo fez sentido. Na mesma hora me arrependi da decisão de não fazer parte de algo tão catártico. Como se fosse uma bala de canhão, meu coração pulou para a garganta, e decidi ali mesmo que meu destino era aquele, minha banda era aquela, meu futuro era aquele, minha vida era aquela. A encruzilhada que eu tinha visto na minha vida de classe média sem rumo desapareceu do nada, e resolvi fazer aquela aposta, deixando tudo para trás e indo em busca da sensação que correu pelas minhas veias quando as duzentas pessoas naquele espaço explodiram numa onda de caos e alegria.

Depois do show, falei para a banda que tinha cometido um erro idiota e queria entrar. Depois de bajular um pouco os caras e convencê-los de que, dessa vez, eu estava 100% decidido, eles me receberam de braços abertos. Kent tinha acabado de virar pai e queria se dedicar à família. A decisão dele de seguir um caminho diferente abriu uma porta para mim.

Agora só faltava eu virar minha vida do avesso.

Meu maior receio era minha mãe, claro. A mulher que tinha feito tantos sacrifícios por mim, dedicado cada segundo da vida ao meu bem-estar e me amado completamente desde o dia em que nasci. Nunca quis decepcioná-la, porque, além de ser minha mãe, ela era minha melhor amiga. Não podia deixá-la chateada. Hoje em dia, gosto de dizer que ela me disciplinou com liberdade por me deixar perambular por aí, descobrir meu rumo e, com o tempo, me descobrir. Não queria trair a confiança dela de jeito nenhum, então sempre a respeitei e andei na linha. Sabia que ela ficaria arrasada se eu largasse a escola tão jovem, mas também sabia que eu ficaria arrasado se não largasse.

A gente se sentou na frente da escrivaninha dela, e, cabisbaixo e cheio de vergonha, expliquei que eu queria sair da escola e tocar pelo mundo. A resposta?

— TOMARA QUE VOCÊ SEJA BOM.

Imagino que, depois de 25 anos dando aula para alunos fracos que nem eu, minha mãe soubesse, lá no fundo, que meu destino não era a faculdade. Mas ela acreditava em mim. Ela via a luz em mim e entendia que o meu coração, a minha alma e a minha inspiração não eram coisas que se aprendiam na frente de um quadro-negro ou livro didático sob o zumbido hipnótico de uma sala de aula. Ela vivia dizendo: "Nem sempre é o aluno que não se dá bem na escola. Às vezes, é a escola que não se dá bem com o aluno." Então, como sempre, minha mãe me deu liberdade para perambular por aí, descobrir meu rumo e me descobrir.

Com meu pai foi outra história.

Sentado na sala da direção, cercado pelos meus pais, ouvi um sermão e levei um esporro do meu pai e do conselheiro pedagógico sobre meu futuro fatídico de pobreza e desespero. Aos olhos deles, eu era um vagabundo inútil, um moleque baderneiro que não servia para nada além de abastecer o carro deles nos fins de semana ou lustrar seus sapatos no aeroporto enquanto eles esperavam o voo, mas fiquei ali aguentando tudo que nem o Rocky Balboa e pensando: *Foda-se. Vocês dois vão quebrar a cara.* Minha frase preferida dessa conversa?

— Você provavelmente faz tudo que um garoto da sua idade não devia fazer, como fumar e beber café.

Café? Desde quando café era droga pesada? Confessei que fazia as duas coisas, sim, com muito orgulho.

Quando estávamos no estacionamento, voltando para nossos respectivos carros, meu pai meteu mais uma antes de me deserdar oficialmente:

— E NÃO USE DROGAS!!!

Foi o exemplo mais barulhento e sisudo de ira republicana careta que já vi na vida até hoje. Só fiquei rindo. A reprovação dele não ia me machucar mais. Enfim eu estava livre, e ele também (eu me lembro de vê-lo dirigindo um Plymouth Volare verde-escuro novo pouco depois de eu largar a escola, e a única conclusão que me ocorre é que as parcas economias que ele tinha separado para mim foram torradas de imediato naquele possante). O cordão tinha sido cortado oficialmente, e eu estava livre para dar no pé.

TOMARA QUE EU SEJA BOM, PENSEI.

Quanto aos meus amigos no Dain Bramage, bom… eles ficaram putos. Eu os deixei na merda, e é possível que bonecos de vodu com o meu rosto tenham sido empalados em cima de fogueiras de álbuns do Scream por anos a fio, mas, felizmente, somos amigos até hoje e tentamos nos encontrar sempre que possível. Nosso único LP, *I Scream Not Coming Down*, foi gravado durante uma tempestade elétrica de proporções bíblicas em Crofton, Maryland, em julho de 1986, e é um chilique de ritmo espasmódico e belas melodias. Sempre vou ter orgulho desse álbum, não só porque foi o meu primeiro, mas por causa de suas maravilhosas peculiaridades. Não tinha ninguém que nem a gente.

Com a vida completamente virada do avesso, fui trabalhar no depósito de uma loja de móveis local, preparando entregas de racks de TV cafonas e poltronas reclináveis, e comecei a ensaiar regularmente com o Scream. Passamos meses aperfeiçoando nosso som e compondo coisas originais, até, por fim, estrear com a formação nova em 25 de julho de 1987, num show beneficente para a Anistia Internacional no Johns Hopkins, que seria seguido por uma marcha silenciosa à luz de velas diante de algumas embaixadas estrangeiras para chamar atenção para atentados contra direitos humanos no mundo inteiro. Eu nunca tinha ficado tão nervoso de tocar, não só por causa do tamanho do público (qualquer coisa acima de doze pessoas para mim já era público de estádio), mas porque o lugar estava cheio de heróis locais meus. Integrantes do Minor Threat, do Fugazi e do Rites of Spring estavam de olho para ver se eu dava conta de seguir os passos do grande Kent Stax, e eu achava que tinha a responsabilidade pessoal de deixar a minha antiga banda orgulhosa. Afinal, os caras do Scream eram heróis deles também.

A ideia era fazermos uma turnê de outono pelos Estados Unidos, que começaria em outubro. O Scream tinha dado essa volta de dez mil quilômetros pelo país várias vezes antes, mas essa seria a minha primeira, um sonho desde que peguei meu primeiro instrumento. A ideia de viajar de cidade em cidade com a única obrigação de mandar ver no rock noite após noite era boa demais para ser verdade.

O itinerário proposto parecia as costas de uma camiseta velha de um show do Grand Funk Railroad, com uma lista enorme de 23 shows em pouco mais de um mês subindo pela costa Leste, atravessando o Meio-Oeste e passando pelas montanhas Rochosas até a costa Oeste, depois voltando para casa pelo Sul. O mais longe que eu tinha ido até então era Chicago, numa das nossas viagens de família épicas, por isso, quando vi cidades como Kansas City, Des Moines, São Francisco, Austin, Tacoma e Los Angeles na agenda, fiquei boladaço. Eu não estava só vendo estrelas. A sensação era que eu estava indo até elas dentro de uma van da Dodge.

Ah, a van.

Ao longo da história, vans sempre foram o meio de transporte mais requisitado e econômico de bandas independentes jovens que precisavam ir do ponto A até o ponto B sem gastar quase nada. Desde os Beatles até o Bad Brains, todas as bandas começaram assim, ou pelo menos é como devia ser. A van não serve apenas para transportar os equipamentos, organizados metodicamente para que caiba um conjunto completo (um monte de amplificadores, guitarras e a bateria); ela vira também um segundo lar. Um lugar onde dormir quando não tem hotel (nunca tem), um lugar para fazer o aquecimento pré-show quando não tem bastidores, e um lugar para formar laços duradouros com os companheiros em viagens épicas e entulhadas pelo país. Não é para qualquer um, garanto. Só certos tipos de pessoa, com certos tipos de disposição, conseguem sobreviver durante meses no que parece um submarino em miniatura sobre rodas, mas, se você aguentar, vira uma experiência de formação que vai lhe dar perspectiva para o resto da vida.

Com cinco pessoas na nossa banda (mais um *roadie*, ninguém menos que Jimmy Swanson, meu amigo de longa data), a gente tinha que planejar com cuidado cada centímetro quadrado da nossa van. Os caras do Scream eram veteranos na ciência do faça-você-mesmo, então era possível projetar um interior que desse conta de comportar cada um de nós *e* todo o equipamento; só precisava de uma baita engenharia (cortesia do vocalista, Pete Stahl) e várias idas à loja de materiais de construção. O projeto consistia em fazer uma plataforma de placas de compensado e vigas de madeira que serviriam de cama, enquanto todo o material ficaria acomodado por baixo. Esse esquema não tinha nada de glamouroso, mas era eficiente e funcional. Depois que descobrimos a configuração ideal para guardar o equipamento debaixo da plataforma, nunca mais foi possível desviar desse quebra-cabeça detalhadamente calculado (caso contrário, as tralhas não iam caber). Embora essa turnê tenha sido há mais de trinta anos, eu ainda me lembro bem de como carregar aquela lata-velha com a rapidez e a eficiência de um corpo de bombeiros de plantão.

Quando enfim chegou o dia de embarcar em nossa viagem pelo país, a van estava estacionada na entrada da velha casa de Bailey's Crossroads, onde a gente tinha passado meses ensaiando, e cada integrante foi chegando com a bolsa de roupas e saco de dormir, pronto para pegar a estrada. Eu era o mais novo da banda, uma diferença de quase dez anos, e essa seria a minha primeira turnê, então eu era inexperiente, para dizer o mínimo.

— Ei! — gritou Harley para mim do banco da frente, quando estávamos entrando na van. — Não vem me pedir para te passar coisas do fundo de dez em dez segundos, tá bom?

O *Further* de Ken Kesey* já estava virando o barco de patrulha do *Apocalypse Now*, e a gente nem tinha saído da porra da garagem ainda. Cacete.

Alguns meses antes, eu havia deixado escapar numa entrevista que não tinha 21, mas dezoito anos, esquecendo que tinha mentido naquela primeira conversa com Franz. Os outros olharam para mim chocados, mas, àquela altura, os vários ensaios no porão minúsculo tinham transformado a gente numa máquina de rock and roll tão bem lubrificada que não fazia diferença. Não havia mais volta. O único problema da minha mentira era que, legalmente, eu não podia entrar em alguns dos bares onde a gente ia tocar, então ficávamos de bico calado, e, se alguém descobria, eu esperava pacientemente na van, corria para o palco na hora de tocar, metia bronca e depois voltava para a van logo após o show, ensopado de suor.

Que nem um bando de sardinhas dentro de uma lata, a gente se deitava naquela plataforma trepidante e barulhenta com nossos sacos de dormir bolorentos, lendo, ouvindo música, rindo, peidando e passando o tempo do jeito que conseguisse naquelas viagens longas. Ficar tanto tempo confinado com tanta gente num espaço tão apertado é até bom para o período curto que a gente passa no palco, porque, quando o equipamento está todo instalado e pronto, a vontade é de explodir. Qualquer angústia, frustração, saudade ou tristeza que se sente é descarregada no instrumento, num acesso primal de fúria durante aquela breve apresentação de uma hora, e, quando se está tocando rock and roll alto, não dá para ser melhor.

Uma das primeiras paradas naquela turnê foi o CBGB, em Nova York. Como minha única visita a Nova York havia sido com a família, numa viagem que a minha mãe tinha bancado fazendo

---

* *Further* foi um ônibus que se tornou ícone da Contracultura nos Estados Unidos durante os anos 1960, e Ken Kesey foi outro símbolo dessa época, autor de *Um estranho no ninho*. [N. do T.]

um bico de treinadora do time de futebol feminino da escola por quatrocentos dólares (foi um milagre de cupons de desconto e restaurantes de bufê sem balança), eu estava fervendo de empolgação para ir até lá de novo, e para o lendário CBGB, ainda por cima! Era o núcleo do punk rock, o epicentro da trilha sonora da minha juventude, e, em breve, eu subiria no palco e me acabaria de tocar para os fantasmas daqueles que abriram caminho para punks jovens como eu. Ramones, Cramps, Talking Heads, Television, Patti Smith, Bad Brains — era território sagrado e a maior realização da minha vida até então.

Quando chegamos, senti um arrepio ao ver o icônico toldo da entrada. Fui dominado pela beleza daquele negócio, desgastado e deteriorado por anos da imundície da Bowery, igual a como eu o tinha visto em décadas de fotos em preto e branco. Um bando de punks já se aglomerava na rua, e achamos uma vaga conveniente (inacreditável) bem na frente do CBGB. Depois de horas de fumaça e confinamento, a gente desceu da van que nem Jeff Spicoli, do filme *Picardias Estudantis*. Fomos recebidos pelo famigerado Harley Flanagan, baixista do Cro-Mags, a banda mais notória de Nova York. Fiquei abobado. O álbum *The Age of Quarrel* deles estava na minha lista de dez melhores discos de punk de todos os tempos, e lá estava eu, cara a cara com o roqueiro mais assustador que já tinha visto na vida. Bastava dar uma olhada nele para ver que o cara não tolerava gracinhas. Nunca. Além disso, tinha um pit bull na coleira que era quase tão bravo quanto ele, então a combinação dos dois me fez manter a distância, até que ele viu Skeeter e Pete e, de repente, aquilo virou um reencontro de velhos amigos, cheio de sorrisos, apertos de mão e respeito mútuo. Fui apresentado, e devo ter parecido uma adolescente num show do Beatles, conhecendo alguém que eu considerava um "astro do rock". A gente convidou Harley para entrar, mas ele recusou, já que não tinha onde deixar o cachorro, então oferecemos gentilmente nossa van para o animal ficar enquanto a gente tocava. Problema resolvido. Começamos a preparar os equipamentos para nossa vez na programação da tarde.

Enquanto eu montava a bateria, nervoso, na frente de uma casa lotada pronta para ver a gente tocar, não conseguia de jeito nenhum achar minha chave de afinação (uma peça extremamente importante para afinar, apertar ou ajustar qualquer parte da bateria), até que me dei conta de que tinha deixado dentro da van. Gritei para Pete:

— Cara! Preciso da chave da van rapidinho! — Ele jogou para mim pelo palco e falou que a gente ia tocar em cinco minutos, então saí abrindo caminho pela multidão até a porta e corri para a van estacionada na rua. Mexendo com a chave como se estivesse desarmando uma bomba-relógio, enfiei na fechadura, girei, peguei na maçaneta para abrir a porta, e "AUAUAUAUAUAUAUAU!!!!!!". A cabeça de um pit bull sanguinário demoníaco brotou na janela com um estouro de fúria assassina que quase me fez cagar nas calças. *Merda!*, pensei. Tinha uma plateia lotada esperando a gente começar a qualquer momento, e a única coisa que me impedia de pegar a porra da chave de afinação eram aqueles 25 quilos assustadores de músculo e dentes. Eu precisava achar Harley, e tinha que ser logo. Voltei correndo para dentro do CBGB, passei os olhos pelo espaço mal iluminado em busca daquele esgar inesquecível até encontrá-lo e implorei para ele me ajudar. Quando abri a porta da van ao lado de Harley, fui recebido não pelo filhote do capeta, mas por um cachorrinho lindo abanando o rabo de alegria por ver o melhor amigo, arfando e lambendo o rosto dele até eu achar a minha chave de afinação, fechar o carro de novo e voltar ao palco a tempo de botar para foder no CBGB. Se não fosse por Harley Flanagan, não só o show não teria acontecido, como provavelmente eu não teria nariz e lábios hoje.

Depois, seguimos para o Meio-Oeste para fazer shows em Chicago e Detroit. Chicago eu já conhecia, claro, mas considerava Detroit um território exótico, misterioso. Todo mundo conhece a rica história musical de lá, claro, mas muita gente não sabe que, nos dois anos anteriores à minha primeira visita, ela foi também a principal capital dos homicídios dos Estados Unidos (comparável apenas a Washington), então não dava para passear muito, a menos que fosse de dentro da segurança da van. Detroit era uma das cidades mais perigosas do país, mas era também lar de algumas das bandas mais furiosas dos Estados Unidos — não é coincidência que tanto o MC5 quanto os Stooges fossem de lá. Nosso show naquela noite foi com os heróis locais do Laughing Hyenas num bar chamado Paycheck's, em Hamtramck, um bairro com população de origem predominantemente polonesa a cerca de oito quilômetros do centro. Tocar depois dos Hyenas foi um desafio, porque eles eram ríspidos e ferozes como a sua cidade natal sugeria, mas os caras também foram legais a ponto de nos convidar para ficar na casa deles depois do show. Eles moravam numa república em Ann Arbor, que ficava a mais ou menos uma hora de viagem a oeste de Detroit, então, como nossa viagem ia seguir naquela direção mesmo, aceitamos a oferta.

Na saída da cidade, eu estava nas nuvens quando paramos num posto desolado, crivado de balas, para encher o tanque antes de pegar a estrada, porque, naquela noite, eu tinha conhecido outro herói meu do hardcore: John Brannon, o vocalista do Laughing Hyenas, que já havia cantado no Negative Approach, minha banda preferida de Detroit. Eu estava vivendo meu sonho de punk rock: além de conhecer os rostos da minha coleção de discos, dormia no chão da casa deles.

A festa começou assim que a gente chegou, e logo todo mundo estava bebendo (entre outras coisas) furiosamente enquanto via filmes de super-8 num telão pequeno na sala. Exausto do show, decidi me retirar cedo, preferindo dormir na van estacionada na rua para ter uma boa noite de sono em silêncio em vez de virar a noite me debatendo naquela casa dos horrores. Dormir na van era algo bem comum, mesmo quando a gente dava a sorte de poder se hospedar em alguma casa, porque sempre tinha a chance de alguém arrombar o carro e roubar todos os equipamentos, deixando a gente na merda longe de casa. Então me ofereci para proteger nosso ganha-pão com a vida, saí para a van e apaguei no conforto do meu saco de dormir.

Acordei algumas horas depois, sentindo a van trepidando pela estrada. Confuso, sentei no saco de dormir e olhei à minha volta, mas não tinha mais ninguém ali, só Pete, que dirigia em silêncio, com o rosto iluminado pelos postes de luz que passavam na rua.

— Cara, cadê todo mundo? Para onde a gente está indo? — resmunguei, enquanto esfregava os olhos pesados para afastar o sono.

Com aquele sotaque sulista clássico, Pete olhou para mim e respondeu:

— Você acredita em milagres?

Horas antes, quando estávamos abastecendo a van para começar nossa viagem ao oeste, Pete tinha deixado nossa "sacolinha" (uma bolsa pequena com todo o nosso dinheiro, cerca de novecentos dólares) em cima da bomba de gasolina naquele posto desolado cheio de buracos de bala numa das piores regiões da cidade. Quando ele deu pela falta, correu para a van e voltou para Detroit a toda velocidade com a remota esperança de que ainda estivesse lá.

Milagrosamente, estava mesmo, e seguimos viagem. Comecei a entender que, a qualquer momento, aquilo tudo podia ir pelos ares. Aquela sensação de segurança de classe média que eu estava condicionado a desejar já era coisa do passado, e a empolgação e o mistério dessa nova liberdade combinaram perfeitamente comigo.

Depois de alguns shows, a gente já estava do outro lado do rio Mississippi, o mais longe que eu já tinha ido, e comecei a ficar bem confortável nessa nova vida de paradas na estrada e pedágios. Para ver de verdade os Estados Unidos, você tem que viajar de quilômetro em quilômetro, porque aí começa a compreender a imensidão desse país lindo e observa as diferenças de clima e geografia a cada divisa estadual. ISSO TUDO ERA COISA QUE NÃO SE APRENDE EM LIVROS DIDÁTICOS VELHOS SOB LÂMPADAS FRIAS NUMA SALA DE AULA; É PRECISO VER, OUVIR E SENTIR PESSOALMENTE PARA CONHECER DE VERDADE. A educação que eu estava recebendo ali na estrada se revelou bem mais valiosa para mim do que qualquer prova de álgebra ou biologia em que eu já tinha levado bomba, porque estava descobrindo a vida em primeira mão, aprendendo técnicas de sobrevivência e convívio social que uso até hoje (como saber a hora de falar e a hora de calar a porra da boca).

Embora eu finalmente estivesse livre para seguir o sonho da minha vida, de vez em quando ainda ligava para minha mãe, para deixá-la tranquila e garantir que ela havia tomado a decisão certa ao me deixar ir. Até a milhares de quilômetros de distância, eu estava mais próximo dela do que de qualquer outra pessoa e queria que ela soubesse que a aposta que me deixara fazer com a minha vida estava valendo a pena.

Kansas City, Boulder, Salt Lake City — as cidades se sucederam uma após a outra no nosso caminho rumo à costa Oeste, deixando para trás um rastro de latas de cerveja e palcos eletrizados. Em semanas, já estávamos percorrendo a garoa fria e as árvores gigantescas do Noroeste do país a caminho do nosso show em Tacoma, no estado de Washington, no Community World Theater, onde a gente ia tocar com uma banda jovem chamada Diddly Squat. O nome era ótimo ["Porcaria Nenhuma", em inglês], mas o baixista, que eu reencontraria anos depois para formar nossa própria banda, era melhor ainda. É, Nate Mendel, baixista do Foo Fighters, era um punk adolescente que nem eu, e nossos caminhos se cruzaram algumas vezes sem apresentações formais, mas é assim que essas coisas costumam acontecer; a gente só precisa deixar o universo no comando. Ainda bem que foi dessa maneira.

Preciso dizer que, a princípio, não achei o Noroeste muito agradável, e estou sendo generoso. O manto opressivo de nuvens baixas e cinzentas que escondiam permanentemente o sol naquela época do ano parecia sugar não só a minha energia, mas também o meu humor. Sem falar no "aroma de Tacoma", um cheiro que emanava das fábricas de papel da região, com notas sutis de peido de brócolis cozido e cocô de cachorro, e se deslocava pela cidade com o vento. Uma beleza. Eu nem imaginava como alguém conseguia morar num lugar tão deprimente, mas, por outro lado, não conhecia absolutamente nada daquele pedaço do país... ainda. Mas uma coisa era certa: a erva ia ficando melhor a cada quilômetro que a gente ia para o Oeste.

Minha carreira de maconheiro em tempo integral já estava a pleno vapor; quando tinha, eu fumava e, quando não tinha, tentava achar. Talvez fosse esse o maior desafio na estrada. Não só eu tinha que encaixar isso no orçamento de US$7,50 por dia (cigarro, Taco Bell, erva), mas também precisava ter um radar apurado nas festas para identificar a qualquer momento quem tinha e quem não tinha. Nos shows, Jimmy e eu vivíamos tentando achar qualquer metaleiro magrelo com o símbolo do Slayer nas costas da jaqueta de couro ou punks hippies ranzinzas com dreadlocks enfiados numa touca de lã. Nas raras vezes em que achava, a gente voltava correndo para a van e conferia o baseado, admirando a superioridade daquela maconha em comparação com a erva cor de terra que a gente costumava fumar em casa, e então ficava chapado feito uma pizza logo antes do show.

Enfim chegou o momento de ir para a Califórnia, um lugar que nem nos meus sonhos mais loucos imaginei que veria. Para mim, estar diante do letreiro de Hollywood, a 4.300 quilômetros do meu bairrinho idílico, parecia fazer tanto sentido quanto cravar uma porra de uma bandeira em Plutão. Inconcebível. Todo o meu conhecimento sobre o estado mais glamourizado do país vinha do que eu havia visto na TV e nos filmes, então imaginava que todo mundo da polícia pareceria fazer parte do Village People, as crianças pareceriam o elenco de *Garotos em Ponto de Bala*, e as mulheres, as Panteras (isso até que eu acertei).

Faltando cinco dias para o show seguinte, a gente foi com toda a calma do mundo até nosso destino, Santa Cruz, outra cidade sobre a qual eu não sabia praticamente nada além do fato de ter sido o local da filmagem de *Os Garotos Perdidos*, a obra-prima de vampiros com Corey Haim. Anos antes, o Scream tinha ficado bem amigo de uma banda de Santa Cruz chamada Bl'ast, e, como quase todo mundo nessa comunidade underground, eles fizeram a generosidade de nos oferecer um lugar para ficar até nosso show em São Francisco. A viagem de 1.300 quilômetros foi sofrida, mas a paisagem compensava nossa claustrofobia. Contornamos os vales da pré-histórica cordilheira da costa do Pacífico até chegarmos à Pacific Coast Highway, por onde seguimos em meio às colossais sequoias enquanto ondas gigantescas arrebentavam no penhasco. Eu estava fascinado. Depois de passar por longas e árduas semanas e quilômetros vendo o cenário evoluir até aquela beleza natural, aquilo para mim foi a recompensa. Me senti cheio de sorte, de vida, de liberdade.

Paramos num telefone público a caminho da cidade, e Pete ligou para avisar Steve Isles, nosso anfitrião do Bl'ast, e dar uma previsão de quando íamos chegar. Ele voltou para a van com uma notícia maravilhosa: Sherri, a mãe de Steve, estava preparando uma macarronada enorme para todos nós, e a gente ia passar os quatro dias seguintes no lindo chalé deles bem perto da praia. Aquilo não era mais uma turnê, era um resort. Compramos um buquê de flores e uma garrafa de vinho para Sherri no mercado e fomos correndo para nossa nova acomodação, prontos para nos libertar do confinamento da nossa van e comer feito reis.

Fomos recebidos como se fizéssemos parte da família e num instante já estávamos devorando montanhas de macarrão, e baseados grossos enrolados com a maconha mais incrível que eu já tinha visto circulavam pela mesa, liberando uma fumaça densa e adocicada enquanto bebíamos e contávamos histórias da viagem. Para meu espanto, até Sherri fumou! *Aquilo*, sim, era a Califórnia. E eu achava a *minha* mãe legal. O fato de Sherri acolher aquele grupo itinerante de roqueiros maltrapilhos, nos dar comida, fumar com a gente e nos deixar dormir num lugar quente era uma caridade digna de canonização. Foi o gesto mais generoso de hospitalidade que eu já vi na vida. Apaguei no meu saco de dormir com um sorriso embotado e a barriga cheia.

No dia seguinte, Sherri ia viajar, mas nos explicou que as sobras da comida estavam na geladeira e a maconha ficava no armário. Jimmy e eu trocamos um olhar e fomos imediatamente para lá, onde encontramos um jarro grande cheio de erva que só se via numa página dupla da *High Times*. Pegamos um punhado grosso verde-fluorescente, saímos para a praia em duas scooters que achamos na garagem, e lá estava ele... o oceano Pacífico. Atravessei a faixa de areia até a arrebentação e deixei a água gelada lavar os meus pés enquanto via o céu se pôr no horizonte. Eu tinha conseguido. DE UM OCEANO AO OUTRO, EU HAVIA ATRAVESSADO O PAÍS LEVADO APENAS PELO MEU AMOR À MÚSICA E PELA VONTADE DE SOBREVIVER.

Melhor que aquilo, impossível.

CLARO QUE EU QUERO SER SEU CACHORRO!

```
SCREAM
                    SCREAM



Spring Tour, 1989


March 31...Richmond, VA
April  4....Columbia, S.C.
       5....Orlando, Fla.
       6....Tallahassee
       7....Miami
       8....Gainesville
       9....Atlanta, GA
      10
      11
      12...Hattiesburg, Miss
      13...Memphis, Tenn.
      14...Fayetteville, Ark.
      15...Little Rock
      16...New Orleans, LA
      17.
      18.
      19...Austin, TX
      20...Houston
      21...Dallas
      22...Tulsa, OK
      23...Oklahoma City
      24...
      25...Albuquerque, N.M.
      26...Las Crusas
      27...Tuscon, Ariz.
      28...Phoenix
      29...Los Angeles, Calif.
      30...SanFrancisco
May    2....L.A.
       3....L.A.
       4...LasVegas, NE
       5...Salt Lake City
       6...Berkley, CA
       7...
       8
       9...Chico
      10...Arcadia
      11...University of Oregon
      12...Portland
      13..Seattle, WA
      14...Vancouver
```

Datas da turnê de primavera de 1989 do Scream.

Toronto, Canadá, 22 de junho de 1990. Tarde de sol. O Scream tinha acabado de zarpar em mais uma turnê pela América do Norte em nossa fiel (mas fedida) van da Dodge, começando com um pulo pela fronteira para uma série rápida de shows canadenses em duas das minhas cidades preferidas do mundo: Montreal e Toronto. Com o passar dos anos, o Scream conseguiu estabelecer uma base de fãs pequena, mas leal, no Grande Norte Branco, e, ao mesmo tempo, fez amizade com pessoas incríveis que nos abrigaram generosamente em repúblicas e armazéns convertidos em lofts sempre que chegávamos de visita (acomodações muito mais confortáveis do que às que estávamos acostumados na época). Desde minha primeira turnê, aos dezoito anos, sempre adorei viajar para o Canadá. O haxixe era bom, as garotas eram bonitas, e os shows eram sempre uma doideira e em geral rendiam dinheiro suficiente para a gente conseguir avançar até a parada seguinte sem grandes problemas. Mas eram as festas pós-show com os nossos amigos canadenses, incomparáveis de tão hilários, que faziam a viagem valer a pena. Porque, convenhamos, os canadenses são do caralho. Relaxados, verdadeiros, engraçados pra cacete. Desafio qualquer pessoa a caminhar por um quarteirão no Canadá e não fazer um amigo. A gente sempre era recebido de braços abertos por nossa família estendida de nerds doidos, e eles nunca nos deixavam na mão em termos de divertimento, fosse perambulando bêbados pelas ruas de Montreal bem depois da meia-noite em busca de sanduíches de carne defumada e *poutine*, fosse ficando chapado até o sol nascer vendo *Night Ride*. (Até hoje um dos meus programas favoritos, *Night Ride* era literalmente uma câmera instalada em cima do painel de um carro, que passava uma hora circulando pela cidade ao som de um fliscorne tocando jazz. Parte de um gênero com o apelido hilário de "televisão lenta", virava uma meditação absurdista surreal quando combinado a um pouco de erva e álcool. Muito popular entre presidiários... ou pelo menos foi o que ouvi dizer.)

De todas as casas de espetáculo de Toronto, o Rivoli, na Queen Street West, devia ser a mais maneira. Conhecida por receber as bandas mais populares do circuito underground, com capacidade para cerca de 250 pessoas, o lugar podia não ser o Royal Albert Hall, mas era ótimo para uma banda como a nossa, e a gente com certeza arrebentaria as paredes daquela porra com um ataque de decibéis de três dígitos na hora do show.

Enquanto trazíamos e colocávamos nosso equipamento no palco minúsculo para fazer a passagem de som cedo, reparei que o barman estava colando cartazes promocionais do *Brick by Brick*, o novo álbum de Iggy Pop, nas paredes grudentas e manchadas de nicotina. *Que estranho*, pensei, mas, como aquilo não tinha nada a ver com o nosso show, continuamos ligando tudo, turbinando o nosso punk rock de alta potência e ajustando da melhor forma possível os volumes dos monitores e amplificadores para a apresentação da noite. Na época, nossa equipe de turnê consistia em apenas um *roadie*, Barry Thomas (muito canadense), então grande parte do processo de montar o nosso conjunto de equipamentos sobrava para a banda. Nenhum técnico de som, nenhum técnico de iluminação, só nós quatro e Barry.

Em geral, a passagem de som da casa acontecia no final da tarde, pouco antes de abrirem as portas, já que os shows costumavam

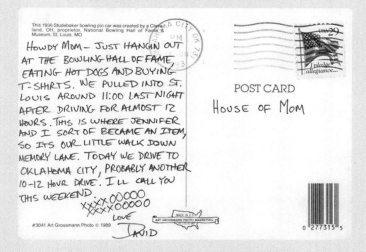

Museu Nacional e Hall da Fama de Boliche, St. Louis.
E aí, mãe — passeando aqui no Hall da Fama de Boliche, comendo cachorros-quentes e comprando camisetas. Chegamos em St. Louis mais ou menos às onze da noite ontem, depois de dirigir por quase doze horas. Foi aqui que Jennifer e eu meio que começamos, então estamos curtindo algumas lembranças. Hoje vamos para Oklahoma City, provavelmente mais dez, doze horas de viagem. Te ligo no fim de semana. Beijos. Com amor, David.

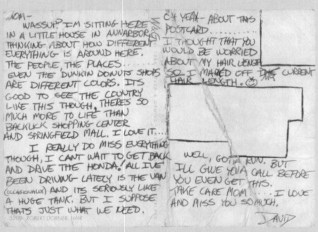

Acredite se quiser!

E aí, mãe, tudo bem? Estou sentado numa casinha em Ann Arbor pensando em como tudo por aqui é diferente. As pessoas, os lugares... Até os Dunkin' Donuts têm outras cores. Mas é bom ver o país assim. Existem tantas coisas na vida além dos shoppings de Springfield. Estou amando isso... De verdade, estou com saudade de tudo e mal posso esperar para voltar e dirigir o Honda! Só tenho dirigido a van ultimamente (às vezes), e é como se fosse um tanque gigante. Mas acho que é disso que precisamos. Ah, e sobre este postal... Achei que você estaria preocupada com o comprimento do meu cabelo, então marquei o tamanho dele atualmente. Bom, preciso ir, mas vou te ligar antes mesmo de você receber isso. Se cuida, mãe... Te amo e estou com muita saudade. David.

começar mais para o meio da noite. Por algum motivo qualquer, porém, nesse dia específico pediram para a gente chegar bem mais cedo, ao meio-dia, para tocar às nove da noite. Meio atípico. Mesmo assim, obedecemos. Enquanto eu afinava a bateria e olhava cada vez mais cartazes do Iggy Pop surgirem nas paredes, comecei a desconfiar de que estava rolando alguma coisa, então parei o que estava fazendo e perguntei ao barman:

— Ei, cara, qual é a desses cartazes?

— O Iggy vai dar uma festa de lançamento do disco aqui antes do show de vocês — respondeu ele. — E vai tocar.

Eu praticamente pirei. Era um milagre abençoado do destino musical! Isso é que era estar no lugar certo na hora certa! Em breve eu estaria no mesmo espaço decadente que IGGY POP, o padrinho da porra do punk! O artista antes conhecido como James Newell Osterberg Jr. era o Adão *e* a Eva do que hoje chamamos de punk rock e logo mais transformaria aquela casinha de espetáculos num Jardim do Éden sônico! A expressão "lenda viva" não chega aos pés de descrever a importância e relevância dele. Tipo, dizem que o cara inventou aquilo de se jogar na plateia. Impossível ser melhor que isso!

— Mas vocês precisam ir embora depois da passagem de som. É exclusivo para gravadoras.

Num segundo, meu sonho de conhecer aquele enigma musical ruiu. Implorei. Supliquei. Engoli as lágrimas de milhares de fãs do Cure e vasculhei o meu cérebro em busca de qualquer desculpa que pudesse convencê-lo de que a gente devia ficar.

— Mas, mas... e o nosso equipamento? A gente precisa ficar aqui para ninguém roubar nada! — exclamei, na esperança de que ele mordesse a isca e nos liberasse.

— Pode ficar tranquilo — disse ele. — É só um monte de funcionários de gravadora.

Completamente frustrados, terminamos a passagem de som e nos retiramos para nossa lata-velha no beco, lambendo as feridas e desejando que as festas de lançamento das grandes gravadoras fossem para os quintos dos infernos. Expulsos dessa experiência que só acontece uma vez na vida e outra na morte, estávamos com um sentimento puro de decepção e rejeição, comparável apenas à vez que levei um fora no baile de volta às aulas dos veteranos (que foi num barco, ou seja, fiquei preso no purgatório da adolescência até atracarmos, horas depois). Se o termo "FOMO"* já existisse em 1990, com certeza se aplicaria a nós, que estávamos sofrendo por perder algo épico. Agora nossas únicas opções eram sair andando pela cidade para beber ou passar nove horas na van comendo pizza e ouvindo rádio. Com uma ligeira ressaca da noite anterior, preferi a segunda opção.

Pouco depois, enquanto estávamos relaxando na van, apareceu uma limusine preta. Como se fosse uma operação do serviço secreto do rock and roll, ela entrou sorrateiramente no beco, parou e destrancou o porta-malas ao mesmo tempo que alguém abria a porta da casa e um segurança aguardava a preciosa carga do chofer com uma atenção aos detalhes que seria dedicada apenas a um presidente. Espiando do conforto do nosso refúgio sobre rodas, esticamos o pescoço superanimados para ver o nosso herói em carne e osso. E ali, como quando Daniel teve a visão do anjo… ele apareceu. Bem perto de onde a gente estava estacionado, ele emergiu do carro, 1,68 m de realeza do rock enfiado numa calça jeans velha e camiseta. Ele foi até o porta-malas, pegou o case da guitarra e entrou no Rivoli. AQUILO ERA O MAIS PERTO QUE EU JÁ TINHA CHEGADO DE UM VERDADEIRO ASTRO DO ROCK. A silhueta linda e torta dele tinha sido gravada a fogo no meu cérebro depois de anos estudando sua obra, mas aquela não era nenhuma imagem bidimensional de capa de disco ou pôster no meu quarto. Era a personificação viva do foda, em carne e osso. E, de repente, a porta dos bastidores se fechou atrás dele.

---

* Sigla para *fear of missing out* ("medo de estar perdendo algo", em tradução livre). [N. do E.]

Mãe, saudações de Milão, Itália! Este postal é de Amsterdã, mas encontrei na van, então achei melhor me livrar dele. Todos os shows italianos foram bem legais. Menos em Roma, porque a Kate ficou doente e tive que tocar baixo para o Fire Party, mas até isso acabou dando certo. Hoje vamos tocar num lugar grandão chamado The Tatoo Club. Estão esperando mais ou menos mil pessoas. UAU! Vamos ver. A França foi ótima, as cidadezinhas eram lindas, e as padarias, boas demais. Todas as pessoas aqui são tão diferentes, nem consigo acreditar. Mal posso esperar para ver você aqui. Dois Grohl na Europa ao mesmo tempo! Se cuida! Beijos, David.

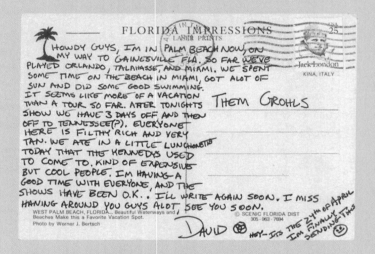

Para os Grohl.
Oi, gente. Estou em Palm Beach, a caminho de Gainesville, Flórida. Até agora tocamos em Orlando, Talahasse e Miami. Ficamos um tempo na praia em Miami, pegamos bastante sol e nadamos um pouco. Por enquanto, parecem mais férias do que uma turnê. Depois do show de hoje, temos três dias de folga e aí partimos para o Tennessee (?). Todo mundo aqui é podre de rico e muito bronzeado. Hoje comemos numa lanchonetezinha a que os Kennedy costumavam ir. Meio cara, mas as pessoas eram legais. Estou me divertindo com o pessoal, e os shows têm sido bons. Escrevo mais em breve. Muita saudade de vocês. Nos vemos logo. David.
– Ei, hoje é dia 24 de abril e finalmente estou mandando este postal.

Já professei louvores sobre a emoção das interações humanas muitas vezes antes, sobretudo quando se trata de música ao vivo, porque saímos da experiência virtual e unidimensional para a experiência tridimensional tangível, que nos garante que esta vida é real e não estamos sozinhos. Até um encontro fortuito com uma pessoa que a gente ouviu desde pequeno, passou horas a fio contemplando as capas dos seus álbuns, uma pessoa cujo ritmo irregular e tribal nos ensinou a tocar bateria, pode virar a matriz de cabeça para baixo. Para mim, isso bastou naquela noite. Minha fé na música tinha sido recompensada só de ver Iggy dar os poucos passos do carro dele até a mesma porta escura de onde eu tinha acabado de sair. Meu mundo agora brilhava um pouco mais. E foi isso.

Pouco depois, ouvimos alguém bater na janela da van.

— Qual de vocês é o baterista?

Se tem uma coisa que eu aprendi nos meus 33 anos de músico itinerante profissional, é que nada de bom pode vir dessa pergunta. Na maioria das vezes, ela é seguida por algemas, uma intimação ou um soco na cara. Não é algo que a gente quer escutar quando está estacionado num beco imundo, a 1.300 quilômetros de casa, em outro país. Levantei a cabeça dentro do meu saco de dormir bolorento nos fundos da van, com os olhos arregalados de medo, esperando o castigo brutal para só Deus sabe que crime eu havia cometido para merecer aquela inquisição terrível. Paralisado de choque e com a cabeça a mil, comecei na mesma hora a repensar todas as possibilidades lamentáveis que poderiam ter me levado àquele destino. Será que eu havia deixado um cigarro aceso no tablado da bateria durante a passagem de som e provocado um incêndio furioso que acabou destruindo todo o estabelecimento, incluindo o Iggy Pop? Ou feito algum comentário engraçadinho sobre outra banda local numa entrevista regada a álcool para algum fanzine, para o desagrado de outro músico pobretão e nervosinho? Quem sabe um ex-namorado tinha esperado até aquele momento para vingar o dia em que sua namorada tinha largado ele para ficar comigo? (Hipótese menos provável. Porra, eu morava numa van.) Tímido, levantei a mão e, com um murmúrio trêmulo, respondi:

— Hummmm... sou eu?

QUER TOCAR BATERIA COM O IGGY POP?

Isso levava aquela história de lugar certo e hora certa para outro patamar.

Confuso diante de uma proposta tão inimaginável, hesitei por um instante. Como muitos músicos, eu tinha fantasias de que um dia minha banda preferida ia me chamar ao palco para substituir o baterista, que, por qualquer motivo, não poderia tocar. Sonhei que isso aconteceria com o Scream, antes de entrar para o grupo. E agora estava acontecendo de verdade. Como eu tinha aprendido a tocar bateria ouvindo os discos das minhas bandas preferidas, sabia reproduzir qualquer um dos álbuns nota a nota, incluindo os de Iggy and The Stooges. Essa oportunidade era a realização de um sonho. Meu estômago desembrulhou com uma onda de alívio.

— PRA CARALHO! — gritei, e ao mesmo tempo pulei para fora da cama improvisada.

Tratei de me recompor às pressas diante do olhar de absoluto espanto dos meus companheiros, desci da van cheio de empolgação e corri até aquela porta de bastidores como se meu corpo estivesse pegando fogo.

Lá dentro, ouvi o som alto e distorcido de uma guitarra sendo dedilhada de um jeito primitivo, enquanto a microfonia enchia o espaço em frequências ensurdecedoras. Quando virei num corredor, vi Iggy, com a guitarra na mão, de frente para uma torre de amplificadores que parecia o monolito de *2001: Uma Odisseia no Espaço*, tocando acordes metálicos dissonantes e mexendo nos controles para acertar o tom. Primeira impressão? Ele estava de óculos. E não eram óculos maneiros de roqueiro fodão. Não, acho que eram óculos de leitura. *Graças a Deus*, pensei, já que isso dissolveu de imediato parte da tensão pavorosa que tinha me dominado conforme eu me aproximava do palco. Antes que eu pudesse me apresentar direito, o homem que havia me arrancado do conforto do meu saco de dormir falou:

— Esse é o baterista da banda de hoje.

Iggy se virou e estendeu a mão.

— Oi, meu nome é Jim — disse.

Nervoso, apertei a mão dele, a mesma mão que tinha composto as letras de clássicos como "Lust for Life", "No Fun", "Search and Destroy", "I Wanna Be Your Dog" e tantas outras.

— Oi, meu nome é Dave — respondi, que nem uma criança conhecendo o professor no primeiro dia de aula.

— Você conhece as minhas músicas? — perguntou ele, com seu sotaque do Meio-Oeste.

Desde que eu era pequeno, sempre me disseram que não existe pergunta idiota, mas nenhuma humildade seria capaz de poupar Iggy da expressão ridícula de "dã" na minha cara em resposta a essa beleza.

— Sim, conheço suas músicas — falei, sorrindo.

— Quer tocar? — disse ele, logo depois. *Strike* dois.

— QUERO — respondi, claro.

Fui para o meu banquinho, e, com a porra do Iggy Pop a menos de um palmo da bateria Tama amarela que eu havia comprado com o dinheiro que consegui pintando casas e aparando gramados, a gente começou a tocar. O riff suave de "1969" logo tomou o salão vazio, e entrei no famoso ritmo dos tom-tons, nota a nota, igual ao disco. Só com guitarra e bateria, nossa versão simplificada da música era ainda mais crua que a versão clássica do álbum (chupa, White Stripes). Em seguida, a diabólica "I Wanna Be Your Dog", que deve ser a minha preferida do álbum de estreia de 1969 do Stooges. E, então, uma surpresa: ele começou a me mostrar uma música do disco novo que eu ainda não tinha ouvido, chamada "I Won't Crap Out". Com o entusiasmo de um homem se apresentando num estádio lotado, ele cantou:

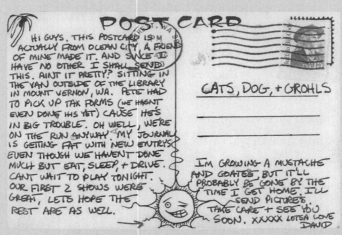

Para os gatos, os cachorros e os Grohl.

Oi, pessoal. Este postal, na verdade, é de Ocean City, um amigo meu que fez. Como não tenho outro, estou mandando este. Não é bonito? Estou sentado na van do lado de fora da biblioteca de Mount Vernon, Washington. Pete teve que pegar uns formulários do imposto de renda (ele ainda nem fez o dele) porque está encrencado. Bom, estamos na correria de novo. Meu diário está ficando grosso de tanto que escrevo, mesmo que a gente não tenha feito muita coisa além de comer, dormir e dirigir. Mal posso esperar para tocar hoje. Nossos dois primeiros shows foram ótimos, tomara que o restante também seja. Estou deixando crescer um bigode e cavanhaque, mas provavelmente já vou ter tirado quando chegar em casa. Vou mandar fotos. Se cuidem e vejo vocês em breve. Beijos. Com amor, David.

I'm standin' in a shadow, hating the world
I keep a wall around me, block out the herd
It's a nerve-wreck place to be, it kills real quick
You gotta scrape the concrete off your dick...

Como nunca tinha escutado a música, tentei acompanhar da melhor forma possível, mas fiquei pensando por que diabo ele estava se esforçando tanto para me ensinar algo que ninguém ia ouvir depois. Será que ele só estava se sentindo sozinho e queria curtir um som? Talvez quisesse me convidar para tocar com ele movido pela vontade generosa de realizar o sonho de um moleque qualquer, sabendo que eu ia passar o resto da vida contando essa história? Por mais estranho que parecesse, continuei concentrado na mão dele dedilhando a guitarra e entrei no arranjo, batucando como se a gente estivesse *mesmo* num estádio lotado. Terminamos em uníssono com um estouro final triunfante.

— Beleza — disse ele, no final. — A gente começa às seis.

Espera, o quê? A gente? Isso? Hoje? Não era nada do que eu imaginava. Nem por um segundo pensei que ele ia querer tocar aquelas músicas comigo NA FRENTE DE OUTRAS PESSOAS. Achei que fosse só uma sessão de improviso, para passar o tempo, que nem eu tinha feito milhares de vezes antes com amigos em porões ou dentro de garagens sujas cheias de galões de gasolina e ferramentas de jardinagem. Não sabia que aquela porra era um teste! Fiquei de queixo caído.

— Você quer fazer isso hoje? — falei, com uma expressão incrédula.

Iggy ficou lá, sorrindo.

— É, cara! — respondeu.

— Humm... a gente não devia ter um baixista? — perguntei.

— Você conhece algum? — disse ele, aparentemente surpreso.

Saí correndo desesperado até a van para falar com Skeeter, nosso baixista. Eu mal podia esperar para compartilhar essa experiência transformadora com outro colega de banda, sabendo que ele gostaria daquilo tanto quanto eu. Skeeter também era muito fã de Iggy

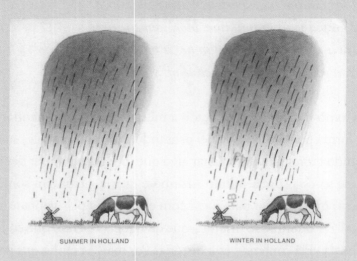

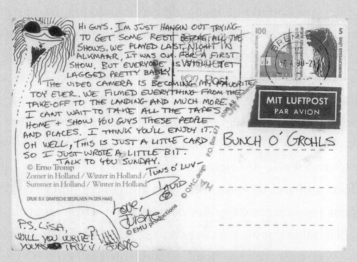

Verão na Holanda | Inverno da Holanda
Para um bando de Grohl.
Oi, pessoal. Estou aqui tentando descansar um pouco antes de todos os shows. Tocamos ontem à noite em Alkmaar e foi ok. Para um primeiro show. Mas todo mundo ainda está com muito *jet lag*. A câmera está virando meu brinquedo favorito. Filmamos tudo, da decolagem ao pouso e muito mais. Mal posso esperar para levar todas as fitas para casa e mostrar para vocês as pessoas e os lugares. Acho que vão gostar. Bom, esse é um postal pequeno, então escrevi pouco. Falo com vocês no domingo. Muito amor, David.
P.S.: Lisa, pode me escrever?

and The Stooges (além de ser um baixista fenomenal, com ritmo e sensibilidade perfeitos), e nós três ensaiamos e ficamos prontos num instante. Era oficial: a gente agora era a seção rítmica de Iggy Pop, pelo menos por uma noite em Toronto.

Enquanto o pessoal da gravadora chegava, a gente ficou com Iggy no camarim minúsculo, fumando e ouvindo histórias da carreira mítica dele. AQUELE MALUCO, REVERENCIADO PELAS APRESENTAÇÕES AO VIVO EM QUE ESPALHAVA PASTA DE AMENDOIM PELO CORPO TODO, SE CORTAVA COM CACOS DE VIDRO E SE EXPUNHA PARA A PLATEIA, ERA SÓ UM CARA SIMPÁTICO E HUMILDE. Como se não desse para a situação ficar mais bizarra! Ele fez a gente se sentir à vontade, e logo a nossa ansiedade se transformou em expectativa e empolgação. De vez em quando, alguém batia na porta e perguntava:

— Estão precisando de alguma coisa?

Skeeter e eu logo percebemos que aquelas pessoas achavam que a gente era a banda DE VERDADE de Iggy! Então, sem hesitar, começamos a ver o quanto daria para tirar daquela experiência já inacreditável.

— Um maço de cigarro?

Beleza.

— Uma caixa de cerveja?

Tranquilo.

— Um fardo de cigarros?

Claro. Foi aí que me dei conta: o sucesso era aquilo. Não dormir numa van gelada com outros quatro caras, entulhados feito sardinhas em sacos de dormir em cima de uma plataforma de compensado, administrando um orçamento diário de US$7,50 com Taco Bell e maconha de péssima qualidade. Nada de voltar para casa e implorar para meu antigo chefe me contratar de novo ao final de cada turnê e esperar pacientemente até outra me tirar da minha realidade de ensino médio incompleto. Nada de ficar em becos cheios de lixo à espera de alguma chance de estrelato imaginário. Eu sabia que essa sensação de sucesso era efêmera, então, em vez de ter só um gostinho, enchi a boca.

Subimos ao palco e fomos recebidos por uma salva de palmas que eu nunca tinha vivido antes: aplausos do tamanho de Iggy Pop.

— FOOOODAAAA-SEEE!!! — gritou ele no microfone enquanto a gente contava para começar a primeira música, "1969", e o público foi à loucura.

Aquele cara simpático e humilde com quem eu tinha acabado de fazer amizade no camarim desapareceu e se transformou na mesma hora no Iggy punk adorado por fãs do mundo todo. Tocando para valer música após música, mal tive tempo para refletir sobre a natureza cíclica daquela reviravolta incrível do destino, então, de cabeça baixa, me deixei levar pelo momento e espanquei a bateria amarela como se não houvesse amanhã. De vez em quando, eu levantava os olhos e via, pelo meu cabelo ensebado, a silhueta torta dele, caminhando pelo palco igual a todas aquelas imagens bidimensionais icônicas em fotos e vídeos que eu tinha visto milhares de vezes antes. Só que agora ele era tridimensional, garantindo para mim que a vida era mesmo real e que eu não estava sozinho. Acabou em questão de minutos, rápido demais, e, com cigarros e cerveja de brinde nas mãos, agradecemos Iggy e seguimos nosso caminho. *EU ENFIM TINHA "CHEGADO LÁ", AINDA QUE SÓ POR UMA NOITE, E FOI EXATAMENTE O QUE SEMPRE TINHA SONHADO.* Bom demais para ser verdade. Então, sem o menor sentimento de decepção, aceitei aquela experiência bonita pelo que ela foi. Seria quase um delírio esperar que eu voltaria a estar no lugar certo na hora certa. Quais eram as chances?

Nossa turnê do Scream continuou, mas não sem complicações. Os shows que a gente ia fazer no Meio-Oeste para bancar nossa viagem até a costa Oeste foram cancelados, de modo que a gente teria que viajar os 6.500 quilômetros até Olympia, Washington, apenas com o dinheiro que tínhamos no bolso e os cigarros que ganhamos. Como não havia nada a perder, decidimos tentar. Afinal, a gente havia chegado até ali; seria só mais uma viagem longa pelo país, né?

Mal sabíamos que seria a nossa última.

CADA DIA
É UMA
PÁGINA EM
BRANCO

ras REAL AUTHENTIC SOUND

RAS RECORDS
P.O. Box 42517
Washington, D.C. 20015
(301) 564-1295

SCREAM
P.O. Box 4965
Falls Church, Virginia 22044-0965
U.S.A.

PETER MARC STAHL — *VOCALS*

SKEETER — *BASS*

DAVE GROHL — *DRUMS*

FRANZ STAHL — *GUITARS*

For Bookings in the United States:
Doug Carin, Tripple XXX Entertainment
6715 Hollywood Blvd., Suite 287
Hollowood, California 90028
(213) 466-8730

SCREAM

For Bookings in Europe:
Tos Niewenhausen
P.O. Box 14570, 1001 LB
Amsterdam, Holland
Tel. 31-20-882-152

PHOTOS BY: TOMAS

— Alguém viu o Skeeter?

Com um pouco de ressaca depois de mais uma noitada em Laurel Canyon, a gente começou a se levantar dos nossos sacos de dormir no chão da sala lotada de um bangalô decadente de Hollywood que estávamos dividindo com algumas lutadoras do Hollywood Tropicana e fez a chamada. Pete, presente. Franz, presente. Barry, presente. Mas Skeeter não estava em lugar nenhum. *Tá tranquilo*, pensei, já que a passagem de som do show da noite seria só mais tarde, e aí voltei ao conforto do meu casulo para dormir mais algumas horinhas. Fechei os olhos e torci para que Skeeter estivesse bem, mas também para que não tivesse nos largado a mais de seis mil quilômetros de casa sem dinheiro ou alguma maneira de voltar para a nossa cidade. Era uma preocupação legítima, considerando que ele já havia dado uns perdidos antes.

Até 1990, minhas viagens com o Scream tinham me levado da Louisiana à Liubliana, de Memphis a Milão, de São Francisco a Estocolmo, e, àquela altura, eu já era um calejado veterano das estradas, acostumado a crises ou conflitos ocasionais, então o sumiço de um integrante da banda era só parte do dia a dia numa turnê. O que antes tinha sido um curso intensivo de sobrevivência com menos de dez dólares por dia numa van era agora uma rotina conhecida e confortável, e eu me adaptara com bastante facilidade à vida de nômade desocupado.

As turnês europeias eram especialmente empolgantes; a gente visitava países que eu só conhecia de ver no noticiário noturno ou nos meus livros didáticos dolorosamente negligenciados. Mas, em vez dos pontos turísticos históricos de sempre que a maioria das pessoas visita quando vai para o exterior, eu estava descobrindo o mundo pelas entranhas escusas do cenário do punk rock underground. Como o Scream já tinha feito uma turnê pela Europa antes de eu entrar, a banda havia estabelecido uma rede de contatos que nos acolheu como se fôssemos da família, nos deu teto, comida e equipamentos para usarmos nos shows, visto que não tínhamos dinheiro para trazer os nossos de casa. Muitos desses amigos eram músicos também, e a maioria morava em "ocupações", edifícios abandonados que eram invadidos por punks e anarquistas, que sobreviviam roubando luz e outros serviços da rede urbana. Para minha mente jovem e impressionável, essas comunidades de radicais eram não apenas intrigantes, mas também inspiradoras, já que a vida nas comunas improvisadas se reduzia aos elementos humanos mais básicos, dispensando os luxos da existência convencional (materialismo, ganância e status social) em favor de uma vida de protesto, liberdade e consciência de que todos precisamos uns dos outros para sobreviver. Eu achava tudo isso muito bonito, um mundo completamente diferente da síndrome de classe média e casas com jardim que eu tinha deixado para trás. A simples troca de uma cama quente por um show criou as bases para a minha compreensão do conceito de ser músico, algo que até hoje uso para pôr as coisas em perspectiva quando me sinto perdido no tsunami da minha vida atual bem mais complicada.

Amsterdã tinha se tornado a nossa base principal por vários motivos, alguns evidentes (maconha) e outros de mera logística (proximidade com o norte da Europa). Em geral, juntávamos o dinheiro suado dos nossos subempregos em casa e pegávamos voos promocionais de uma linha aérea holandesa chamada Martinair a US$99 por cabeça, chegávamos ao aeroporto internacional Schiphol, roubávamos uma bicicleta na primeira noite e passávamos as semanas seguintes nos preparativos da turnê, fazendo ligações com um cartão de telefone pirateado, pegando equipamentos e alugando uma van que seria a nossa casa pelos meses seguintes. Para tirar uma graninha a mais, a gente devolvia garrafas em lojas de conveniência, se arriscava nos caça-níqueis dos bares e até pegava um bico aqui e ali para se sustentar. (Certa vez, trabalhei numa gravadora pequena chamada Konkurrent, que trabalhava com encomendas. Eu ficava enchendo caixas de discos para serem enviados pelo mundo inteiro, só para sustentar o meu hábito maconheiro até o começo da turnê.) Era simples, mas a hospitalidade e a camaradagem que os nossos generosos amigos proporcionavam nos faziam sentir que estávamos levando uma vida de luxo, e acabei me apaixonando tanto pela cidade que até tentei aprender holandês, um idioma que tenho certeza de que só quem nasceu na Holanda consegue falar.

MAS, ACIMA DE TUDO, EU ERA LIVRE, E HAVIA UMA AVENTURA A CADA ESQUINA.

Certa noite, a gente estava em Amsterdã, bebendo na calçada diante do De Muur, nosso bar de punk rock preferido, quando aconteceu um estouro súbito no Vrankrijk, do outro lado da rua, uma das ocupações mais infames do país. Um exército de *skinheads* e fascistas tinha organizado um ataque contra o edifício, e, quando eles se aproximaram pela rua pequena, os residentes do Vrankrijk se prepararam para o combate. Holofotes poderosos se acenderam nas sacadas, e as janelas foram cobertas com cercas de arame farpado enquanto punks saíam do prédio com armas e escudos improvisados. Começou um confronto pesado, e não demorou para todos nós entrarmos na briga também, jogando os copos de cerveja bem alto, arremessando-os na turba de fascistas raivosos em explosões de vidro quebrado como se fôssemos catapultas lançando projéteis de malte morno. Em minutos, os intrusos se renderam e fugiram, e seguimos a noite, agora comemorando a rebelião como vikings recém-chegados da guerra. Aquilo não era rock and roll. Era uma parada medieval.

E também era só uma noite de terça-feira.

As viagens pelo lindo interior da Europa se tornaram meu passatempo preferido, mais até do que dirigir pelas rodovias longas e monótonas das nossas jornadas pelos Estados Unidos. Mas elas tinham lá seus desafios. Quando íamos de país em país, precisávamos lidar com um idioma novo a cada semana, e a comunicação se reduzia a uma versão primitiva de linguagem de sinais que beirava uma mímica ridícula. Dito isso, eu estava aprendendo sobre idiomas e culturas que jamais teria visto na escola, e a experiência física de estar naqueles lugares aprofundou a minha percepção do mundo como uma comunidade bem menor do que a maioria das pessoas imagina. As travessias de fronteira eram sempre interessantes... Imagine a alegria de um agente alfandegário quando uma gangue de jovens punks chegava numa van com placa da Holanda (mau sinal) cheia de guitarras e amplificadores (sinal ainda pior). Era batata: eles mandavam a gente fazer uma fila na calçada, que nem presidiários, e devassavam nossa van toda em busca de qualquer material de contrabando. (Admito que fui submetido a mais de uma revista íntima ao longo dos anos.) Porém, depois de ver *O Expresso da Meia-noite* vezes demais, todos éramos responsáveis o bastante para nos lembrar de fumar toda a nossa maconha e todo o nosso haxixe antes de passar por alguma fronteira, para não apodrecer numa prisão escura e úmida. E, mesmo assim, sempre tinha um jeito de enrolar as autoridades. Fosse encher as caixas dos alto-falantes com camisetas do Scream para vender nos shows (nosso ganha-pão na estrada) para evitar impostos aduaneiros, fosse esconder punhados de haxixe nos dreadlocks de Skeeter para que todo mundo pudesse fumar alguma coisa nos longos trajetos entre um show e outro (nada como ver o nosso baixista brincando com o cachorro farejador na fronteira, sabendo muito bem que a cabeleira embolada dele estava misturada com um bocado de haxixe preto picante), a gente fazia de tudo para sobreviver. Mas não sem passar por alguns apertos no caminho.

Uma vez, quando eu estava andando por um beco de Amsterdã com Marco Pisa, um tatuador italiano que eu tinha conhecido em Bolonha ao pintar o estúdio dele em troca de um belo desenho no meu ombro esquerdo e que se tornara um velho amigo, fomos abordados por dois viciados tentando vender heroína. Nós não curtíamos heroína (nem éramos viciados), então Marco recusou educadamente com um "Vão se foder!" firme, e continuamos andando. Eles insistiram, seguindo a gente de perto, cutucando o nosso ombro, e, de repente, Marco sacou um canivete com a velocidade de um ninja e repetiu:

— VÃO SE FODER!

Chocado, eu me virei para me afastar, mas percebi, pelo canto do olho, que um dos viciados estava prestes a bater com toda a força na minha cabeça com um cano de metal que ele tinha pegado em um canteiro de obras por onde a gente estava passando. Marco e eu saímos correndo, perseguidos por um bando de zumbis escandalosos, e mal conseguimos escapar antes de almoçar num bom restaurante tailandês de frente para os belos canais.

Para qualquer um, isso bastaria para fazer as malas e voltar para o conforto da cama de casa, mas era esse elemento de perigo que me impelia a continuar. DIRIGIR CALHAMBEQUES ALUGADOS NO MEIO DE NEVASCAS APOCALÍPTICAS NA ESCANDINÁVIA, TER OS PASSAPORTES ROUBADOS ENQUANTO A GENTE DORMIA OU BRIGAR COM BÊBADOS CRETINOS QUE QUERIAM TENTAR AFANAR EQUIPAMENTOS OU TRA-

LHAS DA NOSSA VAN, CADA DIA ERA UMA PÁGINA EM BRANCO, ESPERANDO PARA SER ESCRITA.

Até no ápice da frustração e da fome, nunca nem considerei a ideia de me render. Eu ia voltar para o quê? Implorar para o meu chefe no depósito de móveis me deixar retornar ao trabalho de passar dez horas por dia revestindo sofás-camas cafonas com produtos químicos tóxicos da 3M? Uma vida de engarrafamentos enormes na hora do rush, contando a quantidade de shoppings e lanchonetes em cada esquina? Preferia ficar delirando num apartamentinho na Espanha, tremendo numa poça do meu próprio suor com uma gripe forte enquanto ouvia a agitação do bairro de Las Ramblas, em Barcelona. Preferia dormir no palco de uma boate fria em Linköping, na Suécia, depois do show, com paramédicos chegando às pressas para salvar a vida de alguém que estava morrendo de overdose. Preferia entrar numa ocupação na Itália onde estavam queimando as roupas de cama na rua depois de um surto de escabiose ou ser alertado de que não devia comer o macarrão preparado por um promotor de eventos local que queria nos envenenar em retaliação por uma privada quebrada.

Era aquela história: eu ia até o fim.

Mas talvez tenha sido essa vida de instabilidade que fez Skeeter abandonar a gente na primeira vez. No que acabaria sendo a minha última turnê europeia com o Scream, na primavera de 1990, ele decidiu que, por algum motivo qualquer, não tinha como ficar lá e voltou para casa, largando a gente em outro continente a milhares de quilômetros de distância. Felizmente, tínhamos Guy Pinhas, um bom amigo nosso, para ocupar o lugar dele em alguns shows para que a gente pudesse terminar a turnê com dinheiro suficiente para pegar um voo promocional da El Al Airlines, mas eu estava começando a achar que Skeeter não estava tão dedicado à banda quanto Pete, Franz e eu. A gente faria de tudo para evitar que a coisa se desintegrasse.

Embora ninguém ali fosse insubstituível, era inegável o entrosamento entre nós quatro, e Skeeter e eu tínhamos uma sintonia, algo que ele havia incutido em mim anos antes, num dos nossos primeiros ensaios, e que me fazia uma falta enorme quando a gente tocava com outro baixista. Quando entrei para o Scream, eu parecia um potro selvagem, tocando com toda a rapidez e força possível, aplicando batidas inúteis no final de cada frase para impressionar qualquer um que estivesse ouvindo. Um dia, Skeeter se sentou comigo, enrolou um baseado enorme com o papel de embrulho de um absorvente que achou no banheiro e me deixou tão chapado que eu mal conseguia enxergar.

— Certo, a gente vai tocar um riff, o mesmo riff, durante trinta minutos, e você não vai rufar nenhuma vez — disse ele.

Moleza, pensei. Sentei atrás da bateria, e ele começou a tocar a sequência fluida no baixo, parte reggae, parte Motown, e emendei cheio de confiança. Não deu 45 segundos, e senti o impulso de rufar, mas ele balançou a cabeça e me avisou para não fazer aquilo, então segui no ritmo. Um minuto depois, senti de novo a necessidade insaciável de fazer um rufo frenético, quase como uma versão musical de síndrome de Tourette ou de segurar um espirro, mas o Skeeter se limitou a balançar a cabeça. Basicamente, ele estava domando o potro selvagem, me treinando para respeitar a simplicidade e a potência de um ritmo e me ensinando a não cometer extravagâncias gratuitas. Depois de trinta minutos, virei um baterista muito diferente. Essa talvez tenha sido a aula de música mais valiosa da minha vida inteira, e sempre terei uma dívida com ele por isso.

Os poucos substitutos que tocaram no lugar de Skeeter nas turnês seguintes eram músicos excelentes, mas, quando ele se ofereceu para voltar, foi difícil dizer não, apesar do nosso receio de que ele resolvesse sumir de novo. Na época, parecia que as coisas estavam indo bem para a banda, porque tínhamos acabado de gravar uma nova leva de canções que chamaram a atenção de outro punk rocker que entrou para o negócio da música e nos ofereceu ajuda para achar espaço para elas num selo bem maior. Amigo de um amigo nosso e bastante respeitado na comunidade punk rock por ser um homem de integridade, ele ofereceu um contrato que lhe permitiria apresentar a nossa fita e negociar um acordo para a gente. Talvez fosse dessa vez, pensamos. Talvez essa fosse a nossa saída dos becos cheios de viciados e das ocupações infestadas de escabiose com que tínhamos nos acostumado ao longo dos anos. Por mais que estivéssemos tentados a assinar com ele na hora, decidimos pensar um pouco antes de confiar nossa vida a um completo desconhecido.

Foi só meses depois, num dia escaldante em Spokane, largados no estacionamento de uma lanchonete após descobrir que vários dos nossos shows pelo país tinham sido cancelados, que pegamos o contrato e lemos na traseira da van, pensando que não tínhamos nada a perder. Porque, àquela altura, não tínhamos mesmo. Era como se as paredes estivessem se fechando à nossa volta, e, por mais que a gente tentasse, nunca parecia suficiente. Sem a presença de qualquer consultor jurídico, assinamos o contrato por absoluto desespero, uma ingenuidade imprudente. Um ato que viria a me perseguir um ano depois, quando aquele "cara do punk rock cheio de integridade" me processou, um garoto de 21 anos, por ter entrado no Nirvana, alegando, basicamente, que era o meu dono. Essa, senhoras e senhores, foi a minha entrada na indústria da música.

Pelo menos a gente tinha Los Angeles no horizonte.

Los Angeles sempre era o ponto alto de todas as turnês, não só por causa dos óbvios benefícios de passar alguns dias no paraíso dos cabeludos, mas também porque a gente tinha família lá: Sabrina, a irmã de Pete e de Franz. Sabrina era a mulher mais divertida, animada e bonita do mundo, e havia trocado os bairros residenciais monótonos da Virgínia pelo glamour de Los Angeles no final dos anos 1980. A gente ficava na casa dela sempre que ia para a cidade, e, como uma apresentadora enérgica de um vídeo dos anos 1980, ela saía com a gente pela cidade, das luzes fortes da Sunset Strip até seu local de trabalho: o Hollywood Tropicana.

Sabrina fazia luta na lama.

Para aqueles que não conhecem esse esporte um tanto alternativo, trata-se de duas pessoas lutando num ringue de "lama", que talvez não seja lama de verdade, e sim alguma outra substância que lembra serpentina em aerossol e óleo de cozinha (não me pergunte, não sei de nada). Não necessariamente aprovada pelo Comitê Olímpico (ainda), era uma atividade muito casual, em que, geralmente, uma mulher de biquíni neon enfrentava um empresário bêbado que havia gastado quase todo o orçamento de lazer do cartão corporativo para levar uma surra de uma supermodelo de quase 1,80 metro. Tipo, as mulheres espancam à vontade esses caras, e a maioria deles precisa ser carregado para fora do ringue segurando a genitália arrebentada e urrando de dor enquanto a plateia vibra com a ferocidade dos romanos no Coliseu. Por mais difícil que pudesse ser para Pete e Franz ver a irmãzinha deles entrar num ringue escorregadio cheio de lama com um total desconhecido, a gente ia lá para beber de graça e morrer de rir a cada vítima que era removida. E, depois do massacre impiedoso, a gente voltava para o bangalô em Laurel Canyon que Sabrina dividia com outras lutadoras e passava a noite na farra. "Cortiço" não é a palavra que me vem à mente.

Eu achava Los Angeles fascinante, quase tanto quanto os séculos de história da Europa, mas de uma maneira diferente. Tudo parecia muito... inacreditável. Assim como Washington, podia ser considerada uma cidade transitória, com uma dinâmica social que se transformava drasticamente a cada troca de governo. Los Angeles parecia mudar a cada minuto. Era como se fosse a maior rodoviária do mundo, com gente entrando e saindo por uma porta giratória de oportunidades e infortúnios, deixando para trás um rastro de sujeira para ser levado pela onda seguinte de visitantes que esperavam que *eles* fossem o próximo grande sucesso. Tinha uma tristeza disfarçada pelos excessos e exageros, então era um pouquinho mais difícil afogar as ressacas na manhã seguinte. E nada cura uma embriaguez como acordar num saco de dormir no chão da casa de uma lutadora e rezar para que um companheiro de banda não tivesse deixado a gente na mão. De novo.

Até as seis da tarde, não vimos nem sinal de Skeeter, então infelizmente precisamos ligar para cancelar o show que estava agendado para aquela noite. A ficha começou a cair. Sem Skeeter, não tinha show. Sem show, não tinha dinheiro. Sem dinheiro, não tinha comida. E, sem turnê, não tinha como voltar para casa, o que me levou a considerar a possibilidade angustiante de passar o resto da vida no desespero trágico da cidade mais glamourosa dos Estados Unidos, uma nova vítima a transitar pela sua sujeira. A gente tinha escapado de inúmeras roubadas ao longo dos anos, mas essa parecia particularmente ruim.

Os dias se passaram, e, graças à caridade das nossas amigas lutadoras, que voltavam para casa toda noite e esvaziavam suas bolsas cheias de notas de um dólar em amontoados grandes no tapete da sala, conseguíamos sobreviver feito os desabrigados que éramos. A comida era escassa, e logo bateu a fome. Nosso *roadie*, Barry, o canadense, estava usando o dinheiro da previdência social dele para ajudar a evitar que a gente morresse de fome, mas isso não durou muito. Até hoje, nunca uso a expressão "não vale um grão de feijão", porque ela me lembra de um dia em que achei uma lata de feijão na cozinha que literalmente salvou a minha vida. Foi uma época bem difícil, mas, como os anos de estrada me condicionaram a sobreviver a qualquer desafio, fiz o possível para manter o ânimo. Não foi fácil.

Acabei arrumando um emprego no caixa de uma cafeteria de Costa Mesa para juntar dinheiro, mas, com o tempo, foi ficando cada vez mais evidente que a gente não voltaria para casa tão cedo. Barry acabou voltando para o Canadá ao perceber, com razão, que a gente estava num beco sem saída. Eu começava a perder as esperanças e precisava sentir que havia alguma mínima chance de socorro ou resgate enquanto o nosso navio naufragava lentamente. Nossas coisas estavam juntando poeira na garagem da casa de Sabrina, mas, depois de mais ou menos uma semana, reparei que tinha outra coisa juntando poeira ali: uma moto Honda Rebel de 1985, de 250 cilindradas. Tipo uma Harley Davidson para crianças, era uma maquininha gloriosa, só um pouco melhor que uma mobilete, mas perfeita para circular pela cidade. Eu sempre tinha sonhado em ter uma moto (literalmente era um sonho recorrente na minha vida), então subi correndo e perguntei de quem era aquela motoneta glamourosa. Pertencia a uma das lutadoras que moravam com a Sabrina.

— Claro, pode ficar! — disse ela. — É só botar gasolina no tanque que é toda sua!

MEU BOTE SALVA-VIDAS ESTAVA NA ÁGUA.

Sem habilitação ou capacete (que naquela época não era obrigatório), esperei o sol se pôr, enchi o tanque minúsculo da Rebel e saí pilotando pelas colinas, evitando vias de grande circulação com medo de ser parado e, bom... porque eu não sabia pilotar moto porra nenhuma. Deixei todos os meus problemas para trás naquela sala entulhada e vaguei sem rumo pelos entornos da casa de Sabrina, dirigindo por horas pelo labirinto confuso do bairro rico de Hollywood Hills, vendo o lampejo das luzes na cidade abaixo e admirando as incontáveis casas maravilhosas aninhadas entre as árvores acima de mim, sonhando que um dia eu teria aquela vida de luxo. Sem dúvida, cada uma delas era ocupada por um astro do rock ou do cinema, ou por algum produtor ou diretor que tinha seguido seus sonhos e encontrado o pote de ouro no fim do arco-íris, e fiquei pensando em como seria ter aquele nível de sucesso, qual seria a sensação de viver com tanto conforto e saber que o próximo prato de comida estava garantido. O abismo entre essa fantasia e a minha realidade era tão vasto, tão inimaginável que nem valia a pena ponderar. Então fiquei andando de moto. Era a minha fuga. O meu resgate temporário. O meu bote salva-vidas do navio que estava afundando devagar ao longe. E, correndo pela noite, pensei em tudo que tinha me levado até aquele ponto, refazendo os meus passos e tentando planejar os seguintes. Segui essa rotina noite após noite, acordando todo dia dentro do saco de dormir no chão da sala com os olhos inchados por causa da poeira e da terra nas estradas do vale, voltando para a realidade de ser um bichinho de estimação de uma lutadora.

FOI AÍ QUE ESCUTEI AS CINCO PALAVRAS QUE MUDARAM A MINHA VIDA PARA SEMPRE:

— JÁ OUVIU FALAR DO NIRVANA?

Durante um telefonema com um velho amigo que tinha crescido com os caras do Nirvana na cidadezinha de Aberdeen, Washington, fiquei sabendo que a banda estava sem baterista no momento e que tinha assistido a um show do Scream fazia poucas semanas na nossa malfadada turnê. Aparentemente, o pessoal ficou impressionado comigo, e o meu amigo me deu o número deles. Claro que eu tinha ouvido falar do Nirvana. *Bleach*, o álbum de estreia dos caras, era um marco no mundo da música underground, combinando metal, punk e uma melodia tipo Beatles numa obra-prima de onze canções que transformaria o panorama da música "alternativa" (por acaso, ao custo de US$606). Ele logo tinha se tornado um dos meus discos preferidos e se destacava de todos os outros álbuns barulhentos de punk pesado da minha coleção porque tinha MÚSICAS. E aquela voz... Ninguém cantava daquele jeito...

Depois de mais alguns dias de fome e frustração, decidi arriscar e liguei para Krist, o baixista do Nirvana, para perguntar sobre a vaga de baterista. Como a gente não se conhecia, me apresentei e expliquei que tinha conseguido o telefone dele com nosso amigo em comum, então a gente conversou um pouco até Krist me avisar que infelizmente a vaga já havia sido ocupada por Dan Peters, um grande amigo deles do Mudhoney. Tinha valido a tentativa, pensei, mas não era o fim do mundo. Dei o meu telefone de Los Angeles para Krist e pedi para ele me dar um toque se por acaso passasse por lá, já que estava começando a parecer que, por pior que fosse, a Cidade dos Anjos seria a minha residência permanente.

Naquela mesma noite, o telefone da casa tocou. Era Krist de novo. Pelo visto, ele tinha repensado o assunto.

— Talvez seja melhor você falar com Kurt — disse ele.

Danny Peters, ainda que seja um baterista incrível, tinha um estilo muito diferente do meu, tocando com um ritmo mais rudimentar dos anos 1960, enquanto eu tinha uma dinâmica simplista neandertal de discoteca, que parecia ter mais a ver com o Nirvana. Além disso, Krist e Kurt estavam se sentindo um pouco culpados por tirar Danny do Mudhoney, uma das bandas preferidas deles. Então liguei na mesma hora para Kurt, e a gente ficou um tempo conversando sobre música. NWA e Neil Young, Black Flag e Beatles,

Champs e Creedence Clearwater Revival: a gente descobriu que tinha muito em comum em termos musicais e que talvez valesse a pena fazer um teste.

— Bom, se você conseguir vir para cá, avisa a gente — disse ele, tranquilo, com um sotaque que o mundo inteiro conhece agora.

A gente se despediu, e me vi diante de uma das decisões mais difíceis da minha vida.

Desde o dia em que eu entrara para o Scream, era como se eu fizesse parte de uma família. Mesmo eu sendo bem mais novo que Pete, Franz e Skeeter, eles sempre me trataram como igual, e viramos melhores amigos, andando juntos quase todo dia, com ou sem turnê. Eu havia passado os anos mais importantes da minha vida com eles, meus anos de formação, descobrindo a música, descobrindo o mundo e descobrindo a mim mesmo, então seguir em frente e deixá-los para trás naquele navio naufragado me dava um aperto no coração que eu nunca tinha sentido antes, mais até do que me despedir do meu próprio pai quando ele me deserdou por ter largado os estudos. A gente sempre enfrentou tudo juntos, um por todos e todos por um, e superou muita merda. Mas essa nova crise tinha um caráter definitivo que me fez questionar o meu futuro. Então, como eu fazia sempre que questionava o meu futuro, sempre que precisava de uma voz sensata ou de alguma sabedoria, liguei para a única pessoa que nunca me prejudicou na vida...

Minha mãe.

Numa ligação a cobrar no estacionamento de uma loja de discos de Orange County, expliquei o meu dilema, choroso, e ela entendeu completamente, porque, no fundo, pensava igual a mim em relação a Pete e Franz. Nós TODOS tínhamos virado uma família com o passar dos anos, e ela os considerava muito mais que meus companheiros de banda; eles eram meus irmãos. Até hoje, nunca vou esquecer o som da voz dela ao me dar o conselho que orientou minha vida para a direção que ela acabaria tomando.

— David… eu sei que você ama os seus amigos, mas, às vezes, é preciso colocar as *suas* necessidades acima dos outros. Você precisa cuidar de *si*.

Ao ouvir aquilo de uma mulher que tinha feito o exato oposto a vida toda, fiquei completamente chocado, mas, como ela era a pessoa mais sábia que eu conhecia, desliguei o telefone e decidi seguir o conselho, quaisquer que fossem as consequências.

Enfiei a bolsa de roupas, o saco de dormir e a bateria numa caixa de papelão e fui para Seattle, uma cidade que eu só tinha visitado uma vez e onde não conhecia praticamente ninguém, deixando uma vida para trás para começar outra. Nunca tinha sentido uma perda como aquela antes. Estava com saudade de casa. Dos amigos. Da minha família. Eu agora estava sozinho de verdade, de volta à estaca zero, começando de novo. Mas ainda estava com fome. E, como nunca fui de ficar parado, precisava seguir em frente. Afinal, eu também continuava livre, e havia aventuras a cada esquina.

Ainda passo na frente daquela casa antiga, daquele navio naufragado em Laurel Canyon, quase todo dia, e, com os anos, ela cedeu lentamente sob o próprio peso até desaparecer da superfície. Mas as lembranças e as lições que aprendi nesse período continuam vivas, e agora dou uma voltinha noturna com o meu próprio bote salva-vidas sempre que preciso refletir, refazer os meus passos e tentar planejar os seguintes.

PORQUE CADA DIA AINDA É UMA PÁGINA EM BRANCO, ESPERANDO PARA SER ESCRITA.

É UM NEGÓCIO PARA SEMPRE

— Tudo bem a gente dar uma pausa? Nunca fiz uma tatuagem tribal antes.

Vai por mim, isso não é o que quer ouvir de um homem que está cravando uma agulha cheia de tinta preta mil vezes por segundo na sua pele enquanto você tenta desesperadamente aguentar a dor ardida da marcação permanente sem gritar feito um bebê recém-nascido, mas as gotas de suor que estavam escorrendo pela testa dele e os olhos vermelhos cansados definitivamente não eram bom sinal, então, com uma esfregada rápida e dolorosa de uma toalha de papel, levantei da cadeira e saí para fumar. O desenho intricado que eu mesmo tinha traçado (com base na logo clássica de "três círculos" de John Bonham) precisava ser extremamente preciso, com linhas retas e círculos perfeitos entrelaçados para formar um desenho em volta do meu pulso direito como se fosse uma pulseira celta ameaçadora. Não seria fácil nem para um profissional experiente, mas a frustração exausta dele com certeza não era muito animadora. Ainda assim, tinha que ficar bom, e, àquela altura, não dava para voltar atrás.

AFINAL, É UM NEGÓCIO PARA SEMPRE.

Era outono de 1990 em Olympia, Washington, e eu tinha acabado de receber meu primeiro salário como integrante remunerado do Nirvana. Espantosos quatrocentos dólares, de longe o maior pagamento da minha vida profissional até então. Esse adiantamento muito necessário da Gold Mountain, nossa recém-contratada empresa de agenciamento, chegou numa época em que o Nirvana estava sendo cortejado por todas as principais gravadoras numa guerra de lances, mas Kurt e eu literalmente estávamos passando fome e vivendo em absoluta miséria. Nosso apartamento na 114 NE Pear Street ficava nos fundos de uma casa caindo aos pedaços construída por volta de 1914 e tinha um quarto, um banheiro, uma sala apertada e uma cozinha do tamanho de um armário (ironicamente, o lugar ficava de frente para a sede da loteria estadual de Washington). Nenhuma Versalhes. "Sujo" não chega aos pés de descrever a imundície que era aquele lugar. Perto daquilo, o Hotel Chelsea parecia um Four Seasons. Era tipo o banheiro da Whitney Houston virado do avesso. Um estacionamento de cinzeiros e revistas depois de um tornado. Muita gente jamais se atreveria a pisar num buraco tão desastroso, mas era a nossa humilde morada e, para nós, um lar. Kurt ficava no quarto, e eu usava o meu saco de dormir em cima de um sofá marrom velho coberto de bitucas de cigarro que era bem menor que meu 1,80 metro. Do lado do sofá, tinha uma mesa velha onde Kurt mantinha uma tartaruga de estimação dentro de um terrário pútrido. Grande amante dos animais, Kurt tinha um apreço intrigante, e talvez metafórico, por tartarugas, já que o casco delas, sua principal proteção, na verdade era muito sensível.

— Tipo como se sua coluna vertebral ficasse do lado de *fora* do corpo — disse ele certa vez.

Mas, por mais bonito e anatomicamente poético que esse sentimento pudesse ser, no fim das contas não fazia diferença para mim, porque aquele réptil desgraçado passava todas as noites batendo a cabeça no vidro, tentando escapar do chiqueiro em que a gente morava, e nunca me deixava dormir. Não dava para criticar a coitada. Muitas vezes, eu partilhava do mesmo sentimento.

Na época, eu tinha aprendido a sobreviver à base da promoção de três espetos de salsicha empanada por 99 centavos da loja de conveniência do posto de gasolina do outro lado da rua. O segredo era comer um no café da manhã (ao meio-dia) e deixar os outros dois para um jantar tardio depois do ensaio, dando forças para seguir até que as pontadas de dor da fome começassem de novo e eu fosse obrigado a fazer uma nova incursão vergonhosa à loja de conveniência com outra nota amassada de um dólar na mão. (Até hoje, só de ver uma salsicha num espeto, eu já tremo.) Puro sustento, era o que bastava para manter o meu metabolismo de 21 anos rodando, apesar da lamentável e completa falta de valor nutricional. Essa dieta subnutrida, combinada com meu hábito de tocar bateria cinco noites por semana com todas as forças do meu corpo magricela, me reduziu a praticamente um boneco esquálido, que mal preenchia as roupas velhas e sujas que eu guardava numa bolsa largada no canto da sala. Era mais do que o suficiente para fazer qualquer pessoa voltar com o rabo entre as pernas para o conforto da comida caseira da mamãe, mas eu estava a 4.483 quilômetros de Springfield, Virgínia. E estava livre.

"Quem me dera saber o que sei agora quando era jovem", cantou Ronnie Wood na clássica "Ooh La La", do Faces, de 1973. Ah, Ronnie, se você soubesse. É a mais pura verdade. Aquele adiantamento de quatrocentos dólares era de longe a maior quantia de dinheiro que eu já tinha visto na vida! Na minha cabeça, tinha virado a porra do Warren Buffett! Eu era filho de uma professora de escola pública de Fairfax County, então a minha infância não teve nada de frívolo, e aprendi a viver de acordo com as minhas condições, trabalhando para pagar as contas da melhor forma possível e encontrando felicidade nas coisas simples da vida. Música, amigos e família. Nunca conquistei tamanho patrimônio aparando gramados, pintando casas, preparando móveis para entregas ou cuidando do caixa numa Tower Records no centro de Washington. Para mim, aquilo era o topo. Eu enfim tinha faturado o prêmio máximo, mas, em vez de economizar e administrar essa vasta recompensa para garantir a minha sobrevivência (imagine a quantidade de salsichas!), fiz o que a maioria dos músicos jovens fazem com o primeiro pagamento: torrei em besteira.

Em retrospecto, agora entendo por que fui direto para uma loja de departamentos para comprar uma espingarda de chumbinho e um Nintendo. Era óbvio que eu estava curtindo os luxos de infância com que havia sonhado quando era pequeno, mas que nunca tive. Não digo que fui uma criança infeliz ou carente, mas todo dinheiro que sobrava lá em casa era reservado para coisas mais práticas, como sapatos ou casacos novos (talvez tenha havido uma motoneta de cinquenta dólares, mas isso é outra história). Minha incansável mãe trabalhava em vários empregos para fechar a conta do mês: professora durante o dia, atendente em loja de departamentos à noite e, nos fins de semana, fazia orçamentos para uma empresa de limpeza de carpetes.

Sendo mãe solo com duas crianças para alimentar, ela fazia de tudo para manter a gente feliz e saudável. E a gente foi. Uma pessoa genuinamente altruísta, em todos os sentidos, ela me ensinou a precisar de bem pouco e a dar muito. O profissionalismo dela está bem enraizado em mim, e sem dúvida é graças a ela que estou onde estou agora. A sensação persistente de que preciso ser produtivo, que tira o meu sono à noite e me arranca da cama de manhã, tem suas origens naquelas noites longas que ela passava corrigindo provas na escrivaninha da sala debaixo de uma luminária velha e acordando antes do amanhecer para garantir que a minha irmã e eu saíssemos de casa de banho tomado, vestidos e alimentados. De fato, minha profissão não é nada em comparação com a carreira de educadora dela, mas hoje, graças a ela, entendo a importância do trabalho. Então, quatrocentos dólares por tocar um rock and roll alto e dissonante? Grana fácil!

Em pouco tempo, nossas tardes em Olympia passaram a ser dedicadas a atirar em caixas de ovos no quintal da nossa casa velha e jogar Super Mario World até o sol nascer (não nego nem confirmo que talvez tenhamos dado uns tiros também no prédio da loteria do outro lado da rua em nome da revolução). Nosso chiqueiro miserável se transformou num playground adolescente dos infernos. Para mim, aquilo *era* Versalhes. Entretanto, como eu não tive nenhum juízo ou apreço por gastos práticos, a fortuna acabou rápido, e só me sobrou dinheiro para um último mimo ridículo: uma tatuagem. Mas não era a minha primeira. Não, a primeira foi uma obra-prima que infligi em mim mesmo com uma agulha de costura, linha e um vidro de nanquim preto aos catorze anos de idade. Quando vi aquela cena forte da tatuagem caseira em *Eu, Christiane F., 13 Anos, Drogada e Prostituída*, a obra-prima de Uli Edel, decidi decorar meu antebraço esquerdo do mesmo jeito autônomo com a logo do Black Flag, minha banda preferida na época. Depois de coletar todos os elementos necessários nas gavetas de tralha da minha casa, esperei todo mundo ir dormir, instalei um estúdio de tatuagem improvisado no meu quarto e comecei a operação nefasta. Que nem tinha visto no filme, esterilizei a agulha na chama de uma vela, enrolei com cuidado a linha fina na ponta e a mergulhei no vidro de nanquim, vendo as fibras absorverem o líquido preto denso. E então, com a mão firme, comecei. Espeta. Espeta. Espeta. Espeta. A ferroada da agulha ao penetrar minha epiderme me dava calafrios, e eu parava de vez em quando para limpar o excesso de pigmento borrado e avaliar o estrago. Eu definitivamente não era nenhuma Kat Von D, mas persisti, cravando a agulha até onde a minha resistência à dor permitia para garantir que aquela imagem importante nunca se apagasse. Se você conhece a icônica logo do Black Flag, sabe que é uma sequência irregular de quatro barras pretas grossas na vertical. Um trabalho difícil para um adolescente vagabundo e o kit de costura quase nunca usado da mãe. De alguma forma, consegui completar três das quatro barras antes de falar "Foooooda-se!" e parar. Não era a *pièce de résistance* que eu tinha em mente, mas meu coração estava tomado por um senso de algo definitivo que, de alguma forma, me encheu de energia. Um negócio para sempre.

Com o passar dos anos, compilei uma bela coleção dessas memoriazinhas borradas pelo corpo. Uma marquinha aqui, outra marquinha acolá, até eu enfim ser abençoado pela oportunidade de ter uma tatuagem legítima de um artista italiano chamado Andrea Ganora, que morava numa ocupação lendária de Amsterdã conhecida como Van Hall. O edifício, uma fábrica antiga de dois andares, tinha sido dominado e ocupado por um grupo pequeno de punk rockers da Europa toda no final de 1987. Holandeses, alemães, italianos — era uma comunidade unida de amigos que haviam transformado aquele prédio frio e cavernoso num lar, incluindo um palco para apresentações ao vivo no térreo (onde, por coincidência, gravei o meu primeiro disco ao vivo, *SCREAM Live! at Van Hall*, em 1988). Quando eu tinha dezoito anos, o lugar se tornou praticamente uma base para o Scream. Andrea era o tatuador de plantão, e a maioria dos residentes de Van Hall ostentava alguma obra dele. Ele era um verdadeiro artista, mas, ao contrário do ambiente estéril da maioria dos estabelecimentos de tatuagem chancelados, que mais pareciam laboratórios, seu estúdio era seu quarto, e sua máquina era feita a partir de uma campainha velha. A gente fumava um baseado atrás de outro e ouvia discos de punk e metal enquanto nossa risada e o zumbido elétrico da máquina ecoavam pelo cômodo. Até hoje, ainda tenho lembranças vívidas da empolgação com aquela primeira tatuagem "de verdade" e penso naquele sotaque italiano carregado e no cheiro adocicado de haxixe sempre que me olho no espelho e vejo o presente que ele me deu aquela noite. Foi há 33 anos, e ainda não desbotou.

Não demorou para minha lua de mel tipo *Lifestyles of the Rich and Famous* na Pear Street acabar, e voltei a racionar salsichas empanadas e lamentar a batucada incessante no terrário da tartaruga noite após noite, enterrando a cabeça nas almofadas sujas daquele sofá velho. Aprendi a lição. A temporada complicou, e a saudade de casa começou a bater. Eu tinha deixado meus amigos, minha família, minha doce Virgínia para trás em troca... daquilo. O inverno cruel do noroeste do país e a falta de sol só agravaram o sentimento de depressão que espreitava das sombras, mas, felizmente, eu ainda tinha algo para me impedir de recuar de volta para casa: a música. Por mais que o Nirvana às vezes pudesse ser disfuncional, surgia uma concentração implícita sempre que a gente pegava os instrumentos e ligava os amplificadores. A GENTE QUERIA ESTOURAR. Ou, como Kurt disse certa vez para Donnie Ienner, executivo e titã da indústria musical, quando estava sendo cortejado na sala dele num arranha-céu de

Nova York: "A gente quer ser a maior banda do mundo." (Achei que fosse brincadeira.)

Nosso espaço de ensaios era tipo um celeiro que tinha sido convertido em estúdio de gravação, a meia hora de viagem ao norte de Olympia, num bairro residencial de Tacoma. Um pouquinho melhor que um porão velho e úmido, o espaço tinha aquecimento e um pequeno sistema de alto-falantes (sem falar no carpete felpudo duvidoso), então atendia bem às nossas demandas simples. Kurt e eu fazíamos a viagem empolgados cinco dias por semana num Datsun B210 que, por algum motivo, uma senhora tinha dado para ele de presente, e mal conseguíamos percorrer a Interestadual 5 sem que o carro caísse aos pedaços (um dos pneus chegou a soltar uma vez, espalhando os parafusos pelo cascalho na entrada da garagem no escuro). Nossa música era a única coisa que me distraía das dificuldades da vida nova que eu estava levando, a única coisa que fazia tudo valer a pena. Todos os ensaios começavam com uma "sessão de barulho", que virou uma espécie de exercício de improvisação de dinâmica que aperfeiçoava nosso instinto coletivo e fazia com que não fosse preciso combinar verbalmente a estrutura das músicas; ela só acontecia, quase como um bando de andorinhas que flui graciosamente numa onda hipnótica sobre um campo no inverno. Esse método era crucial para a dinâmica de silêncio/barulho pela qual a gente ficou conhecido, mas não foi invenção nossa. O mérito pertencia aos Pixies, nossos heróis, uma influência enorme para a gente. Tínhamos adotado a marca simples deles em mais de uma das nossas músicas novas: versos breves e simples que explodiam em refrões gigantes e estridentes. Uma justaposição sônica com resultados ferozes, principalmente em "Smells Like Teen Spirit".

À medida que o longo inverno dava lugar à primavera, passávamos incontáveis horas naquele estúdio improvisado, preparando músicas para o que viria a ser o álbum hoje conhecido como *Nevermind*. Ao contrário das bandas em que tinha tocado antes, o

Nirvana não fazia muitos shows, com medo de saturar o público local, então a maior parte da nossa energia era direcionada para nos prepararmos para gravar assim que escolhêssemos o selo e o produtor. Kurt era incrivelmente prolífico, parecia ter uma ideia nova por semana, então a sensação de progresso era constante, sem nenhum momento de estagnação criativa. À noite, depois que ele fechava a porta do quarto, no conforto do meu sofá velho e sujo, eu escutava o som baixinho de uma guitarra no quarto dele e esperava até a luz apagar. A cada dia, eu mal podia esperar para ouvir se ele tinha alguma novidade quando a gente chegava para o ensaio e ligava tudo. Fosse compondo músicas, fosse escrevendo nos seus famosos diários, sua necessidade de criar era impressionante, embora ele a tratasse praticamente como um segredo. Suas músicas sempre chegavam de fininho e pegavam a gente de surpresa. E nunca eram precedidas por "Ei, compus uma coisa sensacional!". Elas só... apareciam.

Quando entrei para o Nirvana, em setembro de 1990, a banda já tinha gravado um lote novo de músicas com Chad Channing, o baterista anterior, e ia lançar com a Sub Pop. Canções como "In Bloom", "Imodium" (que virou "Breed"), "Lithium" e "Polly" tinham sido gravadas antes naquele ano por um jovem produtor em ascensão, natural de Madison, Wisconsin, chamado Butch Vig. Uma mostra da habilidade em constante evolução de Kurt como compositor, essas canções tinham melodia e letra novas e maduras; haviam superado o material anterior e prometiam um futuro de criações maravilhosas. Em resumo, o Nirvana estava se transformando no Nirvana. Com o som de rock fodido de Butch, essa gravação foi responsável por grande parte do "burburinho" em torno da banda na indústria, acabando por gerar um fervor de interesse. Essas canções já teriam sido um vasto tesouro para satisfazer a maioria das bandas, mas Kurt continuou compondo, e coisas novas continuaram chegando. "Come As You Are", "Drain You", "On a

Plain", "Territorial Pissings" e, claro, "Smells Like Teen Spirit". Em geral, começando com um riff de Kurt, Krist Novoselic e eu entrávamos no ritmo com nossa intuição treinada, servindo de casa de máquinas para a visão estridente dele. Porra, meu trabalho era fácil! Eu sempre sabia a hora de começar um refrão só de ver o All Star sujo de Kurt se aproximar mais e mais do pedal de distorção e, logo antes de ele pisar no botão, eu entrava num rufo na caixa com todas as forças, como se fosse um pavio queimando rápido até uma bomba, indicando a mudança. Era comum eu sentir arrepios com a erupção subsequente, conforme a potência indiscutível do nosso som coletivo se tornava quase grande demais para aquele espacinho minúsculo. ESSAS MÚSICAS NÃO IAM FICAR EM SEGREDO POR MUITO MAIS TEMPO. Logo chegariam de fininho e pegariam todo mundo de surpresa.

A decisão de fechar contrato com a David Geffen Company foi fácil. Seguindo os passos do Sonic Youth, os lendários heróis do barulho de Nova York, a gente contratou John Silva, o agente deles, e foi na fé de que qualquer gravadora grande que tivesse coragem de bancar o estilo experimental de *no wave* do Sonic Youth com certeza seria um lugar seguro para uma banda como a nossa. A última peça do quebra-cabeça foi achar um produtor que fizesse justiça às músicas novas. Alguém que conseguisse levá-las a outro patamar sem perder a energia bruta que enchia o nosso espaço de ensaios noite após noite. Consideramos David Briggs, famoso por conta do Neil Young, já que sempre tínhamos sido fãs do trabalho de Neil, e a sensibilidade de David para capturar a essência imperfeita e grosseira da atuação humana era muito alinhada ao nosso som irregular. Também pensamos em Don Dixon, que tinha feito vários dos nossos discos preferidos com o REM e The Smithereens; o catálogo dele exibia uma atenção inegável a composição, execução e arranjo. Perfeito para o senso de melodia e letra em constante evolução de Kurt. Mas, no fim das contas, escolhemos Butch

Vig. Em primeiro lugar, não tinha companhia mais tranquila que Butch Vig. A palavra "sossego" nem chega aos pés da postura zen do Meio-Oeste dele. Maneiro. Pra. Caralho. Nem imagino como ele consegue multiplicar cada elemento musical por dez sem parecer que está se esforçando, mas, se a mágica capturada no Smart Studios com a primeira sessão dele com o Nirvana fosse algum indício, a gente estava no rumo certo para criar algo que atropelaria todas as expectativas, incluindo as nossas.

Com a ajuda do nosso novo cúmplice John Silva e do pessoal maravilhoso da DGC, a gente começou o processo de agendar uma sessão de gravação. Na época, Butch estava trabalhando num álbum com uma banda jovem de Chicago chamada Smashing Pumpkins, então, enquanto esperávamos a agenda dele liberar, voltamos ao dia a dia no celeiro, treinando nossa coleção de material para nos prepararmos o máximo possível para quando fosse a hora. A gente não teria muito tempo (nem dinheiro) para perder no estúdio, só uns doze dias, então era importante que as músicas fossem gravadas rápido. Quer dizer, convenhamos, a gente não ia fazer um disco do Genesis. E, para capturar a energia da banda de uma vez só, era preciso se organizar. E foi o que fizemos. Por maior que fosse a frustração de ter que esperar — mais uma salsicha empanada, mais uma noite no sofá com a porra da tartaruga —, agora havia uma luz no fim do túnel.

Com o tempo, o debate se voltou para a escolha do estúdio — se não era o elemento mais importante, definitivamente era um fator determinante para o resultado de qualquer álbum. Estúdios de gravação são como amantes. Não existem dois iguais, e nenhum é perfeito. Alguns você adora odiar, e outros você odeia adorar. O segredo é encontrar um que consiga extrair você de si mesmo. Seattle tinha um bocado de estúdios incríveis, claro, mas diziam que um lugar em Van Nuys, na Califórnia, tinha uma sala de bateria sensacional, um console de gravação clássico e (principalmente) era barato pra cacete: Sound City. Famoso por décadas de álbuns lendários, sua estética analógica, bruta e simples parecia combinar perfeitamente com a gente. Sem falar que era mais perto da sede da Geffen em Hollywood, e tenho certeza de que eles queriam ficar de olho para ver se não íamos mandar outro perdido *à la* Sex Pistols e *The Great Rock and Roll Swindle* (algo que a gente até chegou a considerar em algum momento). Não dá para criticar. O nível de risco talvez fosse um pouco maior que Edie Brickell & New Bohemians, nossos colegas de selo, mas eles nem desconfiavam que a gente era para valer.

Quando as datas enfim foram marcadas (2 a 19 de maio), começamos os últimos preparativos para a nossa viagem de mais de 1.500 quilômetros até Los Angeles. Mais alguns ensaios, mais algumas fitas gravadas com ideias novas para músicas, e estávamos prontos. Bom, quase. A gente precisava de dinheiro para a gasolina. Fechamos um show de última hora num lugar pequeno no centro de Seattle chamado OK Hotel, na esperança de faturar o bastante para encher o tanque do carro e nos levar até a Sound City sem morrer no meio da estrada. Era 17 de abril de 1991, e o espaço pequeno felizmente estava lotado de jovens suados esperando para ouvir suas músicas preferidas do Nirvana. "School", "Negative Creep", "About a Girl", "Floyd the Barber" — essas eram todas conhecidas pelos fãs leais que idolatravam *Bleach*, o primeiro álbum da banda, então tocamos com o nosso fervor maníaco habitual, espancando quase até a morte os instrumentos enquanto a plateia cantava cada verso. Igual a todos os outros shows do Nirvana em que eu tinha tocado, foi praticamente transcendental. Mas, em vez de nos atermos às fiéis músicas antigas, decidimos testar uma nova que ninguém ali tinha ouvido antes. Uma composta ao longo do inverno naquele celeiro frio de Tacoma. Kurt foi até o microfone e anunciou:

— O nome desta música é "Smells Like Teen Spirit".

Cri, cri, cri. Ele então começou o riff de abertura, e, quando Krist e eu entramos na música, o salão explodiu de vez. Corpos pulando, gente em cima de gente, um mar de jeans e camisas de flanela molhadas na nossa frente. Reconfortante, para dizer o mínimo, e com certeza uma reação que a gente não esperava (mas pela qual sem dúvida torcia). Aquela não era uma música nova comum. Era algo mais. E talvez, quem sabe, aqueles meses todos de fome, frio e saudade dos meus amigos e parentes na Virgínia, penando no inverno opressivo e cinzento do Noroeste dentro daquele apartamentinho imundo, tivessem sido um teste da minha força e perseverança, com apenas a música como consolação e recompensa. Talvez isso bastasse. Talvez aquele mar de jeans e camisas de flanela na beira do palco fosse o que eu precisava para sobreviver. Se aquilo ali fosse o fim, talvez eu tivesse voltado feliz para a Virgínia como um novo homem.

Enquanto Kurt e eu preparávamos o velho Datsun para a viagem até Los Angeles, no fundo, eu sabia que não ia voltar. Com a bolsa de roupas no ombro, dei uma última olhada para a sala minúscula que tinha sido o meu lar naqueles sete meses, tentando gravar a fogo todos os detalhes na minha memória, para não perder jamais a lembrança ou a importância daquele lugar na minha vida. Para garantir que o que quer que viesse nos próximos dias tivesse sido construído ali. E, quando fechei a porta para ir embora, meu coração batia de novo com um senso de algo definitivo, como uma agulha furando a pele e deixando lembranças turvas de momentos que nunca vão se apagar. Uma marquinha ali, outra marquinha acolá, lembretes permanentes de momentos passados.

AFINAL, É UM NEGÓCIO PARA SEMPRE.

A GENTE ESTAVA CERCADO, E NÃO TINHA SAÍDA

A GENTE ESTAVA CERCADO, E NÃO TINHA SAÍDA.

Apavorado e com a expressão cheia de medo, Monty Lee Wilkes, nosso gerente de turnê/técnico de som, apareceu com a cara suada na porta do camarim e exclamou, nervoso:

— Tem um monte de gente aqui fora querendo comer vocês de porrada! Então tranquem a porta e fiquem aí até eu voltar, beleza? Quando me ouvirem bater, abram, que levo vocês correndo para o táxi que vai estar esperando no beco.

Bem-vindo ao outono de 1991.

A casa de espetáculos Trees, no bairro Deep Ellum, no centro de Dallas, Texas, era só mais uma parada na perna norte-americana da nossa turnê "Nevermind", que gozava de um itinerário fluido de trinta shows cansativos em meros quarenta dias. Com capacidade máxima de cerca de seiscentas pessoas, o lugar relativamente novo era semelhante à maioria dos outros que estavam programados para aquela turnê: apertado, um palco baixo, estrutura limitada de alto-falantes e iluminação, e um camarim pequeno nos fundos para a gente se preparar para mais uma apresentação catártica (e se recuperar dela). Por mais que a Trees pudesse parecer intimista em retrospecto, na verdade foi um dos maiores espaços que a gente tocou naquela viagem, já que estávamos acostumados a lugares muito menores, como o Moon, de New Haven, Connecticut, onde a gente tinha espremido cem pessoas num salão minúsculo de pé-direito baixo algumas semanas antes; ou o J.C. Dobbs, na Filadélfia, que lotou com 125 ingressos vendidos alguns dias mais tarde; ou até o 9:30 Club, de Washington, onde a gente com certeza estourou a lotação oficial de 199 pessoas alguns dias depois disso. Os apertos de sábado à noite não eram nenhuma novidade: essas latas de sardinha eram rotina para o Nirvana, então o salto repentino para lugares maiores, com capacidade para seiscentas a mil pessoas, como o Masquerade, de Atlanta, o St. Andrews Hall, de Detroit, e agora o Trees, de Dallas, era como vestir uma cueca de André, o Gigante: um pouco espaçoso demais nas partes sensíveis.

Viajando na nossa van recém-alugada e rebocando um trailer cheio de equipamentos, a banda e os três membros da equipe passavam a maior parte dos dias dirigindo, lendo, ouvindo música e tentando cochilar de vez em quando nos bancos cheios, mortalmente exaustos depois do show da noite anterior. Dessa vez, ao menos a gente tinha hotéis pelo caminho. Graças a Deus. Uma melhoria luxuosa em relação aos meus dias do Scream, quando a gente dormia na própria van ou na casa de alguma pessoa qualquer que conhecia nos shows ou, às vezes, espalhava nossos sacos de dormir para uma boa noite de sono no palco encharcado de cerveja onde tinha tocado horas antes (sim, já dormi de conchinha com a minha bateria várias vezes). Teve também um aumento considerável de renda. O dobro! Tendo ido dos US$7,50 por dia no Scream para quinze dólares no Nirvana, eu me achava mais rico do que jamais tinha sonhado. Não que eu estivesse preparado para dar entrada numa casa nos Hamptons ainda, mas enfim evoluíra dos cigarros sem marca para Marlboros de verdade, e isso fazia com que eu me achasse um rei. Aos 22 anos, eu enfim tinha alcançado um marco bastante desejado na minha vida: viajar o mundo com conforto numa banda que estava lotando show atrás de show, fazendo muito sucesso com a crítica e ganhando popularidade rapidamente. Ainda que talvez rápido demais.

O álbum *Nevermind* foi lançado em 24 de setembro de 1991, alguns dias depois do primeiro show da turnê, e, em questão de uma semana, já deu para sentir diferença. Não só no tamanho do público que a gente estava atraindo para os shows, mas também no *tipo* de público. Não eram mais fãs da Sub Pop e maconheiros de rádios universitárias que queriam ouvir suas músicas preferidas do *Bleach*, o primeiro disco do Nirvana; de repente, começaram a brotar pessoas que pareciam um pouco mais... mainstream. Os uniformes típicos de camisa de flanela xadrez e coturnos estavam se misturando a calças jeans de marca e camisetas de times, que lembravam o que a galera com quem eu crescera em Springfield usava. O single "Smells Like Teen Spirit", lançado duas semanas antes do álbum, tinha saído rápido do nosso território natal e chegado às mãos de um público bem mais amplo, atraindo cada vez mais gente que queria conferir que história era aquela. Era comum ter mais pessoas do lado de fora das casas de show do que do lado de dentro. O SEGREDO TINHA SIDO REVELADO.

Quando fui o apresentador principal do congresso musical South by Southwest de 2013, comentei sobre essa encruzilhada ética no meu discurso:

> Para onde vamos depois disso? Como artistas criados no cenário eticamente sufocante do punk rock underground, condicionados a rejeitar a conformidade, a resistir a qualquer influência e expectativa do mercado, para onde vamos? Como a gente lida com esse tipo de sucesso? Como a gente passa a *definir* sucesso? Continua sendo a recompensa de tocar uma música do começo ao fim sem errar? Continua sendo descobrir aquele acorde ou aquela escala nova que nos faz esquecer todos os problemas? Como a gente processa a transição de ser um "dos nossos" para ser um "deles"?

Eu sentia uma espécie de cabo de guerra dentro de mim. Quando era pequeno, descobri o rock and roll no rádio AM do carro da minha mãe, cantando as músicas do Top 40 dos anos 1970, mas agora me sentia dividido quanto a ter um sucesso meu no Top 40. Aqueles anos todos como "punk rocker", renunciando à música mainstream, acusando de "vendida" qualquer banda que fizesse uma mínima aproximação a um sucesso mais popular, tinham transformado o meu coração cheio de amor pela música num caroço confuso e calejado dentro do meu peito cínico. Eu havia me tornado insensível e crítico e muitas vezes não sabia do que era permitido "gostar" ou "não gostar" de acordo com as regras da cultura descolada do universo punk (sim, existiam regras, por mais ridículo que isso possa parecer em um meio que defendia a liberdade de expressão). Contudo, também ficava exultante com o fato de que cada vez mais pessoas chegavam para compartilhar aquela música que eu adorava e tinha tanto orgulho de criar e tocar. Era um dilema ético que acabaria trazendo consequências ao mesmo tempo inspiradoras e destrutivas para a banda.

Muito mais do que eu, Kurt achava essa encruzilhada extremamente perturbadora. O mesmo cara que tinha dito "a gente quer ser a maior banda do mundo" para o executivo de uma gravadora agora estava diante da assustadora possibilidade de que isso se concretizasse. É claro que nunca chegamos a esperar que o mundo mudasse por nossa causa (porque a gente definitivamente não ia mudar por causa dele), mas a cada dia parecia mais e mais que isso ia acontecer. E era pesado. Até os mais estáveis podem sucumbir com uma pressão dessas.

Um problema era que a gente estava chamando a atenção das mesmas pessoas que quebravam a nossa cara na escola por sermos diferentes, que nos chamavam de "boiolas" e "bichas" por causa das roupas que a gente usava e das músicas que a gente ouvia. Nossa base de fãs estava se transformando para incluir machões homofóbicos e marombeiros cabeças-ocas cujo mundo girava em torno de cerveja e futebol. Nós sempre tínhamos sido os desprezados. Sempre tínhamos sido os esquisitos. A gente não era um deles. Então como é que agora eles podiam se tornar um dos nossos?

E aí saiu o clipe.

Em 29 de setembro, alguns dias depois do lançamento do nosso álbum, o clipe de "Smells Like Teen Spirit" estreou no *120 Minutes* da MTV. O *120 Minutes*, um programa que passava tarde da noite e era dedicado à música alternativa, era considerado um trampolim para a carreira de muitas bandas underground, tendo revelado alguns dos nossos heróis, como Pixies, Sonic Youth, Dinosaur Jr. e Hüsker Dü. A inclusão de uma banda como a nossa em companhia tão ilustre era simplesmente incrível, um ponto de virada em termos não apenas pessoais, mas também profissionais, e eu estaria mentindo se dissesse que não estávamos encantados.

Numa noite de folga entre shows em Nova York e Pittsburgh, a gente ficou nos quartos de hotel esperando a primeiríssima exibição do clipe. Kurt e eu dividimos um quarto nessa turnê, e me lembro de a gente deitado um em cada cama de solteiro, com a televisão ligada, enquanto clipes de Morrissey, Wonder Stuff e Transvision Vamp tocavam durante o que pareceu uma eternidade; a ansiedade foi ficando mais dolorosa a cada segundo. The Damned, Red Hot Chili Peppers, Nine Inch Nails, clipe e mais clipe, até que... lá estava! Antes, um vídeo promocional curto que a gente tinha gravado nos bastidores do Reading Festival, na Inglaterra, um mês antes, falando, meio sem jeito, "Você está vendo o *120 Minutes*!" na barraca de comida atrás do palco, Kurt com o braço ainda numa tipoia depois de ter se jogado feito um maluco na minha bateria naquele dia. Gritei na minha cama dura do Best Western e fui tomado ao mesmo tempo por alegria *e* uma sensação de barato depois de ingerir muito ácido (uma coisa não anula a outra). *Puta merda!*, pensei. *A gente é assim?* E aí, sem mais delongas, aqueles acordes conhecidos que antes tinham ecoado naquele buraco onde ensaiávamos em Tacoma, soaram pelo alto-falante minúsculo da Magnavox em cima da cômoda. Estava acontecendo mesmo. Eu estava *me* vendo na MTV. Não era Michael Jackson nem The Cars. Não era Madonna nem Bruce Springsteen. Não. Éramos Krist, Kurt e eu, tocando uma música que compusemos numa porra de um celeiro. Os relógios derretidos do Dalí não eram nada perto do surrealismo daquele momento.

Em êxtase, a gente pegou o telefone na mesinha de cabeceira e ligou para todos os quartos, gritando "Está passando! Está passando agora mesmo!" como crianças numa festa do pijama, e o coitado do telefonista do hotel ia transferindo a gente de um lado para outro, um toque de ocupado atrás do outro. Um pouco de incredulidade, um pouco de comemoração, um pouco de choque: esse foi um momento que nunca vou esquecer. Do horroroso carpete cor de vinho à mobília de madeira lascada, se fechar os olhos agora, ainda consigo lembrar vividamente cada detalhe, pois foi um acontecimento que transformou não só a minha música, mas também o mundo da música daquela época.

Para mim, esse clipe foi responsável pelo tsunami que estava para ocorrer. Inspirado por *A um Passo do Abismo*, um filme de 1979 de Jonathan Kaplan com Matt Dillon, o clipe de "Teen Spirit" era um retrato sombrio de rebelião juvenil, gravado com fãs de verdade de um show que a gente tinha feito na noite anterior à gravação no Roxy, de Hollywood. Com o diretor Samuel Bayer, Kurt imaginara uma confraternização estudantil que se transformava em motim, incendiando o ginásio de uma escola numa rodinha festiva de adolescentes rebeldes, animadoras de torcida tatuadas e punks jovens, que despejavam suas angústias e frustrações numa pilha flamejante de destroços e cinzas. ESSE ERA UM SENTIMENTO COM QUE OBVIAMENTE NOS IDENTIFICÁVAMOS — MAS NÃO TÍNHAMOS COMO PREVER QUE UMA GERAÇÃO TODA SENTIRIA A MESMA COISA. A princípio, o clipe só passou à noite, já que a MTV considerava polêmico demais para o horário nobre, mas não demorou para começar a tocar na programação normal. E, a partir daí, se espalhou feito um incêndio florestal e carbonizou nosso mundo inteiro.

Agora o Nirvana estava em vias de se tornar um nome consagrado. Em questão de semanas, o burburinho em torno da banda tinha tomado proporções frenéticas, e todos os olhos se voltaram para o mistério indistinto que eram três moleques maltrapilhos de vinte e poucos anos armados com músicas que dava para cantar junto com seus tios maneiros. Por incrível que parecesse, o mundo dentro da segurança da nossa van alugada e fedida tinha mudado muito pouco: bolsas de roupa, fitas cassete, embalagens de fast-food e maços vazios de cigarro. Normal para uma banda como a nossa. O mundo do lado de fora da nossa pequena bolha é que estava se transformando rápido: autógrafos e entrevistas em rádios, casas de shows transbordando de gente e várias rebeliões que chegaram perto de estourar. Alguns dias antes do show no Trees, a gente teve que abandonar o palco no Mississippi Nights, em St. Louis, quando o público subiu no tablado, inspirado pelas frustrações de Kurt com a agressividade excessiva dos seguranças do lugar contra os fãs, uma situação comum em estabelecimentos que não estavam acostumados com rodinhas punk e mergulhos de cima do palco. Foi um caos absoluto. Na ocasião, eu estava usando uma bateria emprestada do Urge Overkill, a banda que abriu para a gente, já que Kurt e eu tínhamos destruído a minha em Chicago. Quando as ondas de jovens passaram por cima da barreira e subiram no palco minúsculo, pegando os nossos equipamentos e gritando nos microfones, fugi para o camarim do Urge Overkill e expliquei, empolgado:

— Aquilo lá virou uma porra de um levante popular!

Blackie, o baterista, respondeu:

— Merda! Minha bateria!

Quando chegamos em Dallas, não fazíamos a menor ideia do que esperar. Mas o ar daquela noite tinha uma energia peculiar, amplificada por uma umidade atipicamente densa que potencializou a tensão no espaço que nem um curto-circuito numa bomba caseira. Quando subimos para tocar, o público já estava passando por cima dos monitores de palco e vindo até os pedais de Kurt e Krist antes mesmo que a banda tocasse o primeiro acorde. Imagine ficar contra a parede diante de uma turba de seiscentas pessoas dopadas de adrenalina e álcool só esperando para destroçar você e a casa de shows inteira. Agora, multiplique isso por dez, e o resultado vai ser quase o que a gente sentiu naquela noite. Para piorar a situação, fomos afligidos por dificuldades técnicas logo de cara. Então, enquanto esperávamos o equipamento funcionar direito, ficamos debochando e tocando uma versão desastrosa de "L'amour est un oiseau rebelle" enquanto Nic Close, nosso técnico de guitarras, corria freneticamente de uma ponta à outra do palco, fazendo o possível para corrigir uma situação talvez irremediável. Quando enfim se deu conta de que devíamos começar logo, Kurt falou algumas palavras, e entramos na primeira música, "Jesus Don't Want Me for a Sunbeam", um cover dos escoceses Vaselines, uma das nossas bandas preferidas.

O pessoal pirou, e a energia psicótica e brutal do público crescia exponencialmente a cada minuto. Quando chegamos a "School", a sexta música do setlist, as ondas de gente invadindo o palco tinham ficado tão perigosas que Kurt não conseguia cantar sem que alguém tropeçasse e o microfone batesse nos seus dentes. Senti a irritação dele e sabia muito bem o que acontecia quando Kurt ficava irritado. ALGUMA COISA IA SER DESTRUÍDA. Fosse a guitarra dele, o amplificador ou a minha bateria, eu sabia que ia acontecer. Começou a contagem regressiva...

Quatro músicas depois, após uma versão barulhenta e flagelada por problemas técnicos da nossa "Polly", que em geral era uma canção acústica suave, Kurt surtou. Ele se virou para a esquerda, tirou a guitarra e começou a destruir a mesa de som do técnico, marretando sem parar, espalhando botões, chaves e fragmentos pelo palco. Kurt não aguentava mais. Não era só o show, mas tudo que tinha levado até aquela noite. As semanas e semanas de caos intensificado enfim haviam transbordado, e a frustração de Kurt estava sendo extravasada num episódio furioso de ira violenta. O público vibrou, maravilhado, como se aquilo fosse uma forma de entretenimento. Ah, se eles soubessem. Não era teatro. Era real.

Agora era para valer. Sentado atrás da bateria, vendo aquela série de acontecimentos anárquicos se sucedendo diante de mim, a única coisa em que eu conseguia pensar era: *Onde fica a porra da saída de emergência?* Não é algo que costuma passar pela mente da maioria dos artistas, mas a gente também não era como a maioria dos artistas. Não havia nenhum manual para o que estava acontecendo com a gente. Aquilo era o Velho Oeste, e o único jeito de sobreviver era seguir a luz no fim de cada túnel longo e escuro. Por mais caóticos que tivessem sido os meus dias no Scream, dormindo em ocupações, sendo perseguido por *skinheads* e viciados em becos escuros, sem saber quando eu ia comer de novo, não chegava aos pés da dimensão e magnitude do Nirvana. Aquilo era perigoso.

Entretanto, persistimos, continuando a tocar enquanto o técnico de som fazia um esforço hilário para colocar um palete de madeira por cima da mesa de som com medo de outro ataque iminente. Nada podia salvá-lo agora. Aquele trem desgovernado já havia saído dos trilhos, em rota de colisão com tudo e todos que estivessem no caminho. A gente começou outro cover, "Love Buzz", do Shocking Blue (o primeiro single do Nirvana), e o caos prosseguiu. Corpos e mais corpos indo para cima do palco, o espaço esquentando a cada acorde distorcido, cada centímetro de pele encharcado com o suor de seiscentos desconhecidos. Depois do segundo refrão, Kurt se jogou em cima do público, de guitarra na mão, e fez um solo enquanto flutuava numa massa rotatória de cabelos oleosos e braços tatuados. Quando voltou para o palco, dançando e se debatendo com um arrebatamento espasmódico, ele caiu em cima de um segurança gigantesco que tinha sido posto ali para ajudar a impedir que o pessoal subisse no palco. Fazendo o possível para afastar Kurt, o segurança usou força bruta no corpo franzino dele, e, num ímpeto instintivo de defesa, Kurt reagiu batendo o corpo da guitarra na cabeça do cara, abrindo um corte e fazendo jorrar rios de sangue que imediatamente escorreram pelo moicano sinistro dele. Chocado, o segurança gigantesco se deu conta de que tinha sido ferido e, quando Kurt se levantou, o homem deu um soco bem no queixo dele, jogando-o direto no chão. Sem hesitar, Krist e eu largamos os instrumentos e interviemos para salvar nosso amigo, dando um fim abrupto e súbito à música. Krist tentou argumentar com o segurança e até tirou a camisa para ajudar a estancar o sangue, enquanto brados de "PALHAÇADA! PALHAÇADA! PALHAÇADA!" eram entoados pela casa. Kurt foi cambaleando até o outro lado do palco, atordoado, enquanto eu me dirigia para a saída, imaginando que o show tinha acabado.

Não tinha.

Depois de alguns apelos de um funcionário, que temia um conflito iminente, decidimos terminar as últimas músicas naquele palco ainda sujo de sangue. A guitarra de Kurt estava terrivelmente desafinada por causa do golpe no crânio do segurança, mas, ora, isso nunca tinha impedido a gente antes. O som dissonante e desafinado quase realçou a energia tensa no lugar. Encerrando com "Territorial Pissings", nossa canção mais rápida e punk rock, enfim baixamos os instrumentos e seguimos para o camarim, um pouco traumatizados pela sucessão bizarra de acontecimentos daquela noite. A gente estava acostumado a caos e desordem, mas aquilo era outra coisa. Não era divertido. Era pesado. Mas pelo menos tinha acabado.

O que a gente não sabia era que o segurança ensanguentado e uma gangue de amigos arruaceiros dele estavam na rua esperando para nos matar, em retaliação pela carnificina que a gente tinha trazido à cidade sem querer. Eles queriam pagamento em sangue. Al-

guém ficou sabendo do plano deles enquanto as centenas de pessoas saíam do local, e a informação chegou até a nossa equipe, que nos avisou enquanto estávamos no andar de cima, nos recuperando em poças de suor. Monty se deu conta de que a gente estava encurralado, e agora seu trabalho era bolar um plano de fuga. Chamaram um táxi para a entrada dos fundos, e corremos do camarim para a porta do beco que nem ratos de cozinha, Kurt na frente, seguido por Krist, e eu logo atrás. A gente esperou o sinal, e, quando a porta se escancarou, vi Kurt mergulhar no banco traseiro do táxi, junto com Krist. De repente, ouvi alguém gritar:

— São eles! Vamos pegar aqueles filhos da puta!

Dito e feito: eram o segurança e seus amigos, correndo pelo beco na direção do táxi com ódio no olhar e intenções assassinas. Alguém bateu a porta do carro antes que eu pudesse entrar, e ele saiu cantando pneu, perseguido por um bando desconexo de brutamontes ensandecidos, que aparentemente o alcançou no engarrafamento de sábado à noite na Elm Street e arrebentou a janela do carona com um soco. Mas não tenho como saber, porque fiquei sozinho na casa de shows sem ter como voltar para o hotel (não nego nem confirmo que voltei de carona com uma garota bonita, sofrendo um acidente no caminho).

De alguma forma, a gente conseguiu sobreviver a mais um dia, e nosso circo itinerante viajou para a cidade seguinte. Faltando apenas doze dias para o fim da turnê, ainda dava tempo de tudo ruir, mas, ao menos, estávamos indo na direção certa: a de casa.

Quando voltamos para Seattle para um último show em casa no Halloween, estávamos exaustos, mental e fisicamente. Tínhamos deixado uma marca e voltado com cicatrizes para provar. Em apenas quarenta dias, os três jovens maltrapilhos que não tinham nada a perder haviam se transformado em três jovens maltrapilhos com um disco de ouro. Nosso mundo mudou para sempre, e o seu também. E isso foi só o começo.

A GENTE ESTAVA CERCADO, E NÃO TINHA SAÍDA.

A RUPTURA

— Adivinha onde a gente vai nadar hoje — disse, animado, meu bom amigo Bryan Brown.

Debaixo do calor letal do quarto na casa lotada e sem ar-condicionado de Pete Stahl em San Fernando Valley, respondi:

— Sei lá... onde?

— Na casa onde Sharon Tate foi morta pela família Manson.

Fiquei segurando o telefone enquanto processava esse convite mórbido, e então respondi:

— Cielo Drive? Sério mesmo?

Eu sabia exatamente do que ele estava falando, já que conhecia razoavelmente bem a história da série de assassinatos mais infame e violenta dos Estados Unidos desde que era um adolescente imerso no mundo do macabro. Eu conseguia visualizar o percurso longo e sinuoso pela colina do vale até o portão, o acesso da garagem ao lado da casa com vista para o centro da cidade, o caminho até a porta de entrada que havia sido profanada com a palavra "PORCO" escrita com sangue, a sala de estar onde três pessoas inocentes tiveram um fim horrível ao lado da lareira embaixo de um mezanino pequeno e a piscina em forma de feijão que separava a casa principal da casa de hóspedes que Abigail Folger estava ocupando antes de ser brutalmente assassinada no gramado. Eu era quase capaz de traçar, na minha cabeça, a planta dessa cena de crime depois de todo o tempo que eu passara lendo *Manson: Retrato de um crime repugnante* e vendo documentários com péssima qualidade de imagem sobre a "família" hippie sem teto de Charles Manson no Spahn Ranch. Era uma proposta quase tétrica demais para aceitar.

— Beleza.

O ano de 1992 começou com uma ressaca pesada e totalmente merecida quando acordei num quarto bagunçado de hotel depois de comemorar o réveillon com o Red Hot Chili Peppers, o Nirvana, o Pearl Jam e outras dezesseis mil pessoas no Cow Palace, em São Francisco, na noite anterior. A gente tinha encerrado aquele ano marcante e tumultuado do Nirvana com uma turnê curta por palcos da costa Oeste, todas cheias até o talo por milhares de jovens punks, que haviam se reunido para presenciar aquelas três bandas em ascensão no que estava se transformando rapidamente numa revolução musical. Os públicos estavam crescendo exponencialmente, e, a cada noite, a visão do palco deixava claro que a energia e a estética dos fãs que cantavam cada verso com um volume ensurdecedor prenunciavam a iminência de uma mudança cultural extrema. Aquilo não era mais um som underground ou a programação de madrugada de uma rádio universitária; era a porra de um aríete batendo nos portões da cultura popular mainstream, e nossas três bandas eram a ponta de lança da investida.

Fora a revolução do cenário musical, a vida no meu quarto minúsculo de West Seattle estava em fluxo, e cada dia trazia um novo acontecimento absurdo para o mundinho caótico do Nirvana. Eu me agarrava desesperado, conforme o carrinho instável da montanha-russa que o nosso grupinho tinha sido começava a acelerar e o nosso esforço improvisado de transformar o mundo se intensificava, mas em vão. Àquela altura, a gente não tinha controle algum, e, por mais que quisesse dar uma segurada, era impossível parar. O álbum que a gente tinha gravado meros doze dias antes no Sound City, aquele estúdio velho e caindo aos pedaços de Los Angeles, estava vendendo trezentos mil exemplares por semana. E a notícia de que a gente tinha desbancado Michael Jackson do primeiro lugar da lista de álbuns mais vendidos da *Billboard* chegou no mesmo dia em que a gente ia tocar no *Saturday Night Live* pela primeira vez, em 11 de janeiro de 1992.

Talvez tenha sido esse o momento em que percebi que a vida nunca mais seria a mesma. Desde que eu era criança, o *Saturday Night Live* tinha sido de longe o meu programa favorito, e eu ficava acordado de pijama para assistir, esperando para ver os meus heróis da programação noturna da TV. Mas não assistia só para ver a genialidade cômica de Dan Aykroyd, Gilda Radner, John Belushi, Laraine Newman, Bill Murray, Steve Martin e Andy Kaufman; estava interessado sobretudo na grande variedade de convidados musicais que eles recebiam a cada episódio. Como jovem músico, esse era meu estudo, uma aula avançada sobre apresentações ao vivo por alguns dos artistas mais inovadores do mundo. Porém, se teve uma apresentação que se destacou das demais e mudou o rumo da minha vida, foi quando o B-52s tocou o sucesso "Rock Lobster" em 1980.

PARA MIM, AQUELES TRÊS MINUTOS NÃO FORAM SÓ UMA BANDA TOCANDO UMA MÚSICA, MAS UM GRITO DE GUERRA PARA TODAS AS PESSOAS QUE ESTAVAM SUFOCANDO DEBAIXO DO CONVENCIONAL, COM MEDO DE OSTENTAR SUAS BANDEIRAS DE ESQUISITICE, QUE QUERIAM CELEBRAR TODAS AS BELAS EXCENTRICIDADES DA VIDA. Aos dez anos, meu pensamento não era tão complexo; sei disso hoje. Mas já naquela época eu me sentia mais ou menos inspirado pelo orgulho que eles tinham de ser esquisitos. Quando os vi dançarem daquele jeito zoneado, num borrão requebrado hiperativo, soube que também queria me libertar. Não queria mais seguir as normas. Queria me afastar da matilha que nem os B-52s e seguir com a minha existência longe do rebanho. Na vida de toda criança, existe um momento dourado em que a independência e a identidade se cruzam, definindo o rumo dela, e esse foi o meu. Eu seria um esquisitão de guitarra que adorava música e comédia. Vá entender.

Mas a chance de tocar no *SNL* chegou num momento complicado para o Nirvana. A gente não se via desde o final daquela turnê pela costa Oeste com o Red Hot Chili Peppers e o Pearl Jam, e, na época, cada um tinha ido para um canto, exaustos depois dos 75 shows que havíamos feito até então. Eu voltara para a Virgínia, Krist estava em Seattle, e Kurt tinha ido para a casa nova dele em Los Angeles. Quando a gente se encontrou em Nova York para o show, havia certa fadiga no ar, mais perceptível em Kurt, e o que eu esperava que fosse um reencontro triunfal da banda, reunida para tocar no programa de TV que mudara a minha vida, parecia um pouco... estranho. Nossa base já não muito firme começava a rachar, e ninguém quer ter uma base pouco firme quando vai tocar ao vivo na TV para milhões de pessoas que estão esperando para ver pela primeira vez a banda que surgiu do nada e destronou o "Rei do Pop".

— Senhoras e senhores... o Nirvana.

Kurt começou a introdução de "Smells Like Teen Spirit" e, apesar de àquela altura eu já ter tocado em palcos lotados pelo mundo todo, minha vida passou voando diante dos meus olhos. Os B-52s tinham tocado naquele mesmo lugar. O Devo tinha tocado ali. Bowie tinha tocado ali. De Bob Dylan a Mick Jagger, tudo que era lenda viva tinha tocado suas músicas ali para milhões de músicos jovens como eu, que ficaram acordados bem depois da hora de dormir só para ver seus heróis fazerem apresentações com as canções que moldaram suas vidas. Eu queria desmaiar. Queria vomitar. Queria me esconder. Mas entrei naquela introdução da bateria com todas as forças e... quebrei uma baqueta.

Merda.

Eu estava conduzindo a música com um pneu furado, três motores a mil e completamente pirado na batatinha. Abaixei o rosto e vi Jimmy, meu amigo de longa data, que estava atuando como o meu técnico de bateria para o show, e trocamos um olhar horrorizado. Uma coisa era aquilo acontecer durante um show do Scream na frente de 75 pessoas; era bem diferente quando o mundo inteiro estava olhando. *Continue tocando*, falei para mim mesmo, batendo na bateria com a força de vontade de uma vida inteira. Num intervalo curto entre séries da bateria, peguei outra baqueta na velocidade da luz e terminei a música, chegando ao fim com adrenalina suficiente para matar um cavalo, mas com orgulho suficiente para uma vida inteira, imaginando que talvez a nossa apresentação tivesse sido um grito de guerra para toda uma geração nova de crianças sufocando sob o convencional, com medo de ostentar suas bandeiras de esquisitice, que queriam celebrar todas as belas excentricidades da vida.

Ah, e o Weird Al ligou no camarim naquela noite para pedir permissão para fazer uma paródia de "Smells Like Teen Spirit". Era oficial: a gente tinha chegado lá.

Depois de sobreviver ao *Saturday Night Live*, foi cada um para um canto de novo, e nos reencontramos duas semanas depois em Los Angeles para gravar o clipe de "Come As You Are" antes de viajar para a Austrália e o Japão para uma turnê de três semanas e meia, outra experiência inimaginável para juntar à lista de coisas que nunca pensei que viveria. Quando cheguei a Los Angeles, no primeiro dia da gravação, percebi que Kurt não estava bem. Ele parecia fraco e meio murcho, e, pela expressão nos seus olhos, era nítido que tinha usado drogas enquanto estava afastado da banda.

Em Los Angeles, eu estava hospedado na casa de um amigo em janeiro de 1991 quando fiquei sabendo que Kurt usava heroína. Eu nunca tinha conhecido ninguém que usasse heroína e entendia muito pouco do assunto, então fiquei chocado. Fazia só três meses que eu tinha entrado para a banda e estava morando com Kurt num apartamento minúsculo, e, talvez por ingenuidade, não achei que ele fizesse esse tipo de coisa. Para mim, heroína era uma droga suja das ruas, usada só por prostitutas e viciados em becos escuros no centro da cidade, não por artistas gentis e delicados com o mundo inteiro aos seus pés. Eu tinha lido as histórias mitológicas de astros lendários em incontáveis biografias do rock que quase glorificavam esse comportamento como se fosse uma medalha de honra, mas nunca imaginei que aquilo se tornaria parte do meu mundo. Washington não era necessariamente uma cidade com heroína. Já Seattle era a capital da heroína.

Kurt jurou para mim que ele não usava heroína sempre, que tinha sido só uma vez.

— Odeio agulhas — disse ele, tentando me convencer de que eu não tinha abandonado minha vida e cruzado o país para morar com um completo desconhecido que, na verdade, era um viciado. E, como não conhecia nada sobre a droga, acreditei. De qualquer forma, ele não teria a menor chance de esconder um segredo desses de mim. Ou pelo menos era o que eu pensava.

Certa noite, em Olympia, quando saímos para beber com uns amigos, alguém apareceu com comprimidos. Um analgésico controlado.

— Toma um com algumas cervejas, que vai dar uma baita onda — disseram. Até isso me deixou nervoso, então fiquei só na bebida, mas vi Kurt tomar dois ou três com a dele. Aquilo me deu medo. Sempre fiquei meio receoso quanto a tomar qualquer coisa pelo risco de exagerar, mas eu conhecia amigos na Virgínia que sempre forçavam um pouco a barra para ver até onde aguentavam. Comecei a perceber que Kurt era assim, em todos os aspectos.

COM O TEMPO, SENTI A SEPARAÇÃO. Havia os que usavam e os que não usavam. E, conforme nosso mundo se expandia, essa ruptura se alargou. O Nirvana era formado por três indivíduos distintos, cada um com as próprias idiossincrasias e excentricidades responsáveis pelo som específico que fazíamos quando estávamos nos nossos instrumentos, mas, fora da música, cada um tinha sua vida, uma bem diferente da outra.

Durante a gravação do clipe, a fragilidade de Kurt foi um choque para mim, e fiquei preocupado não só com a saúde dele, mas também com a turnê que estava prestes a começar e que nos levaria para o outro lado do planeta, longe de quem a gente amava e precisava. Não conseguia imaginar como sobreviveríamos a mais uma programação ensandecida de show atrás de show, aeroporto atrás de aeroporto, hotel atrás de hotel, ainda mais nas condições dele, mas seguimos em frente. Até hoje tenho dificuldade em ver o clipe de "Come As You Are" sabendo do estado de Kurt na hora. Embora nossas imagens estejam embaçadas com efeitos de câmera e um filme borrado de super-8 projetado em superfícies irregulares, vejo nitidamente um retrato de três pessoas entrando no que se tornaria um período de turbulência que seria sentido por anos.

O sol quente do verão australiano e a atitude ainda mais calorosa dos nossos anfitriões no país foram uma mudança bastante necessária e bem-vinda do inverno escuro — em todos os sentidos — que havíamos deixado para trás no nosso país. Era definitivamente o lugar certo na hora certa, e, por um momento, pareceu que tudo estava voltando aos eixos. Eu havia visitado a América do Norte toda, a Europa toda, mas não tinha a menor ideia do que esperar daquele lado do mundo e fiquei muito animado. A gente fez de tudo: surfe na praia de Bondi, carinho em coalas, acampamento com cangurus, jet ski, *bungee jump* e até um show com o Violent Femmes, que deve ter sido o auge da viagem. Kurt ainda estava um pouco frágil, mas parecia estar se recuperando quando arrebentamos em oito shows brutais em palcos que eram pequenos demais para a explosão de popularidade da banda, algo a que estávamos nos acostumando rápido. Comecei a ter esperança de que a gente ia sobreviver. De que Kurt ia sobreviver. Quando seguimos para o Japão, achei que talvez aquilo tivesse ficado para trás.

Se a Austrália era outro hemisfério, o Japão era outro planeta. Cada aspecto da vida era um choque cultural do caralho. Eu me senti como se estivesse mesmo a um milhão de quilômetros de casa. E adorei. A gente nunca tinha visto nada como o Japão antes, e eles nunca tinham visto nada como a gente. No nosso primeiro show, em Osaka, tocamos num espaço que mais parecia o Kennedy Center do que os botecos das nossas origens, sujos de cerveja e lavados com água sanitária. Candelabros pendiam do teto acima de fileiras de lindas cadeiras de veludo, e o palco era um brinco de limpo, completamente imaculado, algo que achei muito estranho. O público podia ficar em pé na frente das cadeiras, mas ninguém podia sair do lugar, e os corredores eram ocupados pelo que pareciam guardas militares de luva branca, prontos para atacar qualquer um que desse um passo sequer fora do espaço permitido. Isso fez a gente tocar com mais força ainda naquela noite, massacrando as músicas como nunca para tentar provocar uma reação furiosa, e, quando eu olhava de trás da minha bateria, via que o público queria se soltar, gritar, explodir, ostentar as suas bandeiras de esquisitice. De vez em quando, um fã enfim perdia as estribeiras e começava a correr na direção do palco, mas era interceptado por um par de luvas brancas e removido do show. Pensei: *Somos nós contra eles*. Toquei com ainda mais intensidade.

No final da noite, a gente sabia exatamente o que fazer: arrebentar o nosso equipamento todo (àquela altura, já era nossa marca registrada). Diante do público, Kurt, Krist e eu destruímos a porra toda, feito três crianças dando chilique depois da mamãe e do papai não deixarem a gente comer a sobremesa. O que fizemos foi dar a sobremesa ao público. Deixamos o palco coberto com pedaços de bateria, amplificadores tombados e uma microfonia estridente, e fui abordado por um jovem japonês que se tremia todo, à beira das lágrimas.

— Você não gostou da bateria? — perguntou ele com um murmúrio trêmulo.

— Não, não, não... era ótima! — falei, um pouco confuso.

Em quase qualquer outro lugar do mundo, aquela apresentação teria sido considerada triunfal! Mas a gente estava no Japão, um país fundamentado por uma cultura de respeito e civilidade, e o nosso comportamento era um ato grosseiro de rebelião incomum por lá. Além do mais, o cara era o representante da Tama, a fabricante de baterias, e ficou apavorado achando que eu não tinha gostado do conjunto que eles haviam preparado para mim, então me sentei com ele e expliquei que a nossa revolta não tinha nada a ver com a linda bateria em que eu tivera a honra de tocar, que aquilo havia sido uma celebração.

Antes de voltar para casa, fizemos uma última parada no Havaí para um show num estabelecimento pequeno de Honolulu chamado Pink's Garage, mais um lugar pequeno demais para a banda, agora no auge da popularidade. Esse show seria o fim da nossa turnê antes de uma longa folga em casa, então decidi passar mais uma semana lá, com um Mazda Miata conversível azulão ridículo alugado para rodar pelas praias que nem um turista chato (que eu era), colhendo os louros do ano mais maluco da minha vida toda. Ver aquele capítulo da banda se fechar foi emocionante, já que eu quase tinha me apaixonado pelo caos cotidiano que nos cercava aonde quer que a gente fosse. Além do mais, era bom encerrar em um ponto tão alto. Já tínhamos visto as rachaduras começando a aparecer, mas fizemos os remendos tocando com todas as nossas forças, como sempre. É claro que eu também estava cansado, então era hora de voltar, me restabelecer e me lembrar de tudo que era importante para sobreviver: família, amigos e casa. Eu precisava parar para respirar e processar de fato o que tinha acabado de acontecer comigo.

— Sr. Grohl, chegou uma encomenda para o senhor.

Assim que a gente fez o check-in no hotel de Honolulu, a mulher simpática na recepção, com um vestido tropical colorido, me entregou um envelope da FedEx, e o abri cheio de curiosidade, surpreso que alguém quisesse me mandar alguma encomenda durante a viagem e ainda mais que tivesse conseguido descobrir meu paradeiro enquanto a gente pipocava pelo planeta na nossa turnê interminável. Uma carta da minha mãe? Uma mensagem de parabéns do meu agente? Uma intimação por infrações cometidas pelo caminho? Não. Melhor ainda.

Meu primeiro cartão de crédito.

Aos 23 anos, eu nunca tinha sido dono de um cartão de crédito nem tinha conta em banco com mais de cem dólares (valeu, vó), então foi transformador. Durante os quatro anos anteriores, eu havia sobrevivido à base de parcos orçamentos diários que evaporavam no fim de cada dia, gastos em cigarros, porcarias para comer e cerveja. Era bom demais para ser verdade! Embora a banda já tivesse vendido bem mais de 1 milhão de discos, eu ainda não tinha gastado nem um centavo do dinheiro que havia faturado e não fazia a menor ideia de quanto era. Estava prestes a descobrir.

Olhei para a esquerda da recepção e vi uma loja de lembrancinhas. Louco para testar aquele dinheiro de brinquedo novo, saí correndo pelo saguão, sacudindo o colar de flores ao vento, e fui direto para o mostruário de óculos escuros, de onde peguei, animado, um modelo de lentes azuis espelhadas (para combinar com o Miata, claro). Levei para a moça do caixa, nervoso, e os segundos pareceram horas enquanto ela passava o cartão e esperava a aprovação, mas, assim que ela destacou a folha do bloco e me pediu para assinar, senti uma transformação. Chega de latas de feijão frio. Chega de três salsichas empanadas por um dólar. Chega de "marmitas de merda" (atum em lata, pimenta, farinha e torradas, especialidade do Kurt). Ostentando orgulhosamente os óculos novos no rosto prestes a ficar bronzeado, olhei na direção do estacionamento e vi o restaurante Benihana do outro lado da rua.

Caraaaalho, pensei. *Hoje tem banquete...*

O resto, como dizem, é história.

Bronzeado, alimentado e feliz, voltei para a Virgínia depois da minha semana com o sr. Roarke e Tattoo na Ilha da Fantasia, minhas primeiras "férias" desde que eu era criança, mas aquela nova liberdade financeira trazia também novas responsabilidades. Finalmente havia acontecido o inimaginável. Eu tinha dinheiro. Depois de uma vida inteira vendo a minha mãe se virar com vários empregos e contar cada moedinha, seria possível dar conforto a ela. Ainda sem consciência da magnitude do que viria pela frente, continuei levando uma vida relativamente frugal, como o meu pai (que tinha desistido de me deserdar) logo me alertou:

— Você sabe que isso não vai durar, né? Você tem que tratar cada cheque que chega como se fosse o último.

Esse talvez tenha sido o melhor conselho que já recebi dele ou de qualquer outra pessoa até hoje. Embora não tenha me impedido de ir direto para a concessionária de motos e comprar duas Yamaha V-Max (uma para mim e outra para Jimmy), serviu para incutir em mim o medo da falência logo de cara, então, de modo geral, minha vida continuou mais ou menos a mesma.

Como era o nosso costume, a gente se espalhou em direções diferentes. Krist voltou para Seattle e comprou uma casa quente e confortável no bairro de Green Lake, no norte da cidade. Kurt foi para Los Angeles e alugou um apartamentinho legal num prédio antigo de Hollywood. Como eu ainda não estava preparado para me dedicar a uma residência integral em Seattle, comprei uma casa a algumas quadras da praia em Corolla, Carolina do Norte. A poucas horas de viagem do norte da Virgínia, a região do Outer Banks era o lugar perfeito para investir em imóveis, não só por causa da imensa beleza natural, mas também porque era perto da minha terra natal, ou seja, eu poderia compartilhar as recompensas com a minha mãe e a minha irmã.

MAS "CABEÇA VAZIA É OFICINA DO DIABO", OU PELO MENOS É O QUE DIZEM.

Enquanto a gente ia se acostumando à nova vida, a ruptura apareceu de novo. Livres dos meses passados dentro de vans apertadas ou quartos compartilhados de hotel, agora poderíamos conhecer a vida com que sempre tínhamos sonhado, para o bem ou para o mal. A gente tinha visto o mundo mudar à nossa volta, um turbilhão de flashes e motins que quase chegaram a acontecer, mas, com o fim desse furacão insano, cada um precisava criar sua própria realidade, como bem entendesse. Na condição de baterista anônimo da banda, tive a sorte de existir praticamente sem ser reconhecido: quase não me paravam na rua, e, quando acontecia, em geral era só para perguntarem:

— Você é Dave Navarro?

Era quase como se eu estivesse olhando tudo do lado de fora, vendo de longe as coisas acontecerem com outra pessoa, apreciando os benefícios do "sucesso" sem ter que dar a cara a tapa. Definitivamente não dava para dizer o mesmo de Kurt, cujo rosto agora estava na capa de todas as revistas e de todos os episódios do *MTV News*, cuja voz ecoava em todas as estações de rádio FM do país, algo que quase ninguém está preparado para encarar. Nós nos recolhemos para os nossos cantos, lambemos as feridas e viramos a página do ano em que o punk explodiu.

Cheio de tempo para gastar até a próxima turnê do Nirvana, fiquei alternando entre surfe nas águas quentes da Carolina do Norte, visitas a meus antigos *points* em Washington com amigos de infância, gravações das minhas músicas primitivas no porão com Barrett Jones em Seattle, viagens a Los Angeles para rever os meus velhos amigos Pete e Franz, que estavam morando lá desde que eu entrara para o Nirvana e tinham começado uma vida nova (e uma banda nova também, a Wool) depois do fim do Scream. O que era para ter sido uma semana hospedado na casinha deles no Valley virou pelo menos um mês, acordando todo dia debaixo de um calor escaldante de verão. Como não tinha ar-condicionado, ao meio-dia a casa já estava um forno incandescente, então a única maneira de escapar daquele calor de deserto era achar uma piscina e passar a tarde nadando no oásis de outra pessoa, e essa era a especialidade do meu amigo Bryan Brown.

Quando estávamos indo para a casa na Cielo Drive, minha expectativa estava temperada com hesitação ao me dar conta de que o fascínio mórbido que eu nutrira por aquele lugar estava prestes a ser confrontado pela realidade sinistra de entrar naquela construção amaldiçoada. Tocamos a campainha no portão, paramos no acesso da garagem, saímos do carro, e lá estava, idêntica a todas as fotos policiais em que eu tinha pousado meus olhos jovens e curiosos a vida inteira. Senti um arrepio pelo corpo. A gente foi até a porta — AQUELA porta — e bateu.

Abriram para a gente entrar, mas eu não precisava de guia para fazer o tour da casa; era quase como se já tivesse estado lá antes. Virei para a sala de estar e fui atingido por uma onda de terror. A lareira de pedra, as vigas de madeira, o mezanino pequeno... era tudo idêntico ao que tinha sido naquela noite horrível de 9 de agosto de 1969. Exceto por um detalhe: tinha um console grande de gravação no meio da sala.

O Nine Inch Nails estava gravando um disco lá.

Eu não conhecia pessoalmente os integrantes do Nine Inch Nails, mas tinha ido a shows deles. Eu gostava de música industrial, e a trilha sonora da minha adolescência incluía Throbbing Gristle, Psychic TV, Einstürzende Neubauten e Current 93. Curtia muito o *Pretty Hate Machine*, o primeiro álbum do NIN. Com a tensão elétrica agressiva da banda e as letras de temas sombrios, fazia todo o sentido eles escolherem a casa dos crimes de Manson para o álbum seguinte. Por mais bizarro que fosse, os dois combinavam perfeitamente, e algumas das músicas mais potentes deles foram gravadas ali — "March of the Pigs", "Hurt" e "Closer". Sempre fui defensor da ideia de que o ambiente onde é feita a gravação determina o destino da música e, toda vez que ouço uma dessas canções, tenho certeza de que é verdade. Cada uma dessas faixas tem uma dor, um desespero que definitivamente foi infundido por uma espécie de osmose espiritual. Ou pela dor e pelo desespero de Trent Reznor. Eu não o conhecia bem, mas achei que ele era um artista genial e um homem generoso. Parecido com outro artista genial e generoso que eu conhecia e que usava a música para identificar os demônios que assombravam sua alma.

Depois de um tempo, o clima pesado da casa certamente contaminou a energia do ambiente, uma energia que, para mim, não bateu nem um pouco legal. Eu conhecia bem demais o sentimento de escuridão, fragilidade e dor, então fui para a piscina, não só para escapar do calor, mas também para lavar a sensação que tive dentro daquela sala.

O lado mais sombrio da música era algo que sempre me atraíra, em termos sônicos, mas comecei a perceber que isso não me definia como pessoa. Para mim, a música sempre havia representado luz e vida. Alegria, até. Eu não queria me esconder. Entendia que outras pessoas podiam preferir seguir na direção contrária, talvez para revisitar traumas não resolvidos do passado, mas eu enfim me sentia emancipado dos meus, e isso era bom. Fosse nas dunas da Carolina do Norte, fosse na tranquilidade dos bairros residenciais sonolentos da Virgínia, eu precisava encontrar paz, e, com a nova liberdade que o sucesso tinha me proporcionado, ia passar a vida em busca disso.

O resto dos dias que fiquei em Los Angeles foram dedicados a rodar pela cidade com um Volkswagen Cabriolet conversível branco alugado (sim, na época eu tinha uma queda por conversíveis), nadar na casa de desconhecidos, tocar com amigos e ligar de tempos em tempos para companhias aéreas para mudar a data da minha passagem de volta para Seattle, estendendo a minha estada na casa escaldante de Pete para curtir um pouco mais de verão e um pouco mais de distância antes de voltar para os céus cinzentos do norte. Acho que, no fundo, eu sabia o que me aguardava lá.

Por fim, quando não dava mais para adiar, decidi que era hora de voltar: joguei todos os meus pertences na traseira do Cabriolet sem um segundo de margem e corri para o aeroporto na esperança de conseguir chegar a tempo e não perder o avião. Eu não conhecia praticamente nada do emaranhado de viadutos movimentados que se entrecruzavam por aquela cidade enorme, então comecei a correr que nem um louco pelo Valley a uma velocidade perigosa, torcendo para ir mais ou menos na direção de no mínimo uma rampa de acesso. Quando virei uma esquina cantando pneu, vi uma a poucos metros, então girei o volante para a direita com todas as forças e... BUM!

Bati de frente no meio-fio alto a setenta por hora, o que não só arrebentou o eixo dianteiro do carro, como ativou o *airbag* (que eu nem sabia que o carro tinha), que explodiu a um palmo do meu rosto feito uma banana de dinamite. Saí do veículo machucado e desorientado, tossindo por causa do pó fino que o *airbag* soltou assim que acertou a minha cara que nem um bastão feito de tecido, e liguei para um guincho. (Senhoras e senhores, não se deixem enganar por aqueles comerciais. Embora salvem vidas, *airbags* não são um travesseiro sedoso e macio. Essa porra nocauteia qualquer pessoa como se fosse um gancho de direita do Mike Tyson.) Enquanto o cara chegava e avaliava o estrago, o inchaço no meu olho esquerdo começou a inflar que nem um balão, e foi declarada a perda total do carro.

Chamei um táxi e voltei rastejando para a casa de Pete, com um olho roxo e o rabo entre as pernas para mais uma semana, depois de aniquilar um Cabriolet conversível perfeitamente razoável que custava só doze dólares por dia. A semana extra em Los Angeles deu tempo para o meu olho roxo sarar, mas também para eu pensar no que havia pela frente. Naquela ruptura entre nós três, e se seria possível repará-la dessa vez. O mundo tinha aberto os ouvidos para o Nirvana. Nós éramos os esquisitões que fugiam do convencional, e o planeta inteiro estava olhando. A gente ia conseguir sobreviver?

Recebi a notícia de que Kurt estava num centro de reabilitação em Los Angeles. Ainda que preocupado, não fiquei surpreso. Interpretei como um bom sinal. Enquanto eu estava do outro lado da cidade revendo velhos amigos, talvez ele também estivesse encontrando um pouco de luz e paz. Como eu não conhecia ninguém que tivesse feito reabilitação, imaginei, ingênuo, que fosse uma coisa rápida, tipo uma cirurgia para retirar apêndice ou as amídalas. Fora o problema do meu pai com álcool, eu não entendia a verdadeira natureza da dependência. E certamente não conhecia a intensidade da de Kurt. Eu ainda não entendia que, para se curar e se libertar desse tipo de doença, é preciso uma vida inteira de recuperação — se a pessoa conseguir resistir e se manter longe das trevas.

AINDA TINHA MUITA COISA PELA FRENTE. A GENTE ESTAVA SÓ COMEÇANDO.

PARTE TRÊS

O MOMENTO

ELE SE FOI

— Ele se foi, Dave.

Meus joelhos cederam, deixei o telefone cair, desabei no chão do quarto, cobri o rosto com as mãos e comecei a chorar. Ele havia nos deixado. O rapaz tímido que tinha me oferecido uma maçã quando nos conhecemos no aeroporto de Seattle havia nos deixado. O cara quieto e introvertido com quem eu tinha compartilhado um apartamento minúsculo em Olympia havia nos deixado. O pai amoroso que sempre brincava com a filhinha linda nos bastidores dos shows havia nos deixado.

Fui tomado por uma tristeza mais profunda do que jamais havia imaginado. Não conseguia falar. Não conseguia pensar. Não conseguia me levantar. Não conseguia respirar. Só conseguia enxergar o rosto dele, sabendo que jamais o veria de novo. Nunca mais veria aqueles dedos estranhos, achatados, aqueles cotovelos magricelas ou aqueles olhos azuis penetrantes. Porque ele havia nos deixado. Para sempre.

Momentos depois, o telefone tocou de novo. Ainda no chão, atendi, mas, entre as lágrimas e a respiração acelerada, mal conseguia falar.

— Aguenta aí... Ele não morreu. Ainda está vivo...

Me levantei na mesma hora do carpete, o coração disparado.

— Peraí... Tem certeza? — perguntei, ansioso.

— Sim... Ele ainda está no hospital, mas vai sair dessa, Dave! Ele vai sair dessa.

Num intervalo de cinco minutos, eu havia ido do pior dia da minha vida para uma sensação de renascimento. Desliguei o telefone. Estava em choque. Entorpecido. Queria rir, chorar, ter um colapso mental completo. Estava como que num limbo emocional. Não sabia como me sentir.

Era a primeira vez que tinha contato com a morte, e estava bastante confuso. Agora eu sabia como era a dor dilacerante da perda, mas apenas por um breve instante, antes que fosse empurrada para o lado como uma brincadeira de mau gosto. Meu processo de luto foi modificado para sempre. Daquele dia em diante, perder uma pessoa próxima se tornaria um sistema complicado de espera por aquela ligação dizendo que tudo não tinha passado de um engano, que estava tudo bem, e aí precisar implorar à dor para vir à tona ao constatar que a ligação não viria.

É impossível prever a morte repentina, mas há certas pessoas na vida que você se prepara para perder, não importa o motivo. Você tenta se proteger sem muito sucesso, erguendo um muro ao redor do coração como um mecanismo de defesa preventivo, de forma a estar de alguma maneira preparado quando a ligação chegar. É como uma vacina emocional, algo que faria com que você desenvolvesse uma imunidade à morte inevitável da pessoa.

Mas isso nunca funciona.

Era 3 de março de 1994 em Seattle naquela manhã em que acordei com a notícia de que Kurt sofrera uma overdose num quarto de hotel em Roma. Na mesma hora, coloquei a TV no noticiário e vi imagens suas amarrado a uma maca, sendo levado às pressas para o hospital numa ambulância. Comecei a ligar freneticamente para todo mundo da nossa equipe, querendo saber o que estava acontecendo, rezando para que fosse só mais uma overdose acidental, algo que já havia ocorrido antes. A situação era confusa, com relatos conflitantes: alguns terrivelmente sombrios, outros encorajadores, mas, independentemente do quanto eu quisesse estar lá, estava a oito mil quilômetros de distância, com uma sensação de total impotência. Afinal, havia estado com Kurt apenas duas noites antes, em Munique, onde fizemos aquele que tragicamente acabaria sendo o último show do Nirvana.

Daquele dia em diante, ergui muros ainda mais altos.

E 36 dias depois, o cerco se fecharia.

A notícia da morte de Kurt chegou logo cedo, no dia 8 de abril. Só que desta vez era real. Ele se fora. Não haveria uma segunda ligação com outras notícias. Não haveria reviravolta naquela tragédia. Era definitivo. Desliguei o telefone esperando cair mais uma vez de joelhos sob efeito da dor dilacerante... mas ela não veio. Estava aprisionada dentro de mim, bloqueada pelo trauma do mês anterior, quando eu fora deixado num estado turbulento de confusão emocional. Não me lembro de muita coisa daquele dia a não ser as menções recorrentes ao nome dele no noticiário. Kurt Cobain. Kurt Cobain. Kurt Cobain. Cada vez que o nome era pronunciado, era mais um lento golpe que perfurava a armadura que eu havia criado para proteger meu coração. Kurt Cobain. Kurt Cobain. Kurt Cobain. Eu esperava a armadura ceder e acabar comigo mais uma vez, mas não deixava. Resistia, morto de medo de sentir aquela dor de novo. Kurt era mais do que um nome para mim; era um amigo, um pai, um filho, um artista, um ser humano e, ao longo do tempo, tinha se tornado o centro do nosso universo, o ponto em torno do qual nosso mundo inteiro orbitava, mas ainda era só um cara com muita vida pela frente. NÓS tínhamos tanta vida pela frente.

Naquela noite, todos nós nos reunimos na casa dele para tentar consolar uns aos outros. Mas era difícil, pois, não importa quantas vezes ele já tivesse esbarrado com a morte, ninguém podia imaginar que seria daquele jeito. Eu, pelo menos, não tinha imaginado. O clima era de choque, seguido por desespero, por recordações e de volta ao choque. Corri os olhos pela sala cheia de gente, todas as vidas que ele tocara, cada uma de forma única. Familiares, amigos, tanto os de longa data quanto os mais recentes, cada um enfrentando o próprio luto. A vida nunca mais seria a mesma para nenhum de nós, e todos estaríamos para sempre unidos por aquele acontecimento devastador, uma ferida que certamente deixaria cicatrizes. Por anos, não consegui dirigir nas proximidades daquela casa em Lake Washington sem ser tomado por uma ansiedade incapacitante ao me lembrar do som daqueles choros.

No dia seguinte, acordei, caminhei até a cozinha, comecei a fazer café, e foi aí que a ficha caiu. *Ele não vai voltar. Ele se foi. Mas... eu ainda estou aqui. Tenho a oportunidade de acordar e viver por mais um dia, seja ele bom ou ruim.* Não fazia sentido. Como é que alguém podia... desaparecer? Parecia surreal. E injusto.

A vida logo se tornaria uma longa sucessão de primeiras vezes. A primeira xícara de café desde que ele partiu. A primeira refeição desde que ele partiu. A primeira ligação. O primeiro passeio de carro, e por aí vai. Cada passo me levava um pouco mais longe da época em que ele estava vivo. Uma sucessão de momentos em que eu precisava reaprender tudo. PRECISAVA APRENDER A VIVER DE NOVO.

"Empatia!", escreveu Kurt no seu bilhete de suicídio, e houve momentos em que implorei do fundo da alma para sentir a dor que ele deve ter sentido. Queria sentir o desespero. Tentava fazer as lágrimas caírem dos olhos, amaldiçoando as porras dos muros tão altos que eu tinha erguido, já que eles me afastavam das sensações de que precisava de forma tão desesperada. Amaldiçoava a voz no telefone que me havia informado da sua morte apenas para desmentir em seguida e me deixar naquele estado de confusão emocional, sem ter como acessar a tristeza dentro de mim que precisava ser descarregada. O peso me empurrava para baixo, sabendo que o luto me consumia, mesmo estando enterrado tão fundo a ponto de estar fora do meu alcance. Estava entorpecido quando tudo que mais queria era sentir a cirurgia de que necessitava para me curar.

Às vezes ficava envergonhado por não conseguir sentir, mas acabei aceitando que não existe uma forma certa ou errada de luto. Não há livro didático, não há manual a que alguém necessitado de orientação emocional possa recorrer. Um processo desses não pode ser controlado, e ficamos desesperadamente à sua mercê. O jeito é se render quando ele dá as caras, não importa o quanto isso te assuste. Com o passar dos anos, aceitei isso. Até hoje, ainda sou acometido de vez em quando por aquela mesma tristeza profunda que me derrubou da primeira vez que me falaram que Kurt havia morrido.

Será que é o tempo que dita a intensidade do luto quando se perde alguém? O número de dias passados juntos é o que determina a relevância emocional, pura e simplesmente? Os três anos e meio em que conheci Kurt, uma janela de tempo relativamente pequena na cronologia da minha vida, moldaram e, de certa forma, ainda definem quem sou hoje. Eu sempre serei "aquele cara do Nirvana" e tenho orgulho disso.

Mas sem o meu melhor amigo de infância, Jimmy Swanson, nem sequer teria chegado a Seattle, e a sua morte abriu um rombo na minha vida que é completamente diferente.

Soube da morte de Jimmy pelo telefone ao lado da cama do meu quarto de hotel em Oklahoma City na manhã de 18 de julho de 2008. Ele faleceu dormindo na mesma casa de North Springfield em que descobrimos juntos o mundo da música quando éramos crianças, no mesmo sofá onde assistíamos à MTV por horas, sonhando em um dia ter a mesma vida dos músicos famosos que admirávamos.

Desliguei o telefone, abri as cortinas do quarto, olhei para o céu e falei com ele. Se um dia ficávamos passando bilhetes um para o outro nos corredores do colégio entre as aulas, agora nos restava a comunicação por espírito e oração.

Uma parte de mim morreu com Jimmy. Ele era mais do que uma pessoa para mim, era minha casa, e, embora eu nunca vá abrir mão dele, sua morte me forçou a abrir mão de quem eu era quando ele morreu. E assim teve início outro processo de primeiras vezes, mas desta vez mais difícil, já que Jimmy e eu havíamos compartilhado muitas das primeiras vezes na vida. Como gêmeos siameses separados depois de dividirmos um corpo durante anos, era como se eu estivesse sozinho, questionando quem seria agora que não estava com ele. Eu o admirava, o seguia e invejava a sua capacidade de viver a vida exatamente do jeito que queria, de uma maneira que era absolutamente sua. Jimmy era amado por todos, porque não havia ninguém como ele no mundo. Descobrimos juntos nossas individualidades, mas as acolhemos cada um à sua maneira. Por mais que ambos amássemos música, e Jimmy também tentou a sorte como músico, ele jamais se sentiu inspirado a continuar como eu. Preferiu ficar nos bastidores e torcer por mim de onde estava.

Senti no fundo da alma a ausência de Jimmy. Quando Kurt morreu, eu tinha apenas 25 anos. Não estava preparado para lidar com os desafios que viriam. Mas Jimmy morreu quando eu estava com 39. Àquela altura, minha compreensão da vida era bem mais ampla e, por conseguinte, a da morte também. Àquela altura, já tinha me tornado marido, pai e líder de uma nova banda e aceitado todas as incontáveis responsabilidades contidas nesses papéis. Já não era mais um moleque magricela que se escondia atrás da cabeleira e de uma bateria gigante. O amadurecimento das minhas emoções também as tornou mais focadas e intensas. Já não era mais possível varrer tudo para debaixo do tapete e não me permitir sentir. Sabia que não haveria nenhuma ligação mágica. Sabia que a morte era o fim. Sabia que o luto era uma estrada longa e imprevisível. DE CERTA FORMA, PERDER KURT ME PREPAROU PARA PERDER JIMMY CATORZE

ANOS DEPOIS. Embora fossem dois relacionamentos totalmente diferentes, foram quase que formativos da mesma maneira, e ambos me tornaram a pessoa que sou hoje.

Embora Kurt e Jimmy não fossem "família", eu os convidei a serem, e tal convite pode, às vezes, ser ainda mais íntimo do que a co-

nexão com um parente de sangue. Não havia nenhuma obrigação biológica. Nosso vínculo se dava por outros motivos: almas semelhantes, amor pela música, consideração uns pelos outros. Família não se escolhe, e, quando se perde alguém dela, há um imperativo biológico que implica certo tipo de luto predeterminado. Mas, com amigos, é você quem constrói a relação, e é isso que vai determinar o seu luto, que pode ser sentido muito mais intensamente quando eles se vão. ESSAS RAÍZES SÃO BEM MAIS DIFÍCEIS DE ARRANCAR.

Suas mortes ainda ecoam na minha vida, e nem um dia se passa sem que eu pense em Kurt e Jimmy. São lembranças simples. Uma canção no rádio ao som da qual Jimmy costumava tocar uma bateria imaginária no volante do seu velho e detonado Renault. A vitamina de morango que Kurt às vezes comprava no posto de gasolina. O cheiro de Brut, o perfume barato que Jimmy despejava sobre o próprio corpo a cada manhã para alegria de ninguém além dele. O chapéu de Hortelino Troca-Letras que Kurt costumava usar em público para esconder o rosto e os óculos de Jackie O. com armação branca que se tornariam sua marca registrada. Parece que, em qualquer lugar, vai surgir uma lembrança, e hoje já me encontro num estágio em que elas não partem mais meu coração, mas me fazem sorrir.

No entanto, é quando me sento atrás de uma bateria que mais sinto a presença de Kurt. Não costumo tocar as canções que tocávamos juntos, mas basta me acomodar naquela banqueta e consigo enxergá-lo na minha frente, atracado à guitarra e gritando a plenos pulmões no microfone. Assim como olhar direto para o sol deixa manchas na retina, a imagem dele está para sempre gravada na minha quando contemplo a plateia por trás da bateria. Ele sempre vai estar lá.

E toda vez que volto à Virgínia, *sinto* Jimmy. Ele está nas árvores que escalávamos na infância, nas rachaduras das calçadas que percorríamos todas as manhãs a caminho da escola e em cada cerca que pulávamos para cortar atalhos pela vizinhança. Há vezes em que falo e as palavras são as dele, mesmo que na minha voz. E quando o vejo nos meus sonhos, ele não mudou nada. Ainda é o meu melhor amigo.

Embora não estejam mais conosco, ainda carrego essas pessoas para onde quer que eu vá.

E os muros finalmente caíram.

O HEART-BREAKER

— Dave, telefone para você.

O engenheiro do estúdio me passou o telefone, e, para a minha surpresa, era ninguém menos do que Ron Stone, colega do meu empresário a quem sempre nos referíamos como "Da Antiga", por conta de seu tempo trabalhando com artistas como Bonnie Raitt e Neil Young. Em teoria, nunca havíamos trabalhado juntos, então era incomum que ele ligasse direto para mim. Mais incomum ainda era a notícia que ele trazia.

— Tom Petty quer saber se você está a fim de tocar bateria para ele no *Saturday Night Live*...

— Peraí —, como é que é? Por que eu? O cara pode escolher qualquer baterista no mundo e liga para mim? — respondi, confuso.

Afinal, estávamos falando de Tom Petty, o filho pródigo da Flórida mais amado no restante do país, a personificação do charme de raiz, de matriz operária, a voz por trás de décadas de clássicos do rock como "Breakdown", "American Girl", "Refugee" e "Free Fallin'".

Sua música fora trilha sonora para milhares de chupões em pescoços, suas canções esbanjavam bossa e balanço, e ele ligava justamente para um cara que, de bateria, só conhecia dois padrões, sentado nela ou fora dela? Não fazia sentido.

Na época, Tom estava se preparando para o lançamento daquele que viria a se tornar um dos seus mais bem-sucedidos discos solo, *Wildflowers*, e fazia pouco tempo que tinha encerrado a parceria com o baterista original dos Heartbreakers, Stan Lynch. Ele precisava de alguém para ocupar a banqueta durante uma aparição promocional no *Saturday Night Live*. Era uma honra receber um convite para visitar o célebre estúdio de gravação do *SNL*, meu programa favorito (a título de curiosidade: até a data de escrita deste capítulo, participei do programa catorze vezes, mais do que qualquer outro músico), mas ainda assim não estava entendendo aquilo muito bem... Petty era um dos meus artistas favoritos, um herói musical para milhões de jovens desajustados de classe média como eu. O simples fato de ele saber o meu nome já me deixava mais do que chocado. Isso sem falar no fato de que, desde o fim do Nirvana, eu mal tinha encostado numa bateria, muito menos me apresentado ao vivo. Enrolei, pego de surpresa por um convite tão lisonjeiro, e educadamente pedi um ou dois dias para pensar a respeito. Minha cabeça estava num lugar bem diferente na época, para dizer o mínimo. EU REALMENTE PRECISAVA PENSAR COM CALMA.

Sempre soube que chegaria o dia em que alguém me pediria para fazer esse movimento, seguir em frente após um ano de luto, mas não estava preparado para um catalisador como aquele. Desliguei o telefone na sala de controle do estúdio, ainda com a guitarra pendurada no pescoço, e voltei ao que fazia quando o telefone tocara: a gravação do que, sem que eu soubesse na época, se tornaria o primeiro disco do Foo Fighters.

Depois da morte de Kurt, me senti perdido. Todos ficamos assim. Nosso mundo havia desmoronado de forma tão abrupta e traumática que era difícil achar qualquer direção, qualquer luz que nos orientasse em meio à névoa de tremenda tristeza e perda. E o fato de que a conexão entre mim, Kurt e Krist era a música e eu conferia melancolia a qualquer tipo de canção. O que um dia tinha sido a maior alegria da minha vida agora me causava grande sofrimento, e eu não apenas havia deixado de lado os meus instrumentos, mas também ficara longe do rádio por medo de que o menor traço de melodia desencadeasse um luto paralisante. Pela primeira vez na vida, eu rejeitava a música. Simplesmente não podia permitir que ela partisse o meu coração de novo.

Naqueles meses após a morte dele, me senti como um peixe aprisionado num aquário ínfimo, nadando desesperadamente de um lado para outro, o dia inteiro sem nunca chegar a lugar algum. Tinha 25 anos, uma vida pela frente, mas parecia que tinha acabado também. A ideia de montar minha bateria no palco atrás de outro rosto era mais do que desagradável, chegava a ser deprimente. Era jovem demais para sumir aos poucos, velho demais para recomeçar. Claro, eu poderia simplesmente entrar para outra banda, mas seria eternamente conhecido como "aquele cara do Nirvana" e, no fundo, sabia que nada jamais iria chegar aos pés do que o Nirvana havia deixado como legado para o mundo. Esse tipo de coisa a gente só vive uma vez.

Após meses e meses marcando passo em surtos sufocantes de introspecção, decidi que precisava dar um tempo de Seattle e arejar a cabeça, então viajei para um canto do planeta que sempre tinha amado, um lugar sereno e de beleza natural, na expectativa de achar alguma cura para a sensação de tristeza absoluta que vivia em casa: o Anel de Kerry. Uma belíssima área remota no sudoeste da Irlanda, o Anel de Kerry é um retorno ao que a Terra deve ter sido milhares de anos atrás, antes de o ser humano dividi-la em lotes de concreto e avenidas engarrafadas. Com quilômetros de campos incrivelmente verdes que se estendem por paisagens costeiras e aldeias à beira-mar, existem ali uma calma e uma tranquilidade de que eu precisava desesperadamente para reavaliar a minha vida e recomeçar. Já tinha estado lá antes: passei uma semana no lugar com minha mãe e minha irmã, dirigindo de Dublin a Dingle, antes da apresentação do Nirvana no Reading Festival de 1992 (nossa última performance no Reino Unido), e me conectei àquela paisagem de uma forma sem precedentes. Pode ter sido por causa da ascendência irlandesa da minha mãe ou talvez o ritmo da vida, parecido com o das áreas rurais da Virgínia onde eu costumava caçar quando era criança. O que quer que seja, me senti em casa naquele silêncio e isolamento. Ansiava por ele agora.

Um dia, dirigindo o meu carro alugado, manobrando-o por valas e sulcos profundos de uma estrada de terra no meio do nada, avistei um rapaz pedindo carona à distância. Cabelo longo e ensebado, casacão largo demais. Estava na cara que era roqueiro e, estando a quilômetros da cidade mais próxima, precisava muito de uma carona para o seu destino. Chegando mais perto, decidi que seria caridoso e o levaria comigo, até que vi algo que me fez mudar de ideia.

Ele usava uma camisa com a foto do Kurt Cobain.

Uma onda de ansiedade me atingiu como uma descarga de cadeira elétrica e coloquei o pé no acelerador com a cabeça baixa, rezando para não ter sido reconhecido. Minhas mãos tremiam, e fiquei com a sensação de que iria passar mal, sentindo tontura e a iminência de um debilitante ataque de pânico. Lá estava eu, tentando com todas as forças desaparecer no canto mais remoto que pude achar, querendo entender como fazer para consertar uma vida virada de cabeça para baixo meses antes, e surgia o rosto do Kurt para me encarar, quase como um alerta de que não importava para onde eu corresse, ainda não seria o suficiente para escapar do passado.

Foi naquele momento que tudo mudou.

Peguei um voo de volta para os Estados Unidos e decidi que era hora de voltar a trabalhar. Sem banda ou qualquer plano em mente, me recolhi ao ambiente no qual sempre me senti mais confortável: gravando canções sozinho. Aprendi a fazer isso por osmose, aos doze anos, com a ajuda de dois gravadores de fita, uma guitarra velha e algumas panelas. Meu método era simples: gravava a guitarra numa fita, ejetava-a, colocava-a no segundo gravador, apertava o play, gravava a "bateria" acompanhando a guitarra em outra fita e assim por diante. Gravação multicanal, basicamente, sem que eu sequer me desse conta disto. Compunha canções ridículas sobre o meu cachorro, a minha escola e Ronald Reagan, mas, como ficava fascinado com o processo, eu o repetia com frequência. Sabem qual é a melhor parte? Ninguém jamais soube disso, porque eu morria de medo de deixar alguém ouvir o ganido da minha voz pré-púbere.

Um tempo depois e gravando com meu amigo Barrett Jones na máquina de oito faixas que ele tinha no seu estúdio no porão, na Virgínia, já estava familiarizado com o conceito de registrar eu mesmo todos os instrumentos, dispondo as guitarras, a bateria e os vocais sistematicamente, como fizera na infância, só que não mais por meio de gravadores de fita cassete da Radio Shack, mas com os equipamentos profissionais de Barrett. Como nunca quis ser entrão (e nunca tive dinheiro para pagá-lo pelo papel de engenheiro de som), eu esperava a sessão de gravação de alguém terminar e perguntava, acanhado:

— Sobrou um pouco de fita no fim do rolo? Queria testar uma coisa...

Sabendo que estava pedindo demais (e já tendo fumado a maior parte da maconha dele), corria de um instrumento para outro o mais rápido que podia, gravando só um take de bateria, outro de guitarra, outro de baixo, para não abusar do tempo e da generosidade do Barrett. Aí voltava para casa e escutava meu pequeno experimento sem parar, imaginando o que poderia fazer se tivesse mais de quinze minutos para gravar uma canção.

Quando Barrett se mudou para Seattle e encontramos uma casa para morarmos juntos, o estúdio dele passou a ser no MEU porão. Então me aproveitei da proximidade e comecei a compor canções que, embora ainda primitivas, sem nenhuma condição de serem submetidas ao mundo, já eram um pouco mais elaboradas. "Alone and Easy Target", "Floaty", "Weenie Beenie", "Exhausted" e "I'll Stick Around" são apenas algumas das dezenas de músicas que gravamos no nosso pequeno porão em dias chuvosos; aos poucos, eu começava a acumular o que viria a se tornar o repertório do Foo Fighters. O Nirvana ia de vento em popa, e ninguém pode dizer que precisávamos de qualquer ajuda que fosse na hora de compor músicas. Assim, guardei aquelas canções para mim, tendo em mente a velha piada de baterista: "Qual foi a última coisa que o baterista disse antes de ser expulso da banda? Gente, escrevi uma música que acho que a gente devia tocar!"

Sem nada a perder, sem ter qualquer buraco onde me esconder, voltei da Irlanda e agendei seis dias num estúdio de 24 canais bem próximo à minha casa em Richmond Beach, o Robert Lang Studios, lugar de primeira encravado na lateral de uma enorme colina voltada para a enseada de Puget. Já havia gravado lá antes, incluindo a última sessão do Nirvana no início daquele mesmo ano, na qual registramos nossa última música, "You Know You're Right". Robert Lang, o dono, sujeito excêntrico e eclético, tinha decidido construir um espaço de gravação debaixo da sua casa no início dos anos 1970 e dedicado quinze anos a escavar a colina mais e mais a fundo, retirando algo equivalente a milhares de caminhões de terra e criando o que só pode ser descrito como um gigantesco bunker de concreto com uma ótima coleção de microfones vintage. Porém, a grande diferença em relação a outros estúdios estava nos materiais com que ele escolhera revestir as salas de gravação: mármore e pedra. Em vez da suave absorção da madeira com isolamento acústico, suas salas tinham a reverberação implacável da rocha, o que revestia o som com uma qualidade de "ao vivo". O mármore chinês verde-escuro foi, aliás, a razão que levou o Nirvana a gravar lá: na nossa primeira visita, Bob nos mostrou uma pequena laje onde era possível ver a figura de um santo, um halo, um pombo e a Ressurreição. Foi o suficiente para Krist Novoselic e eu dizermos:

— Com CERTEZA a gente vai gravar aqui... Esse cara é DOIDÃO.

Sem falar que era tão perto da minha casa que eu poderia ir até lá dirigindo o meu cortador de grama.

Agendei o período entre 17 e 22 de outubro de 1994 e comecei a me preparar. Escolhi as quinze músicas que julgava as melhores das incontáveis gravações feitas com Barrett ao longo dos anos, reuni o equipamento e bolei um plano: quatro músicas por dia durante quatro dias e os últimos dois dias para registrar vocais e mixar. Se fosse capaz de gravar no meu ritmo habitual, correndo de um instrumento para outro, em somente um ou dois takes antes de partir para a próxima, até que seria possível. Fiz uma agenda, decidindo quais canções seriam gravadas em quais dias, e ensaiei feito louco, sabendo que o tempo era curto. Seis dias no estúdio me pareciam uma eternidade, mas eu precisava provar que estava à altura do desafio que havia estabelecido para mim, a própria razão de ser do projeto.

Barrett e eu descarregamos o equipamento na manhã de segunda-feira, fizemos café, testamos timbres e, por volta do meio-dia, já estávamos prontos para começar a gravar. Uma música nova chamada "This Is a Call" foi a primeira. Ataquei a bateria num take, pendurei a guitarra no pescoço, registrei-a bem rápido e logo parti para o baixo. Em 45 minutos, o instrumental estava gravado. A segunda foi "I'll Stick Around". Mesmo esquema: bateria, guitarra, baixo, tudo pronto em 45 minutos. Em seguida "Big Me", depois "Alone and Easy Target"... No final do primeiro dia, a cota de quatro músicas fora batida com tempo de sobra, e meu imponente desafio já não parecia mais tão desafiador. Além disso, eu me sentia... bem.

Aquela era mais do que uma sessão de gravação para mim — foi algo profundamente terapêutico. Uma continuação da vida. Era do que eu precisava para desfibrilar meu coração e fazê-lo retornar ao ritmo normal, um pulso elétrico para restaurar meu amor e minha fé na música. Para além de apenas segurar um instrumento e me sentir produtivo ou prolífico, eu estava voltando a enxergar pelo para-brisa em vez de apenas pelo espelho retrovisor.

Ao final da semana, eu não só tinha batido a minha meta de terminar as quinze músicas (gravadas na sequência exata do álbum, por sinal), como também havia concordado em tocar com Tom Petty no *Saturday Night Live*, no que representava um retorno à minha antiga vida, mas que era algo que não mais me assustava. Eu agora enxergava a luz no fim do túnel. Não considerava nenhuma dessas coisas uma direção permanente de vida, apenas pequenos passos em frente. Não tinha uma visão de qual seria o próximo passo. Ainda não.

Peguei a fita master com as mixagens provisórias de Barrett e levei a um lugar no centro de Seattle para fazer cópias. Cem fitas cassete do meu novo projeto, com a ideia de entregá-las a amigos, familiares e qualquer pessoa interessada no que "aquele cara do Nirvana" esteve fazendo desde o fim da banda. Eu havida mantido minhas músicas em segredo por quase toda a vida, mas agora estava pronto para compartilhá-las com o mundo por sentir orgulho delas, mais do que de qualquer coisa que já tivesse gravado. Não se tratava apenas do elemento sônico das incríveis habilidades de produtor de Barrett; era mais uma questão de gratificação emocional. Eu finalmente chegara à superfície, respirando profundamente como alguém que havia passado tempo demais debaixo da água.

Ainda que tivesse tocado todos os instrumentos naquela fita (a não ser por uma base de guitarra tocada pelo meu amigo Greg Dulli, dos Afghan Whigs, em cujas mãos coloquei o instrumento quando foi me visitar no estúdio um dia), eu tinha horror à ideia de considerá-lo um projeto "solo". Não passava pela minha cabeça que um nome como "The Dave Grohl Experience" fosse levar as pessoas a correrem para as lojas de discos, e, sendo bem honesto, sabia que a conexão com o Nirvana contaria muito mais pontos do que a objetividade de qualquer ouvinte. Decidi seguir um caminho mais anônimo, me inspirando em Stewart Copeland, baterista do Police, e seu projeto "solo" de 1980, Klark Kent. Na época, o Police estava em ascensão, e, para não perturbar a trajetória da banda, Stewart decidiu gravar sob o pseudônimo Klark Kent, tocando todos os instrumentos ele mesmo, da mesma forma que eu fizera. Eu amava o lado misterioso disso. Tendo sido fanático por óvnis a vida inteira, peguei uma frase simples de um livro que estava lendo, *Above Top Secret*, uma coleção de avistamentos de objetos voadores e relatos militares datados do início dos anos 1940 para a frente. Em um capítulo sobre aeronaves não identificadas avistadas sobrevoando a Europa e o Pacífico durante a Segunda Guerra Mundial, achei um termo usado pelos militares como apelido para aquelas bolas incandescentes de luz sem explicação e o achei misterioso o bastante para mim. Não soava apenas como um grupo de pessoas, soava quase como uma gangue: Foo Fighters.

Desenhei a capinha simples a ser inserida na embalagem de cada fita, escolhendo fonte e cor do papel, escrevendo os créditos e os títulos das canções, e saí da loja me sentindo nas nuvens, sabendo que a minha recompensa estaria pronta no final da semana. Eu estava nas nuvens. A recompensa era simples: tinha feito tudo sozinho.

Enquanto aguardava, me preparava para voar até Los Angeles para ensaiar com Tom Petty. Haviam me enviado as duas canções que seriam tocadas no programa, "You Don't Know How It Feels" e "Honey Bee", e eu as escutava sem parar, tentando memorizar cada uma das sublimes firulas de bateria de Steve Ferrone e acertar a sua levada perfeita. Como meu estilo estava a anos-luz de distância do seu ritmo relaxado, me concentrei em achar recursos zen para acalmar meu costumeiro método anárquico. Mas não era só a música que me deixava nervoso. Eu conheceria o inigualável Tom Petty.

Quando cheguei ao enorme espaço para ensaios em San Fernando Valley, nas proximidades de Hollywood, um templo de caxemira e incenso com um enorme totem num canto do salão, a acolhida por parte da banda e da equipe foi absolutamente pé no chão, genuína e gentil. Os Heartbreakers eram a epítome do *cool*, com seu jeito tranquilo e descolado e seus sotaques leves do Sul; fizeram com que eu me sentisse em casa e valorizado, fizeram todo o possível para acabar com o nervosismo que, sem dúvida, pressentiram em mim. Afinal de contas, eram legítimos astros do rock e com certeza deviam causar aquele tipo de reação em quase todo mundo, mas, com sua gentileza e empatia, queriam que eu ficasse confortável. Montei a bateria enquanto batíamos papo, testei o bumbo com um forte *PÉIN!*, cujo volume chacoalhou o salão inteiro, e eles se entreolharam e riram, quase como se dissessem: "Caralho, olha no que a gente foi se meter!"

E teve Tom. Exatamente como eu o imaginava, bem descontraído, naturalmente maneiro, e, quando me cumprimentou, aquela voz de milhares de bailes de formatura fluiu da sua boca como melaço pegajoso. Em poucos minutos, todo o meu nervosismo devido àquele devaneio rock and roll havia se dissipado, e começamos a tocar. Mal podia conter meu entusiasmo e, por isso, talvez estivesse pesando a mão mais que o normal, já que a banda quase se retraía com o ribombar de canhão dos meus tambores. Passamos a tarde improvisando, curtindo e nos conhecendo entre os takes. Ao final do dia, eles fizeram eu me sentir um Heartbreaker honorário. A impressão era que éramos uma banda. E fazia muito, muito tempo que eu não sentia aquilo.

Uma semana depois, nos encontramos nos estúdios do *Saturday Night Live* para a passagem de som, que costuma ser às quintas-feiras. É nesse momento que, além de ajustar o som, a equipe do programa define o posicionamento das câmeras. Primeiro, há o ensaio e a passagem, quando tocamos cada música duas ou três vezes para que os monitores de palco fiquem nos trinques e tudo soe como deve na sala de controle. Em seguida, há o intervalo para o almoço, e, na volta, uma hora depois, é a vez das câmeras, quando o diretor ensaia os ângulos e movimentos que planeja usar ao vivo. Costuma ser simples, uns poucos takes, e a equipe, tendo décadas de experiência, dá conta do recado sem estresse.

Mas, após o primeiro take de ensaio de câmera, o diretor de palco se aproximou de minha enorme bateria e disse:

— Então... Dave... será que dá para empurrar esse tom-tom só um tiquinho para a esquerda? Está difícil de ver o seu rosto.

Apavorado e constrangido na frente dos meus heróis, fiquei sem saber como reagir. Não queria criar caso, não passava de um humilde convidado, de carona naquela oportunidade incrível. Por que diabo faziam questão de ver o meu rosto? O show era do Tom Petty! Meu olhar procurou o de Tom, em busca de orientação, e sua expressão me dizia "Não deixa eles te dizerem o que fazer, garoto, aguenta firme". Respondi, nervoso:

— Hmmm... Não, o lugar é esse. Prefiro que fique aí.

Em segundos, um ajudante de palco apareceu com um microfone menor para acoplar ao tambor, na esperança de que fosse o suficiente para conferir às câmeras uma tomada menos obstruída. Ensaiamos a canção mais uma vez, e de novo apareceu o diretor de palco, desta vez se dirigindo a Tom.

— Dá licença, sr. Petty, será que dá para vir só uns poucos metros para a direita?

Pura audácia. Que petulância do sujeito. Teria dado para ouvir um alfinete cair na porra daquele palco lendário, com o qual Tom estava tão familiarizado e que já o havia recebido quatro vezes antes.

— Não, cara, a gente ralou o dia inteiro para o som ficar legal e finalmente está ficando. Se tirar alguma coisa do lugar, vai foder tudo.

O diretor de palco implorou, pleiteou, até Tom enfim se dar por vencido e ceder, dizendo:

— Tá bem. Mas estou falando, vai foder tudo...

Os monitores e o microfone de Tom foram movidos poucos metros à direita, e contamos um-dois-três para o próximo take. No que Tom se aproximou do microfone para cantar o primeiro verso, ouviu-se um guincho excruciante de microfonia, tão alto que fez todos nós pararmos de tocar e cobrirmos os ouvidos. *Puta que pariu...*, pensei. *Lá vem.*

Tom ficou puto, mas de um jeito que apenas Tom Petty consegue. Não perdeu a pose em momento algum, só olhou para o diretor de palco e disse:

— Você. Sobe aqui.

O coitado se aproximou, envergonhado, sabendo que talvez tivesse acabado de cometer um erro que acabaria com a sua carreira, e, com aquela fala arrastada tipicamente sulista, Tom disse:

— O que foi que eu falei?

O diretor pediu desculpas e disse que colocaria o equipamento imediatamente na posição original, mas Tom continuou:

— Não, me fala o que eu te falei.

O diretor repetiu então o que Tom tinha dito palavra por palavra, ao que Tom respondeu:

— É isso aí, agora coloca de volta no lugar.

Para mim, não foi um esporro nem um esculacho, mas simplesmente um homem que havia lutado a vida inteira por aquilo em que acreditava, enfrentando incontáveis adversidades e babaquices desanimadoras da indústria, deixando evidente para o mundo que ninguém ferrava com ele. Tive orgulho de ser o baterista dele naquele momento — não o cara do Nirvana, mas o baterista do Tom Petty. Como se já não respeitasse o cara o suficiente, passei a admirá-lo ainda mais.

O show foi ótimo. Mandamos ver nas duas músicas com ritmo e intensidade, e, tendo conhecido a banda pelo curto espaço de uma semana e meia, eu começava a me sentir surpreendentemente confortável em meio à sua dinâmica tranquila, uma sensação da qual não havia chegado nem perto durante três anos e meio do Nirvana. A dinâmica disfuncional e esquisita do Nirvana criava um impacto incrível, mas o clima familiar, de comunhão, dos Heartbreakers me parecia tão mais saudável e tão menos caótico. Era exatamente do que eu precisava para aplacar os meus traumas passados e um excelente lembrete de que a música pode, sim, representar alegria, vida e celebração. Senti que havia sido a experiência perfeita para me reerguer.

E então Tom me perguntou se eu toparia repetir a dose.

Aquela era uma senhora reviravolta. Uma guinada inesperada do destino, tornando a experiência ao mesmo tempo mais gratificante e atordoante em absoluto. Com que cara eu diria não a uma oportunidade daquelas? Nunca, nem nos meus sonhos mais loucos, tinha me imaginado digno ou capaz de tal convite, mas, caralho, como foi bom recebê-lo. No estreito corredor do lado de fora do camarim, logo após a nossa performance, ele me pediu para pensar a respeito e lhe agradeci profusamente, ainda chocado pelo simples fato de estar conversando com o homem que compôs o clássico "Runnin' Down a Dream", uma música cujo tema é seguir os caminhos sinuosos da vida com todas as suas reviravoltas e guinadas, sem jamais saber aonde se vai chegar.

Voltei para casa e peguei minhas cem fitas, arranjadas com cuidado dentro de uma caixa de papelão que acomodei na minha picape como se estivesse trazendo um recém-nascido para casa do hospital. Teria o meu coração ficado em Nova York com Tom Petty? Ou estaria em algum canto daquela caixa cheia de fitas novinhas em folha?

EU ESTAVA NUMA ENCRUZILHADA.

O que tinha vivido com os Heartbreakers havia sido tão gratificante, tão reconfortante e tão necessário naquele momento, mas, no fundo, eu sabia que nunca seria um Heartbreaker de verdade. Eles estavam unidos por décadas de história, e, por mais simpáticos, calorosos e hospitaleiros que tivessem sido comigo, eu seria sempre "aquele cara do Nirvana", algo que muito me honrava, mas um título que trazia consigo uma bagagem extremamente pesada.

Eu amava demais a música do Tom, e teria sido o máximo tocar as suas canções toda noite, mas... elas não eram minhas. Conversamos outra vez ao telefone, e Tom me explicou que suas turnês costumavam ser bem confortáveis. Eu teria meu próprio ônibus, a agenda era supertranquila, sem as extenuantes viagens de van a que eu estava habituado. Parecia perfeito. Quase perfeito demais. Eu tinha 25 anos, ainda era inquieto, não estava pronto para me acomodar num "investimento seguro". Minha energia ainda era a de um adolescente agitado, querendo se aventurar pelo desconhecido mesmo que às vezes fosse assustador.

Educadamente, recusei o convite e decidi que a caixa de papelão na parte de trás da picape seria o meu passaporte para uma nova vida. Não era um investimento seguro, mas nada nunca é.

Yeah, I'm runnin' down a dream
That never would come to me
Workin' on a mystery
Goin' wherever it leads
Runnin' down a dream

R.I.P. Tom Petty 1950-2017

DOCE VIRGÍNIA

— Vou precisar de um pouco de privacidade, então... nada que tenha menos de 150 hectares — falei, cheio de confiança.

— Nossa! — respondeu, chocada, minha corretora imobiliária, Connie. — Ok! Vou começar a procurar e te retorno o mais rápido possível com algumas opções!

Para ser sincero, o tom de surpresa na voz dela me desconcertou um pouco. Não me parecia um pedido tão bizarro, considerando-se que eu procurava uma casa para morar, uma casa de hóspedes para a banda e um celeiro para converter em estúdio de gravação de forma a poder cavalgar rumo ao pôr do sol, vivendo meu sonho de autossuficiência total num lugar perdido na Virgínia.

Por outro lado, não fazia ideia do tamanho de um hectare.

Após sete anos em Seattle, tinha dado finalmente o ciclo por encerrado. Cheguei lá na condição de completo estranho, vivi em estado de miséria material e isolamento emocional, me enturmei com um grupo novo que se tornaria a maior banda do mundo, tive tudo isso arrancado de mim e recomecei do zero. Era o equivalente a uma vida inteira. Por mais que amasse a cidade e os amigos que fizera por lá ao longo dos anos, meu coração pertencia à Virgínia, meu eterno lar. Criado entre as colinas e os imponentes carvalhos dos subúrbios, nunca acreditei que viveria em qualquer outro lugar, não importa o quanto tivesse ansiado por fugir de sua monotonia e previsibilidade na infância. Sempre imaginei que terminaria exatamente onde tinha começado.

Enquanto começávamos a gravar o segundo álbum do Foo Fighters, *The Colour and the Shape* (até hoje o nosso disco mais popular), no outono de 1996, num estúdio nos arredores de Seattle chamado Bear Creek, sentia que o meu tempo no Noroeste do país se aproximava do fim. Além de eu sempre ter me sentido um visitante, apenas mais um ser transplantado numa cidade que protegia com unhas e dentes suas preciosas raízes, meu primeiro casamento estava nos últimos suspiros, lançando uma sombra sobre nossas sessões de gravação no meio do mato, e os escuros meses de inverno se anunciavam (temas que ficaram evidentes nas letras daquele álbum). A fogueira que Seattle acendera no meu coração estava se apagando, e, por mais que eu abanasse as brasas, jamais seria possível retornar ao que um dia fora. *Hora de seguir meu caminho*, pensei. *Aqui não é mais meu lugar.*

Ou, como disse Pat Smear certa vez, "fantasmas demais".

Mas antes de me mudar de volta para o Leste, onde me sentia mais em casa, decidi fazer um pit stop de um ano em Los Angeles (minha versão de *Farrapo Humano*) para pegar o jeito de minha recente emancipação a poucos quarteirões de distância da nau à deriva cheia de lutadoras de lama de onde um dia eu escapara por um triz. Não precisando mais sobreviver à base de esmolas e latas de feijão cozido, poderia agora me dar ao luxo de ter minha própria casa (e comida). Aluguei uma pequena e confortável casa de dois quartos a minutos da Sunset Strip e ali aproveitei tudo que podia ao máximo e de forma inconsequente, não mais preso a nada nem a ninguém. O Foo Fighters já havia se tornado mais que um projeto paralelo improvisado e passara a ser uma banda, apesar de a gravação do segundo álbum ter estremecido seus alicerces (William Goldsmith, o baterista original, pediu para sair depois de eu regravar suas bases, por sorte tendo sido substituído pelo ultraqualificado Taylor Hawkins, e Pat Smear saiu por um tempo logo em seguida). Depois de superar os desafios da gravação do segundo álbum, precisava desestressar.

Eu me senti livre de tal maneira que quis me permitir tudo de que tinha me privado ao longo dos anos. E posso afirmar que não me privei nem um pouco. Depois de anos entornando jarras de pesadas Weissbiers e sorvendo do melhor produto das sofisticadas cervejarias artesanais do noroeste do Pacífico, fui apresentado pelo meu novo parceiro de farra, Taylor Hawkins, à combinação bem menos pretensiosa e muito mais letal de Coors Light e tequila. Qualquer timidez que um dia tive para chutar o balde foi embora pela sucessão de garrafas de Patrón e rodelas de limão mastigadas. Naquela mesma época, Pete Stahl, ex-vocalista do Scream, tinha conseguido um emprego no Viper Room, um antro hedonista de perdição convenientemente localizado ao lado da minha casa. Aquele se tornou meu lugar de todas as noites, e estas em geral terminavam depois da saideira, lá em casa, com um bando de maus elementos bebendo até o sol raiar. Aquele ano foi, para dizer o mínimo, divertido. Mas, depois de doze meses de devassidão intensa, percebi que não era aquele o pôr do sol em cuja direção eu queria ir. Direcionei a minha atenção a outros horizontes mais saudáveis: o paraíso da Virgínia rural.

Peguei um voo de volta para casa para me encontrar com Connie, e começamos nossa caça por uma casa na pitoresca cidadezinha de Leesburg, a apenas uma hora do agito cosmopolita de Washington, fundada em 1740, com belos edifícios históricos em cada esquina e muros de pedra que delimitavam quilômetros de sinuosas fazendas. Aquele era um retorno à minha juventude. Tinha passado vários verões percorrendo campos como aqueles quando era moleque, procurando balas da época da Guerra Civil enquanto caçava pombos no calor sufocante. E nos invernos também, colocando gansos falsos na lama dura e recoberta de gelo antes do nascer do sol para depois ficar de tocaia numa trincheira cavada na terra fria, à espera da chegada dos bandos, na esperança de levar jantar para casa. Aquelas memórias tomaram conta de mim a caminho do primeiro imóvel que fomos ver, mas, assim que chegamos, Connie me avisou de cara:

— Olha só, essa primeira propriedade é um pouco menor do que a que você está procurando, mas a casa em si é linda e tem uma casa de hóspedes e um celeiro como você queria.

Um pouco desapontado, perguntei:

— Mas menor quanto?

Ela respondeu:

— Tem uns quarenta hectares ao todo.

Quarenta hectares? Isso não é nada!, pensei. Como conseguiria me enfurnar para tocar música com a minha banda madrugada adentro em apenas quarenta hectares?

— Bom... — falei. — A gente já está aqui mesmo, vamos pelo menos dar uma olhada.

Ao pisar no alpendre daquela mansão imaculada de duzentos anos que um dia havia servido de alojamento para caçadores de raposas, me senti minúsculo diante das enormes colunas que se avultavam sobre nós. E, ao observar a imensidão de campos verdejantes que se estendiam ao longe, percebi o motivo do choque da minha corretora com aquele primeiro telefonema. Quarenta hectares eram uma fazenda. Cento e cinquenta deviam ser a porra da cidade inteira. Eu certamente não era nenhum agrimensor. Fiquei sem jeito com o tamanho da minha ignorância, mas também reverente para com a beleza incrível da propriedade que se descortinava diante de mim, delimitada por árvores, como uma fronteira natural que se estendia até alcançar um pequeno rio à distância. *Caralho!*, pensei. *Onde eu fui me meter!*

Depois de percorrer a residência principal (um pouco parecida demais com a Casa Branca, onde *sei* que jamais vou morar), fomos à casa de hóspedes, onde de repente caiu a ficha de que aquilo não tinha nada a ver. Eu, com apenas trinta anos, estava literalmente a ponto de largar tudo e ir para o meio do mato, como se estivesse dando um fim à minha abençoada vida de música e aventuras, preparado para cavalgar rumo ao pôr do sol e nunca mais ser visto ou ouvido. Isso sem falar que a porra da casa de hóspedes tinha o dobro do tamanho da casinha em que tinha crescido, a uma hora de distância dali, uma casa que a minha mãe, a minha irmã e eu havíamos compartilhado sem problema algum por toda a vida. O celeiro, contudo, era tentador. Eu podia com tranquilidade imaginá-lo transformado num estúdio de gravação de primeira, com seu pé-direito alto e a imensa área, espaço mais do que suficiente para acomodar uma orquestra inteira. Mas eu ainda não estava preparado para viver esse tipo de vida. AINDA HAVIA TRABALHO A SER FEITO.

Connie me levou para ver algumas outras propriedades, todas entre cem e 150 hectares. "Quer dar uma caminhada pela propriedade toda?", perguntava ela. *Hã, não, obrigado.* Não adiantou. Já tinha me decidido. Aquele sonho mirabolante teria que esperar. Talvez um dia, quando a vida desse uma acalmada e eu tivesse uma bela família com quem compartilhá-la, pudesse abraçar esse tipo de existência doméstica, rural, tipicamente americana. Mas ainda não era a hora.

Acabei me decidindo por uma casa mais razoável de quase meio hectare na periferia de Old Town Alexandria, a poucos quilômetros da minha antiga vizinhança, e comecei a construir no porão o que viria a ser o estúdio onde o Foo Fighters trabalharia por anos. Havíamos sido recentemente liberados do contrato com a Capitol Records devido a uma "cláusula de pessoa-chave", segundo a qual se Gary Gersh, presidente da gravadora (um velho amigo que, anos antes, levara o Nirvana para a Geffen), saísse, nós também teríamos a mesma opção, condição incluída e aceita devido ao nosso longo histórico juntos. A partida dele foi um golpe de sorte sem precedentes, e optamos por segui-lo, o que nos tornava 100% independentes, algo que muitas bandas jamais têm o privilégio de vivenciar depois que ficam presas a um contrato de vários álbuns.

O melhor disso tudo era que já não éramos mais *obrigados* a ser uma banda. Não era mais algo que tínhamos que fazer, mas algo que queríamos fazer, provando que aquilo era para valer. Desde o primeiro álbum, havíamos passado por alguns anos complicados de turnês intermináveis, tentando pegar o jeito da coisa, segurando a barra mesmo nos inevitáveis momentos de desânimo e perdendo alguns integrantes pelo caminho, mas continuamos firmes com base no nosso genuíno amor por tocar juntos. A única vez em que considerei seriamente jogar a toalha foi quando Nate saiu da banda por 24 horas na primavera de 1998. Eu estava na Virgínia, visitando a minha mãe, quando ele telefonou para dizer que havia perdido o entusiasmo e se sentia mais confortável na sua antiga banda, o Sunny Day Real Estate, a qual planejava voltar. Aquela me pegou em cheio. William nunca esteve no mesmo patamar de intensidade e energia da banda, Pat saiu quando perdeu a paciência conosco, Franz era um amigo querido de anos, mas não fora o cara certo para a banda. Mas Nate? O cara com quem eu havia me metido naquela empreitada? Foi a gota d'água.

— Ok, eu já tô de saco cheio de ter que ensinar essas porras dessas músicas para as pessoas, então, quando eu encontrar um cara, VOCÊ ensina — respondi, com raiva.

Nós nos despedimos, mas no fundo eu sabia que, sem o Nate, o Foo Fighters já era. Não conseguiria lidar com mais uma baixa, e a coisa começava a parecer perigosamente próxima do projeto solo que eu nunca tive a intenção de que fosse.

Naquela noite, saí para beber com Jimmy, meu melhor amigo, no meu muquifo de churrasco favorito, o Ribsters, e fiz questão de encher a cara, chorando as pitangas em cima dos meus uísques com Coca, abalado por outro golpe contra a grande paixão da minha vida. De volta para casa, apaguei no meu antigo quarto de infância com a cabeça girando e fui acordado na manhã seguinte pela voz da minha mãe sussurrando gentilmente do lado de fora, junto à porta:

— David? Nate quer falar com você...

Confuso, agarrei o enorme telefone sem fio, puxei a longa antena e resmunguei:

— Alô...?

Nate desandou a pedir desculpas, explicou que havia tido um momentâneo lapso de lucidez e que não, não queria largar a banda. Dizer que senti alívio não chega nem perto de descrever a sensação; foi quase como um renascimento. Choramos, dissemos "Te amo, cara" um para o outro, desligamos o telefone, e me arrastei de volta para a cama, ao que percebi que havia mijado nela durante a noite.

Enquanto a minha nova casa ficava pronta, Taylor e eu planejamos uma viagem de costa a costa, de Los Angeles a Virgínia, só dois caras num Chevy Tahoe preto a toda, ouvindo rock clássico em volume ensurdecedor estrada afora, cruzando o país. Taylor e eu havíamos nos tornado praticamente inseparáveis desde que ele tinha entrado para a banda no ano anterior, virando meu mal-intencionado parceiro de farra logo de cara. Muito antes de ele se tornar um Foo Fighter, na época em que era baterista da Alanis Morissette, vivíamos nos esbarrando nos bastidores de festivais mundo afora, e nossa química era tão óbvia que a própria Alanis uma vez lhe perguntou:

— O que você vai fazer quando o Dave te chamar para ser baterista dele?

Parte Beavis e Butt-Head, parte Debi e Loide, para onde quer que fôssemos, só se enxergava um confuso misto hiperativo de cigarros Parliament Lights e baterias imaginárias. Não havia ninguém melhor para compartilhar esse safári psicótico do que Taylor. Planejamos algumas paradas no caminho, visitando a avó de Taylor e o clube de *striptease* do Pantera (esta era a prioridade número um), mas basicamente seriam mais de quatro mil quilômetros direto até a minha cidade (quando chegamos, Taylor caprichou na imitação de Bruce Springsteen, cantarolando "My Hometown", hino clássico do Boss; melhor que isso, só quando inventou de tocar o tema da série *Cheers* no piano no meio de um Costco lotado). Promovi um último bota-fora na minha casinha no cânion, organizei meus escassos pertences num lote de caixas de mudança, joguei tudo no caminhão e, mais uma vez, disse adeus aos excessos e ao desespero da cidade mais glamourosa do país. Ao iniciar minha jornada com Taylor, me sentia mais do que feliz de ver Los Angeles desaparecer no retrovisor e deixar outro capítulo para trás, este até hoje de lembranças um pouco mais difusas do que o resto.

No início daquele ano, havíamos conhecido o poderoso Pantera (os indiscutíveis reis do metal) num concerto do Ozzfest no Reino Unido. Havíamos sido chamados para substituir o Korn de última hora, algo assustador pra caralho. Não me entendam mal, eu era metaleiro inveterado, de carteirinha, desde sempre. De corpo e alma, do tipo que usava *patches* de bandas nas costas, colecionava cassetes, assinava fanzines e se jogava do palco para surfar na plateia. Mas o Ozzfest? O Foo Fighters? Éramos o equivalente rock and roll de a *A Vingança dos Nerds* em comparação com o metal brutal de todos as outras bandas. Alguns de nós até tínhamos cabelo CURTO na época. Não fazia nenhum sentido para mim. Talvez a combinação mais bizarra de todos os tempos. Um desastre iminente...

Para piorar a situação, estávamos marcados para entrar *depois* do Pantera. A banda de metal mais pesada, certeira, do caralho e fodona de todos os tempos. Os reis da carnificina Cro-Magnon. A porra dos CAUBÓIS DO INFERNO.

— Depois que eles tocarem o último acorde, não vai sobrar nada, pode acreditar — falei para o meu empresário.

Palco, acabado. Caixas de som e mentes detonadas. Não vai sobrar nada além de um campo enlameado com tímpanos destroçados e cérebros derretidos. Mas recusar ideia de jerico nunca foi a nossa onda. Topamos e estabelecemos Milton Keynes como meta.

O National Bowl em Milton Keynes está habituado a espetáculos de rock and roll. De Michael Jackson a Metallica, do Queen ao Green Day, do Status Quo ao Prodigy, o local recebe bandas de grande porte há décadas com seu contorno natural (aparentemente um antigo poço de argila para fabricação de tijolos). Capaz de abrigar 65 mil pessoas e a apenas oitenta quilômetros a noroeste de Londres, era o lugar ideal para um glorioso e ensolarado Sábado do Apocalipse. E o line-up era absurdamente forte. Sabbath, Slayer, Soulfly e... hã... a gente. O dia prometia um majestoso confronto metálico de proporções gigantescas.

Chegando ao backstage, coloquei a cabeça para fora da janela do ônibus no intuito de talvez avistar algum dos meus ídolos. Tom Araya! Scott Ian! Tony Iommi! Max Cavalera! Lá estavam todos, de bobeira igual a nós, meros mortais. E à luz do dia, ainda por cima.

Sempre imaginei (torci para) que aquelas figuras sombrias aparecessem somente à noite, depois de passar o dia penduradas de cabeça para baixo feito morcegos nos seus mausoléus, criaturas notívagas escondidas do sol, à espera de nos aterrorizar com seus hinos amaldiçoados sob a lua cheia. Para meu desalento, creio ter visto alguns deles de shorts tomando refrigerante. Mas foda-se. Longa vida ao metal.

Me escondi no nosso camarim por medo de ser devorado vivo. Sem contar que não tinha coragem de caminhar até o palco e contemplar o destino certo que nos aguardava perante aquela massa humana pulsante coberta de couro e tachas. Inquieto, tentava conceber um setlist um pouco mais para Motörhead e menos para 10cc, vasculhando nosso repertório atrás de qualquer coisa sem a palavra "amor" ou um solo de *slide guitar à la* George Harrison. Mais do que causar uma boa impressão na plateia, queria causar uma boa impressão nos meus ídolos do rock pesado, na esperança de que eles reconhecessem que eu também era um metaleiro.

Conseguindo enfim reunir coragem para me aventurar fora do forno da cabine pré-fabricada, fui até a lateral do palco e testemunhei o que só posso descrever como a mais incrível, brutal e vulgar exibição de força do universo conhecido, o Pantera. Como já imaginava, eles estavam *destruindo* o palco. Vinnie Paul, o mestre, a lenda, descia o sarrafo com violência na sua trovejante montanha de tambores. Phil Anselmo urrava feito um condenado, como se possuído por todos os espíritos malignos de filmes sobre exorcismo juntos. Rex Brown mantinha-se à espreita, segurando seu baixo como se fosse um enorme lança-chamas voltado para a plateia. E Dimebag Darrell... um presente dos deuses à guitarra, roubava o show com tal facilidade, tal bossa, tal pose, fazia queixos irem até o chão sobre a poeira do verão. Um Valhalla de barulho. Em dado momento, olhei para trás da bateria, e lá estava um fã sem camisa enlouquecido quebrando garrafas e dando *mosh* sozinho, urrando cada verso das letras como se sua vida dependesse daquilo. AQUELE era um verdadeiro fã do Pantera. Não que os outros 64.999 presentes ali não fossem, longe disso, mas o sujeito estava delirando a literalmente não mais que uns poucos metros da bateria. Ele então se agachou para ajeitar o suporte de um prato que havia saído do lugar de tanto que Vinnie Paul o golpeara impiedosamente. *Que estranho*, pensei. No fim das contas, aquele fã sem camisa enlouquecido que não parava de pogar era Kat, o *roadie* de Vinnie. Olha, vou falar para vocês, nunca, jamais havia visto algo tão foda em todos os meus anos de estrada. Aquilo não era uma equipe de palco. Era uma gangue de foras da lei. Não era uma banda. Era uma força esmagadora da natureza.

Por um momento, cheguei a esquecer que também iríamos tocar. Estava entregue à música a ponto de não lembrar que, após aquela performance histórica, entraria eu com a minha versão de rock alternativo pós-grunge (podem enfiar o dedo na garganta). Há quem medite, há quem vá à igreja, há quem lamba sapinhos no deserto para alcançar tal sensação. Tudo de que eu precisava naquele momento era do Pantera. Infelizmente, bastou a apresentação terminar e a multidão urrar ferozmente para que a sensação de euforia desaparecesse. Estávamos fritos.

Não me lembro muito da nossa apresentação (memórias traumáticas podem, às vezes, ser reprimidas e jogadas nas profundezas mais sombrias da psique, acessíveis apenas depois de anos de terapia intensa), mas me recordo de que alguns caras das outras bandas estavam assistindo. Isso, pelo menos, fez com que eu me sentisse um pouco menos como um peixe fora d'água. Ver aqueles ídolos do heavy metal cantarem todos os versos das nossas músicas fez eu me sentir validado. Graças aos céus, fizemos o show completo sem que nenhuma garrafa de mijo fosse jogada na nossa cara, o que considero um sucesso sem limites. Aquela turba furiosa e trovejante podia não trovejar tanto quanto antes, mas conseguimos voltar à saletinha com os membros intactos. Ufa.

Depois tivemos a honra de conhecer e passar tempo com o Pantera, e os que já tiveram essa oportunidade sabem que não é para os fracos. Para início de conversa, nunca houve uma banda tão calorosa, hospitaleira e pé no chão quanto o Pantera. Não fazia a menor diferença quem você era, o que fazia, de onde vinha. Eles o acolhiam, colocavam uma cerveja na sua mão e um *shot* na sua boca e o faziam rir mais do que você jamais rira. A gente estava que nem pinto no lixo, e, ao nos despedirmos, bêbados, Vinnie Paul me entregou um cartão de visitas.

— Cara, da próxima vez que você for a Dallas, tem que dar uma passada no Clubhouse.

Olhei o cartão e, para meu espanto (mas não surpresa), eles tinham O PRÓPRIO CLUBE DE *STRIPTEASE*. Certos astros do rock compram carros caros. Alguns têm castelos. Outros chegam a ter animais exóticos. Mas uma porra de um clube de *striptease*? Xeque-mate. É como se eu tivesse uma Starbucks. Olha o perigo.

Meses depois, quando Taylor e eu nos voltamos para o velho e amassado mapa rodoviário para planejarmos a viagem de volta a Virgínia, percebemos que era a nossa grande chance de testemunhar em primeira mão o mundo selvagem do Pantera, assim estruturamos toda a rota em torno da visita ao Clubhouse. Tinha chegado a hora. No primeiro dia de estrada, paramos num posto de gasolina em Barstow para mijarmos e encher o tanque. Janelas abertas, caixas de som distorcidas de tanto despejarem rock clássico a 140 por hora, apenas dois melhores amigos/bateristas pegando a estrada em disparada sem uma única preocupação na cabeça. Éramos só óculos escuros e cabelos, cigarros dependurados em sorrisos abertos, arriscando a vida ao tocarmos bateria imaginária enquanto ultrapassávamos caminhões gigantes, como se fôssemos um barco a vela conduzido pelo vento do deserto. Telefonei e deixei recados entusiasmados para os nossos amigos texanos do meu celular tamanho Flavor Flav.

— Podem ir se preparando, porque a gente está a caminho.

Ao me aproximar da recepção de um motel de beira de estrada em Phoenix, dei um tapinha no bolso traseiro da calça como sempre fazia antes de tirar de lá a minha carteira verde favorita de velcro e vinil (Fort Knox, como costumávamos brincar). Mas dessa vez não ouvi aquele ruído surdo característico. Meu bolso estava vazio. Estava sem a carteira. Pensei que poderia ter ficado na caminhonete. Procurei nos recipientes para copos. No console central. Embaixo dos assentos. No porta-luvas. Nada. Nem sinal dela. Sumira. O único lugar em que havíamos parado naquele dia era o posto de gasolina em Barstow... PUTA QUE PARIU. Onde mais poderia estar? E o lugar ficava a seiscentos quilômetros dali na direção oposta! Tudo meu estava naquela carteira velha. Cartões de crédito, carteira de motorista, o dinheiro para os cigarros, a palheta de Dimebag Darrell... Eu estava totalmente ferrado.

Por sorte, Taylor salvou a pátria bancando o nosso quarto enquanto eu ligava para o meu contador em Seattle e planejava o envio de segunda via dos cartões para o próximo motel em que parássemos. Enfim, o jeito era seguir com a vida. Pois nada, e repito, absolutamente NADA, nos impediria de chegar ao Clubhouse...

Qualquer conhecedor de geografia dos Estados Unidos sabe que, para quem vai de Los Angeles até a Virgínia, Dallas não é exatamente "caminho". Não. É uma volta de mais de trezentos quilômetros se a ideia for pegar a I-40. Mas o que o coração quer, o coração pede. E o que são uns trezentinhos quilômetros a mais para quem terá tantas histórias para contar quando reencontrar os velhos amigos da vizinhança em Springfield? Histórias que fariam arrepiar os cabelos de David Lee Roth... causos de malandragem que fariam Keith Richards tapar os ouvidos em horror... porra, talvez até o Lemmy abrisse um sorriso...

Depois de jantarmos com alguns parentes de Taylor numa autêntica *steakhouse* texana de beira de estrada, estávamos autorizados a decolar. Saltamos dentro do Tahoe e cobrimos a curta distância que nos separava do Clubhouse, na periferia da cidade. Ou talvez tenhamos flutuado até lá numa onda multicor de purpurina sabor algodão-doce, sei lá, pode ser o meu revisionismo nostálgico surgindo (ele faz isso às vezes). Não importa, estava acontecendo mesmo. Meses e meses contando os minutos até entrarmos no palácio de luz negra e neon do Pantera, rodeados pelo aroma de Coors Light e sabonete corporal de pêssego, o DJ tocando Scorpions das antigas, e encontrarmos uma cabine cheia de Panteras, esperando para nos recepcionar com um grande *high-five* ao estilo do Pearl Jam. Já havia traçado todo o roteiro na minha cabeça. Era a cena da cozinha de *Os Bons Companheiros*, versão viagem de ácido. E estava prestes a acontecer.

— Identidade, por favor.

Com seu carimbo fosforescente a postos, o porteiro esperava que eu desse o costumeiro tapinha no bolso de trás que todo mundo dá antes de retirar as próprias Fort Knox testadas e aprovadas. Olhei para Taylor com olhos arregalados de susto. Ele tinha a mesma expressão de pânico. O sangue sumiu do meu rosto, lágrimas se formaram nos meus olhos, e comecei a tremer de medo. Murmurei as únicas palavras que consegui formar:

— B-B-B-B-B-B-Barstow... Perdi a carteira em Barstow, senhor.

Silêncio. E então as palavras que eu mais temia, mais do que o Anjo da Morte em pessoa, cuspidas diretamente do sorriso irônico do porteiro:

— Foi mal, cara, sem identidade não entra.

Taylor se interpôs e implorou:

— Mas, mas, mas... a gente é amigo dos caras do Pantera!

O homem nos encarou com seus olhos frios e insensíveis e rosnou:

— *Todo mundo* é amigo dos caras do Pantera. Sinto muito.

E... foi isso. Três dias, 2.200 quilômetros e um sonho, pisoteados feito uma guimba de Parliament Light no estacionamento de um complexo industrial nas cercanias de Dallas. Sem exagero: aquilo acabou com a porra da minha alma. Mais alguns telefonemas não atendidos do celular tamanho Flavor Flav, mais alguns cigarros no estacionamento, e a passos lentos voltamos para o Tahoe, cabisbaixos, corações partidos, totalmente abatidos. Nada de curtição com os nossos melhores amigos do Pantera. Sabia que Taylor jamais me deixaria esquecer aquilo.

POR OUTRO LADO, EU ESTAVA VOLTANDO PARA CASA.

Dez anos depois, em Oxnard, na Califórnia, estava eu numa loja de equipamentos de surfe comprando óculos de sol com minha filha Violet, ainda bebê, e, ao nos aproximarmos do caixa, a moça simpática atrás do balcão me cumprimentou com um oi e começou a registrar as compras. Ela me encarou, ficou em silêncio por um segundo, estreitou os olhos e perguntou:

— Você é o Dave Grohl?

Respondi que sim com um sorriso. Ainda com olhos estreitados, ela perguntou:

— Você perdeu a carteira em Barstow em 1998?

Tá. De. Sacanagem.

— SIM!!!! — respondi, espantado.

Ela riu e disse:

— Aquele posto de gasolina era dos meus pais. Cara, eles estão com a sua carteira até hoje.

Faz tempo que deixei de tentar entender coisas como acaso e destino, mas golpes de sorte vindos do nada parecem ser a minha especialidade. Não dava para acreditar, mas minha carteira foi devolvida para mim pouco depois daquele dia totalmente intacta e, tal como uma cápsula do tempo enterrada por anos, continuava recheada com doces lembranças daquele período glorioso da minha vida, quando eu era jovem, livre e pronto para começar de novo.

E, sim, até a minha antiga carteira de motorista estava lá.

Quando chegamos à Virgínia uma semana depois, nossos ouvidos zumbindo após dias ouvindo rock clássico, nosso corpo necessitando muito de um banho decente, entrei na minha nova casa e logo me senti à vontade. Estava a alguns quarteirões do velho apartamento do meu pai, para onde caminhava todas as terças e quintas depois do colégio, e a uma curta distância de carro da minha mãe. Havia voltado ao lugar que havia me tornado quem eu era e, ao contrário de Seattle e Los Angeles, sentia que pertencia àquele lugar. Não mais um andarilho capotando no sofá de um desconhecido ou um visitante temporário, mas de volta ao que sempre seria meu lar. Era quase como se nunca tivesse ido embora, mais ainda porque agora compartilharia a casa com meu amigo mais antigo, Jimmy Swanson.

Jimmy e eu éramos inseparáveis desde a sexta série. Como gêmeos siameses, caminhamos pela vida lado a lado, nossas experiências formativas espelhadas por meio de trajetórias paralelas. Como irmãos, descobrimos tudo juntos e não passamos um dia sequer sem nos vermos. Jimmy era um ano mais velho, alto, de aparência escandinava, olhos azuis escondidos atrás do cabelo castanho-claro perfeitamente desfiado, no qual ele sempre dava um jeito com a escova de plástico que vivia guardada no bolso de trás. Um roqueiro de carteirinha. Rebelde desde sempre. A própria imagem do metaleiro gente fina, sem nenhum traço de ironia. Cara sincero da porra. Aonde ele ia eu ia atrás, porque, no fundo, queria ser como ele. Não levávamos jeito algum para oradores da turma no baile de formatura e, por isso, criamos nosso próprio mundinho de rejeitados, aninhados em frente ao som portátil do quarto dele, descobrindo o metal, o punk rock e a maconha juntos, tornando-nos tão próximos que quase não precisávamos de palavras para nos entender, confiando no nosso próprio sistema de comunicação. Isso tinha importância vital, já que Jimmy sofria de forte gagueira, algo que o afetara socialmente ao longo da vida e o fazia ter um grupo bem restrito de amigos. Sempre muito gentil, sempre muito educado, um cavalheiro de jeans puído, e o meu lar, tanto quanto foi a casa onde cresci. E, como nós havíamos compartilhado tudo até então, fazia sentido que também compartilhasse com ele aquela nova casa. Ainda que nunca tivéssemos perdido contato (Jimmy tinha viajado ao longo dos anos tanto com o Nirvana quanto com o Foo Fighters), fazia bastante tempo desde a última vez em que havíamos sido capazes de dizer "Opa, chego aí em cinco minutos..." e passar o dia juntos em nosso mundinho. Voltar à sua companhia me dava a sensação de um retorno a mim mesmo, uma reunião mais do que necessária.

Tendo absolutamente zero experiência na construção de um estúdio de gravação, comecei a pesquisar equipamento, design e material e recorri a alguns amigos engenheiros e produtores brilhantes, pedindo conselhos para transformar o meu porão xexelento no novo Abbey Road. Um deles foi Adam Kasper, um puta produtor e amigo de Seattle com quem eu já tinha trabalhado antes, notoriamente na última sessão de estúdio do Nirvana, em janeiro de 1994. Além do senso de humor ferino, Adam gravava de forma muito tranquila, em estilo analógico. Parecia a pessoa perfeita não apenas para ajudar a montar um estúdio simples de porão, mas também para ser o produtor do nosso álbum seguinte. A gravação de *The Colour and the Shape*, produzido por Gil Norton, responsável por todos os clássicos dos Pixies, havia sido um processo longo, árduo, hipertécnico e muito difícil para a banda naqueles meses complicados nas matas das cercanias de Seattle. Gil era conhecido por ser um supervisor. Sua meticulosa atenção a detalhes valeu a pena no fim das contas, mas não sem antes castigar nossas almas fazendo de trinta a quarenta takes de cada canção. Juramos que nunca mais nos submeteríamos a um processo doloroso como aquele, e a ideia de me mudar de volta para a Virgínia e montar um estudiozinho simples com Adam Kasper numa casa soava bem mais atraente. Uma mesa de 24 canais, um console antigo de mixagem, alguns microfones e compressores eram tudo de que a gente precisava, e começamos a busca pelo equipamento enquanto convertíamos meu porão numa câmara de rock à prova de som.

Minha mãe vivia aparecendo para visitar e inspecionar o avanço da obra, e eu a levava de aposento em aposento, fazendo o possível para explicar a ciência por trás do projeto acústico específico necessário para construir um estúdio (algo de que eu não entendia nada, mas, como picareta tarimbado que sou, fiz ela comprar o discurso direitinho). No fundo, depois de anos de afastamento físico, acho que a minha mãe estava feliz de poder dar um pulo na minha casa e me ver sempre que quisesse.

Numa de suas inspeções semanais, escutamos o som de um gatinho vindo do meio das pilhas de entulho espalhadas pelo ambiente, pequenos miados agoniados em busca de ajuda. Assustados, iniciamos uma busca frenética por cada canto do estúdio para achá-lo, mas ele parecia ficar se movendo.

— Tá por aqui! — falei, e a minha mãe corria na minha direção. Silêncio.

— Não, tá aqui! — respondia a minha mãe, e eu corria para onde ela estava.

Silêncio de novo. Os minutos se passavam, nós andávamos de um lado para outro, perplexos com a habilidade do bichinho em projetar sua pequena voz em todas as direções. Ficamos absolutamente estáticos, fazendo o possível para não assustá-lo. Sussurrei baixinho para minha mãe:

— Talvez ele esteja dentro de uma parede.

Fiquei de joelhos e comecei a engatinhar devagar pelo chão sujo, encostando o ouvido no *drywall* recém-pintado na esperança de localizar o animal indefeso. Minha mãe caminhou devagar para o meu lado e ouvi um miado débil.

— Shhhh!!! — disse. Ela deu um passo a mais. *Miau. Está mais perto agora*, pensei. Diretamente ao meu lado, minha mãe se agachou para ouvir e... *Miau.* Olhei para as sandálias dela e falei:

— Hã, mãe... transfere o seu peso para o pé direito um segundinho só?

Miau.

O gatinho que havíamos passado 45 minutos perseguindo pelo estúdio todo era a sandália do pé direito da minha mãe, que "miava" a cada passo. Ambos caímos no chão gargalhando, mal conseguindo respirar, gratos por não haver mais ninguém ali que pudesse testemunhar aquele momento de ridículo absoluto, do qual rimos até hoje.

Terminada a obra do estúdio, chegou a primavera, a minha estação favorita na Virgínia. Após meses de frio, folhas secas e árvores nuas, o sol havia dado as caras, e a natureza voltara a desabrochar por completo, um renascimento que, de alguma maneira, coincidia poeticamente com a nossa recém-conquistada independência enquanto banda, e abrimos todas as janelas para dar as boas-vindas àquele novo capítulo. O que um dia eu imaginara como um espaço de gravação de última geração acabou se mostrando um arranjo bem simples, despojado, onde espuma de embalagem, travesseiros e sacos de dormir pregados de qualquer jeito pelas paredes faziam as vezes de isolamento acústico. Aquela era a própria definição de "faça você mesmo", um etos que tinha aprendido e sempre tentado seguir desde a minha época de punk rock em Washington, quando tudo era feito por nós mesmos, da marcação dos shows e montagem dos nossos próprios selos ao lançamento em vinil de nossas gravações simples. Eu tinha descoberto que a recompensa é bem maior quando fazemos tudo sozinho. E ali estávamos, anos depois, aprendendo passo a passo, da forma menos sofisticada e muito mais ingênua, e o mais importante: evitando quaisquer expectativas da indústria, deixados por nossa própria conta para assim descobrirmos que banda de fato queríamos ser.

Nossa rotina era simples. Como a banda havia se mudado para a casa comigo e com Jimmy, meu dia sempre começava com um pouco de faxina, esvaziando cinzeiros transbordantes, descartando latas quase vazias de Coors Light morna e passando o esfregão no piso de madeira feito uma horrenda e exausta arrumadeira de moletom sujo. Um por um, cada membro surgia diante da cafeteira para fitá-la feito cracudos à espera dos seus cachimbos enquanto o café ia ficando pronto. Taylor reclamava dos "patos" do lado de fora da janela (eram corvos), e todos acordávamos devagar, planejando o dia na mesa da cozinha. Às vezes dava tempo de jogar um pouco de basquete na entrada da casa antes do almoço, depois do qual descíamos para o porão para analisar as gravações que fizéramos na véspera. Trabalhávamos o dia inteiro, terminávamos com cervejas e churrasco ao ar livre enquanto os vagalumes voavam ao redor da churrasqueira e capotávamos na sala vendo TV com Jimmy, enquanto ele, sentado na sua cadeira favorita, emendava baforadas no seu bong. Era nossa rotina, dia após dia, e foi exatamente esse jeito descontraído que transformou aquelas gravações no álbum que soa mais natural em todo o nosso catálogo. Somado às restrições impostas pela capacidade técnica limitada do estúdio, o produto final foi uma gravação simples, crua e honesta. Sem falar na obsessão que eu vivia então pela música da série de discos AM Gold (sucessos de soft rock dos anos 1970), revisitando aquela época mágica, talvez por me fazer lembrar da minha infância, quando ouvia rádio no banco do carro cruzando as mesmas ruas para as quais havia agora retornado. Andrew Gold, Gerry Rafferty, Peter Frampton, Helen Reddy, Phoebe Snow — melodias fortes e melancólicas que se manifestavam nas nossas músicas. O rock que era popular naqueles anos havia se voltado para um novo gênero, o nu metal, do qual eu gostava, mas queria ser a antítese, de modo que fui intencionalmente para a direção oposta. A ausência de melodia na maioria das canções nu metal era flagrante, e meu amor por melodia (inspirado desde pequeno pelos Beatles) me levou a compor a partir de uma perspectiva bem mais delicada. Foi assim, e com a ajuda da fantástica sensação de renascimento gerada pela primavera na Virgínia, que surgiram canções como "Ain't It the Life", "Learn to Fly", "Aurora" e "Generator", todas excelentes exemplos de um homem enfim à vontade em seu ambiente, não mais à deriva, num lugar que era seu. Terminadas as sessões em junho, havíamos feito o que até hoje considero nosso melhor álbum, cujo título, bem a propósito, é *There Is Nothing Left to Lose*.

E o nosso novo estúdio, que tão bem nos serviria por anos a fio, agora tinha um nome: Studio 606.

Um ano e meio depois, ao subir ao palco do Grammy para receber o prêmio de Melhor Álbum de Rock, contemplei a plateia de músicos e pessoas da indústria, cobertos de diamantes e vestidos da moda, e senti um imenso orgulho por termos criado aquilo sozinhos, longe do brilho e das luzes ofuscantes de Hollywood, o que tornava ainda mais saboroso o nosso primeiro Grammy. Se já houve um dia na vida em que tive a sensação de realmente merecer um troféu, foi aquele. Direto do nosso estudiozinho decrépito à sombra das árvores que eu escalava quando criança, havíamos não apenas capturado o som do renascimento e da renovação que a primavera da Virgínia havia nos oferecido, mas também achado o caminho de volta para sermos quem um dia havíamos sido. Depois de anos lutando contra adversidade atrás de adversidade, morte, divórcio, entrada e saída de membros na banda, eu havia perseverado e chegado mais forte do outro lado, ainda não estando pronto para largar tudo e ir para o mato. Ainda havia trabalho a fazer. E aquele novo troféu, que representava a renovação do nosso espírito, deixava algo evidente:

NÃO PRECISÁVAMOS MAIS FAZER AQUILO. QUERÍAMOS FAZER AQUILO PARA SEMPRE.

ERA ISSO QUE EU QUERIA

— Mãe... Vamos ter uma menina.

Ouvi a voz da minha mãe falhar e ela começar a chorar.

— Ah, David... — sussurrou. — Ah, meu Deus...

Uma longa pausa enquanto ela largava o telefone para enxugar as lágrimas de orgulho no rosto e eu no meu quintal tentando processar as palavras que haviam acabado de sair da minha boca. E, de repente, caiu a ficha. Eu ia ter uma filha. Minha mãe não cabia em si. Eu estava em choque.

Sempre soube que um dia ia ser pai, mas, na minha cabeça, isso seria bem depois da minha vida de turnês e viagens ter acabado. Como dissera meu próprio pai anos antes:

— Você sabe que isso não vai durar, não é?

Eu tinha imaginado que a música ia parar uma hora e eu começaria uma nova vida anônima e doméstica. Fora testemunha das tentativas de outros de formarem uma família na estrada (alô, Steve Perry!), mas minha criação tradicional me levava a julgar a ideia como uma corda bamba, instável demais. A imagem de um berço portátil ao lado de uma mesa cheia de cerveja e Jägermeister sempre me deu calafrios.

Foi só quando o Foo Fighters foi convidado para tocar no concerto beneficente de Neil Young para a Bridge School, em 2000, que entendi que esses dois mundos poderiam coexistir. O evento era anual, durava um fim de semana e era organizado por Neil e Pegi Young para arrecadar fundos para a Bridge School, uma organização sem fins lucrativos que Pegi criara no intuito de encontrar um lugar para seu filho Ben, que tem paralisia cerebral, e outras crianças com sérias deficiências físicas e de fala serem assistidas nas suas necessidades de comunicação e linguagem. O concerto acontecia no Shoreline Amphitheatre, pouco além do perímetro urbano de São Francisco, com line-ups incríveis incluindo Springsteen, Dylan, McCartney, Petty, Beach Boys, Pearl Jam e Metallica (para citar apenas alguns), todos fazendo apresentações acústicas com os alunos sentados atrás deles no palco. Os shows arrecadavam milhões de dólares, e o clima de amor e alegria do evento superava qualquer coisa que eu já tivesse visto. Cada pessoa na plateia estava ali pelas crianças, e fiquei convencido de que a energia reunida de tanta positividade num só lugar tinha um poder de cura próprio.

O fim de semana sempre começava com um churrasco na casa de Neil no Broken Arrow Ranch, um extenso paraíso rústico de cinquenta hectares em Redwood City comprado por ele em 1970, onde recebia todos os que iriam se apresentar para um jantar na véspera do concerto. A caminho de lá, em meio às curvas da estrada na montanha que entremeava as sequoias, imaginei um evento formal, com garçons, mesas ocupadas pela realeza do rock and roll, talheres ressoando na prataria lustrosa, guardanapos de linho no colo das pessoas, todo mundo compartilhando o mítico folclore de outrora. Nada poderia estar mais longe da realidade. Quando chegamos ao portão, vimos um sinal escrito à mão que dizia "NÃO ASSUSTE O CAVALO" pendurado numa cerca dilapidada, e, ao adentrarmos a propriedade, ainda tivemos pela frente mais dez minutos de carro por colinas sinuosas até avistarmos a pequena casa, iluminada como uma árvore de Natal à distância. Parte *Harry Potter*, parte *A Família Robinson*, parecia obra de um sobrevivencialista louco com uma queda por casas em árvores, com direito a uivador e tenda de inspiração indígena no quintal. Ninguém para estacionar o carro, sem recepcionista à vista. Era chegar e entrar.

Ao entrar timidamente na cozinha, fui recebido com um abraço caloroso de Pegi, que picava verduras e legumes na pia. Ela me ofereceu um casaco para o caso de sentir frio na área externa, mas me alertou para "ver se havia camundongos nos bolsos". David Crosby estava sentado junto à lareira. Brian Wilson zanzava perdido, à procura da esposa. A banda de Tom Petty estava no alpendre, e os filhos de Neil, junto da gente. De forma alguma aquilo era um evento formal de rock and roll. Era uma casa. Era uma família.

ERA ISSO QUE EU QUERIA, E AGORA VIA QUE PODERIA SER POSSÍVEL.

Depois de a minha mãe recuperar parte da compostura ao saber que seria avó, expliquei que, embora sempre soubesse que um dia seria pai, não imaginava sequer por um segundo ser pai de uma menina. Não que eu seja o tipo de cara que fuma charuto, assiste à Nascar e fica vendo futebol na poltrona domingo à tarde, mas o que teria para ensinar a uma filha? Como afinar um pedal de bumbo e catalogar fitas piratas do Slayer? Me sentia perdido. Foi quando, como sempre, minha mãe me ofereceu uma pitada da sua muito velha sabedoria, que, desde então, se provou uma das verdades mais indiscutíveis da minha vida: "O relacionamento entre um pai e uma filha pode ser dos mais especiais na vida de qualquer menina." Ela sabia daquilo por causa do relacionamento que tivera com o próprio pai, um militar encantador e inteligente bastante amado por todos, morto prematuramente quando a minha mãe tinha vinte e poucos anos. Nunca tive o prazer de conhecê-lo, mas, a julgar por tudo que ouvi falar, era um bom homem, e ele e minha mãe de fato tinham uma conexão especial. Eu continuava morrendo de medo, mas fiquei um pouco mais tranquilo. Talvez catalogar fitas piratas do Slayer juntos pudesse ser divertido.

Os meses passaram voando enquanto Jordyn e eu começávamos a nos preparar para a chegada da bebê, montando o quarto, comprando tudo que era necessário e, por fim, escolhendo o nome Violet (homenagem a Violet Hanlon, mãe da minha mãe). Me deram uma biblioteca completa para estudar temas que incluíam treinamento de sono (uma farsa, pois, em última análise, são os bebês que nos treinam, tornando impossível acordar depois das seis da manhã pelo resto da vida), enrolar a criança com o cobertorzinho (já sou péssimo enrolando baseados; como é que vou enrolar bem uma criança?) e trocar fraldas (nisso é possível que eu detenha o recorde de velocidade a essa altura). Estava sendo submetido a um curso rápido de paternidade, ou ao menos da parte logística.

Certo dia, já perto do final da gravidez de Jordyn, meu empresário telefonou e perguntou:

— Ei, quer compor com John Fogerty?

Como responderia qualquer apaixonado por rock and roll que tenha sido criança nos anos 1970, falei:

— Óbvio.

Fui orientado a encontrar John na casa dele nas montanhas para uma sessão de composição dali a alguns dias. Quando ele abriu a porta do seu estúdio caseiro, me vi frente a frente com a lenda, exatamente como eu havia imaginado: camisa de flanela, jeans e botas casuais. Batemos um papo, trocamos piadas e histórias tensas de nossas vidas conturbadas, e, quando enfim pegamos as guitarras, ele começou a cantar versos de improviso baseados na conversa íntima que acabáramos de ter. Sua voz característica, tão crua e comovente, bem ali diante de mim, era tão poderosa que parecia saída direto da caixa de som de um estádio. Um belo momento, que me fez perceber o motivo de ele ser considerado um tesouro americano: porque ele é mesmo um.

Depois de improvisarmos um pouco, fomos até a cozinha para comer umas tigelas de minestrone com Sun Chips (não fosse John Fogerty sentado ali comigo, poderia jurar que fora dispensado da escola e mandado para casa por estar doente), mas eu olhava atentamente para o relógio, sabendo que teria que ir embora às quatro e meia da tarde. Depois do almoço, ele perguntou:

— Então... vamos tocar mais um pouco?

Respondi que infelizmente não poderia ficar, pois tinha um compromisso com minha esposa grávida.

— Aonde vocês vão? — perguntou ele.

— Aula de amamentação — respondi com certo constrangimento.

Ele sorriu e perguntou:

— Posso ir junto?

Todas as noites eu falava com Violet no útero (não importa como isso possa soar para algumas pessoas), porque mal podia esperar pelo dia em que a teria nos meus braços, sem ter mais que conversar com o pijama da minha esposa que nem um maluco. Quando o dia finalmente chegou, eu estava arrumando ansioso o porta-malas do carro para irmos ao hospital quando reparei num enorme arco-íris acima de nossas cabeças, algo que ocorre talvez de mil em mil anos em Los

Angeles. Na mesma hora me acalmei. Sim, soa enjoativamente romântico, mas encarei aquilo como um sinal.

Após um parto longo e difícil, Violet nasceu ao som dos Beatles, e a capacidade vocal inata anunciada pelos seus berros fazia o Foo Fighters parecer o The Carpenters. Feita a higiene pós-parto, ela foi colocada na caminha sob a luz da luminária aquecedora com logotipo da rede de fast-food Arby's. Aproximei meu rosto do dela, fitei seus olhos azuis gigantes e disse:

— Oi, Violet. É o papai.

Ela parou de chorar no mesmo instante, e seus olhos se fixaram nos meus. Tinha reconhecido a minha voz. Encaramos um ao outro em silêncio, sendo apresentados, e sorri e conversei com ela como se já a conhecesse desde sempre. Fico feliz em dizer que, ainda hoje, quando os nossos olhos se encontram, tenho a mesma sensação.

Era um tipo de amor que jamais tinha vivenciado. Ser um músico famoso traz uma insegurança inevitável que faz você questionar o amor. Será que essa pessoa me ama? Ou será que ama "tudo isso"? Estamos sempre recebendo amor e adoração superficiais, e o efeito é semelhante ao de um pico de açúcar no sangue, mas que passa, e a onda vai embora. Seria possível a alguém enxergar um músico sem considerar que o seu instrumento faça parte da sua identidade? Ou seria ele parte da identidade que o outro ama? Seja como for, questionar amor é uma trilha complicada e perigosa, mas de uma coisa você pode ter certeza: não há nada mais puro que o amor incondicional entre um pai ou mãe e seus filhos.

Após o parto, fomos devidamente conduzidos ao quarto para passar a noite. Minha esposa estava faminta, e fui até a cafeteria para achar algo para ela comer. Procurei algo que ela fosse ser capaz de suportar, mas acabei voltando para o quarto de mãos vazias com a intenção de talvez pedir algo da Jerry's Deli do outro lado da rua. Cruzei o corredor até o posto de enfermagem. A plantonista era uma mulher enorme com físico de Hulk Hogan.

— O QUE VOCÊ QUER? — rugiu ela para mim com um forte sotaque do Leste Europeu.

— É... só queria saber se a Jerry's Deli vem aqui.

Ela me encarou com olhos implacáveis e grunhiu:

— NÃO ESTOU AUTORIZADA A DAR QUALQUER INFORMAÇÃO SOBRE QUEM VAI DAR À LUZ AQUI.

Sorri, percebendo que ela tinha entendido errado, e disse:

— Hahaha... não... a JERRY'S DELI vem aqui?

A enfermeira, com jeito de quem iria saltar por cima do computador e me estrangular com suas mãos gigantes de lutadora profissional, ergueu a voz e repetiu:

— EU JÁ FALEI! NÃO ESTOU AUTORIZADA A DAR QUALQUER INFORMAÇÃO SOBRE QUEM VAI DAR À LUZ AQUI!!!

Saí de lá assustado, atravessei a rua e pedi um sanduíche para Jordyn. Ao meu lado no balcão, Jennifer Lopez.

Apenas mais uma noite em Los Angeles.

Minha mãe estava certa. Ser pai de uma menina realmente foi o relacionamento mais especial da minha vida. Não demoraria para estar versado nas artes da pedicure sem manchas, do rabo de cavalo perfeito e da identificação de toda e qualquer princesa da Disney só pela cor do vestido. *Moleza*, pensei.

AÍ VEIO A PARTE DIFÍCIL: EQUILIBRAR A NOVA VIDA COM A ANTIGA.

Eu me lembro da primeira vez que tive que me despedir da Violet para sair em turnê. Chegando perto do seu berço enquanto ela dormia, comecei a chorar. Como eu poderia me afastar daquele pequeno milagre? Tive que me forçar a deixá-la, e ali teve início toda uma vida deixando metade do coração em casa. Àquela altura, todos os integrantes da banda estavam procriando feito coelhos, e os itinerários das nossas turnês passavam a ser ditados por gente que ainda nem consumia comida sólida. Turnês que outrora teriam durado seis semanas eram agora reduzidas a no máximo duas. Ainda que sair em turnê com uma banda de rock seja sem dúvida o melhor trabalho dessa porra de mundo, ele ainda é exaustivo. Porém, no instante em que você põe o pé de volta em casa depois de algumas semanas fora, colocam um bebê aos berros no seu colo e você está oficialmente entregue à função de pai 24 horas por dia, sete dias por semana. Isso é, claro, em parte para liberar a sua esposa das obrigações maternas que caem todas em cima dela de manhã até de noite enquanto você estava fora bebendo cerveja pelo método turbolata com seus melhores amigos (daí aparece um ligeiro ressentimento), mas, acima de tudo, você sente a necessidade de compensar ao máximo a sua ausência. Vive assombrado pelo medo de que a sua filha vá sofrer consequências psicológicas duradouras devido ao tempo que passou longe e, por isso, quando está em casa, está EM CASA. Turnê, casa, turnê, casa, turnê, casa... após alguns anos disso, você começa a encontrar um equilíbrio e entende que os dois mundos PODEM coexistir. Por que não fazê-lo de novo, então?

Desta vez vai ser menino, pensei.

Mais do que craque no papel de "pai que sabe a letra de todas as canções de *A Pequena Sereia*", me sentia pronto para ver como me sairia com um menino. Já tinha até o nome escolhido: Harper Bonebrake Grohl, em homenagem a um tio do meu pai, Harper Bonebrake (nós o chamávamos de tio Buzz).

A árvore genealógica dos Bonebrake remete a Johann Christian Beinbrech, que foi batizado na Suíça em 9 de fevereiro de 1642 e depois emigraria para a Alemanha e teria onze filhos. Foi seu neto Daniel Beinbrech quem corajosamente veio para os Estados Unidos de navio e se estabeleceu num cafundó chamado Pigeon Hills, nas cercanias de York, na Pensilvânia, em setembro de 1762.

Proles e pronúncias numerosas se seguiram (Pinebreck, Bonbright) até surgir o fantástico "Bonebrake" por intermédio do filho de Daniel, Peter, soldado na Revolução Americana e pai de nove filhos. Em 1768, o nome estava estabelecido e perdurou até o nascimento do meu tio Buzz e de minha avó Ruth Viola Bonebrake em 1909, filhos de Harper e Emma. Meu pai, por sua vez, foi batizado James Harper Grohl, e eu, para manter a tradição, decidi também chamar o meu filho de Harper (temos ainda o orgulho de ostentar na árvore genealógica um agraciado com a Medalha de Honra do Congresso por atos heroicos na Guerra Civil, Henry G. Bonebrake, e o baterista do X, banda lendária do punk de Los Angeles, D.J. Bonebrake).

— Mãe... Vamos ter outra menina.

Só para deixar claro, nunca tive uma preferência real por gênero, mas, sim, *queria* de fato dar o nome Harper Bonebrake Grohl a uma criança. Assim, a chamamos Harper (não consegui passar o Bonebrake de jeito nenhum pela goleira), e ela nasceu apenas dois dias depois do aniversário de três anos de Violet. A sensação sufocante de amor paterno foi renovada, e eu agora tinha duas filhas para babar em cima, Violet caminhando e falando com muito mais desenvoltura do que o normal para a idade, e Harper (a minha cara) arrulhando no meu colo, sempre sorrindo. Eu tinha uma casa. Uma família. Era isso que eu queria.

Ao observar cada estágio do desenvolvimento delas, era difícil não pensar nos meus pais fazendo o mesmo. Tenho pouquíssimas lembranças daqueles anos da minha vida, a maioria das quais envolve a minha mãe, que despejava amor incondicional sobre mim, e não tanto com o meu pai. Os dois se divorciaram quando eu tinha apenas seis anos, e fui criado pela minha mãe. Agora também na condição de pai, fiquei com muita dificuldade de entender essa separação. Como ele pôde não querer passar cada minuto do dia me balançando no colo, me empurrando no balanço ou lendo histórias para mim toda noite antes de dormir? Será que realmente não quis? Ou não sabia como fazer isso? Talvez essa fosse a origem do meu medo de ser um pai ausente, o motivo de, a cada vez que eu voltava para casa, tentar compensar de forma excessiva meu tempo longe. Por mais sorte que tenha tido em ser criado por minha incrível mãe, notava como o relacionamento capenga com o meu pai e a ausência dele na minha infância tiveram consequências psicológicas duradouras, e estava desesperado para não deixar isso acontecer com minhas próprias filhas.

Começamos a viajar pelo mundo com nossas filhas, e já não tinha mais qualquer sensação de estranheza ao ver um backstage cheio de crianças (embora elas tivessem um camarim próprio para não acabarem brincando ao lado de cerveja e Jägermeister), pois não importava onde no planeta estivéssemos, se estávamos juntos, então estávamos em casa. A vida que o meu pai tinha me alertado ser impossível durar havia se transformado naquilo que eu havia testemunhado naquela noite na casa de Neil Young: música e família entrelaçadas. Era possível, afinal.

E, se era, por que não fazê-lo mais uma vez?

Desta vez nem questionei se seria ou não menina. Quando soubemos que teríamos outro bebê, eu já estava cantarolando cada verso de *Frozen* e havia assumido os papéis de concierge, guarda-costas, terapeuta, chef e personal stylist. Que diabo eu faria com um menino? Não saberia nem por onde começar. Mas o número três foi diferente. Jordyn e eu nos tornamos oficialmente minoria. A coisa ficava cada vez mais séria.

Ophelia nasceu a um corredor de distância de onde eu, um dia, tinha fugido para salvar minha própria pele daquele Hulk Hogan eslovaco de tamancos e uniforme azul-bebê; alguns dias depois de trazê-la para casa, convidamos Paul McCartney e sua esposa Nancy à nossa casa para conhecê-la. Foi uma ocasião monumental por mais de um milhão de razões, mas reparei em algo de que nunca mais me esquecerei. Violet e Harper obviamente já sabiam que Paul era músico de uma banda chamada Beatles, mas, em suas tenras idades, não faziam ideia do que aquilo significava no panteão da história da música. Para elas, era apenas o nosso amigo músico Paul. E percebi que, quando esse tipo de pressuposto mítico é deixado de lado, existe uma pureza de espírito, um amor incondicional. Eu, é óbvio, passei a hora anterior à chegada dele escondendo montanhas de tralha relacionada aos Beatles que tinha em casa (você nunca percebe quanta *memorabilia* dos Beatles tem até um Beatle aparecer para uma visita). Mas as crianças não tinham qualquer percepção bombástica de quem ele realmente era.

Quando eles se preparavam para ir embora e estávamos nos despedindo, Paul reparou no piano no canto do hall e não resistiu. Sentou-se e começou a tocar "Lady Madonna" sob o meu olhar chocado, escutando aquela voz adorada pelo mundo inteiro ecoando na minha própria casa, e agora preenchida pela minha própria família. Harper sumiu por um instante e voltou com uma xícara de café que havia enchido de trocados, colocando-a no piano para Sir Paul receber gorjetas. Todos morremos de rir, e ele a convidou para se sentar ao seu lado na banqueta para uma aula de piano, sua primeira. Ele lhe mostrou as teclas e as notas correspondentes, e começaram a tocar juntos enquanto Paul cantava: *Estamos tocando uma música... estamos tocando uma música...*

Na manhã seguinte, estávamos fazendo o café da manhã na cozinha, e ouvi de novo o piano, a mesma melodia que Paul e Harper haviam tocado na noite anterior. Fui espiar e vi Harper sentada sozinha na banqueta, as mãozinhas tocando os mesmos acordes no tempo exato. Sabia exatamente como ela se sentia: inspirada por Paul. Um dia havia sido eu no lugar dela. A diferença era que o som da voz dele saía na época da minúscula vitrola no chão do meu quarto, e não exatamente do meu lado na banqueta do piano enquanto tocávamos juntos.

O CÍRCULO ESTAVA COMPLETO.

Aquele era um lar. Aquela era uma família. Era isso que eu queria.

Poucos dias depois, meu pai morreu. Havíamos perdido o contato durante o seu último ano de vida, mas, ao saber de sua doença um mês antes de Ophelia nascer, peguei um voo para visitá-lo, consciente de que seria a última vez que nos veríamos. No mesmo hospital em Warren, Ohio, onde eu havia nascido, nós nos sentamos e conversamos, contando um ao outro sobre o que tinha acontecido nas nossas vidas. Elogiei sua longa cabeleira e barba brancas, a barba quase maior que a minha. Disse a ele que em breve me tornaria pai de novo, e ele me deu os parabéns, me desejando toda a sorte. Na hora de ir embora, beijei sua mão e falei:

— Ok, pai. A gente se vê. Te amo.

Ele sorriu e respondeu:

— Também te amo, David.

PARTE QUATRO

NAVEGANDO

CRUZANDO A PONTE PARA WASHINGTON

— Te vejo lá, cara!

Paralisado, encostado na parede de um longo corredor no primeiro andar da Casa Branca, eu não conseguia acreditar no que ouvira.

O presidente dos Estados Unidos da América, George W. Bush, tinha acabado de me chamar de "cara".

Petrificado pelo choque, acenei educadamente enquanto ele se afastava sob a escolta de agentes do Serviço Secreto e dei sequência à minha missão de encontrar a chapelaria para pegar o casaco de inverno da minha esposa gravidíssima, de forma a podermos ir para o Kennedy Center Honors, onde eu tocaria o clássico "Who Are You" num tributo estelar ao The Who, sob o olhar do presidente Bush, acomodado no assento central do balcão.

COMO FOI QUE EU VIM PARAR AQUI?

Desde 1978, o Kennedy Center Honors é considerado a cerimônia de premiação artística mais prestigiosa dos Estados Unidos, uma celebração da música, da dança, do teatro, da ópera, do cinema e da televisão por suas duradouras contribuições à cultura do país. Participar dela na circunstância que for é, por si só, uma honra, para dizer o mínimo. O evento, uma lista VIP dos rostos mais reconhecíveis de Washington, é, na verdade, um fim de semana composto de diversos encontros, do jantar no Departamento de Estado na noite anterior até a entrega dos prêmios no Salão Leste da Casa Branca na tarde da apresentação, mas as festividades sempre começam num hotel com o Almoço do Presidente. Não é tão diferente de um *brunch* com bufê no casamento do seu primo; o clima é relativamente informal, só que, em vez de compartilhar pegadores de salada com seu tio doido, você os passa para a ex-secretária de Estado Madeleine Albright. O grau de absurdo dessa experiência surreal era difícil de ignorar, e tudo que me restava era tentar manter a compostura enquanto as pessoas que tomavam as decisões mais importantes do planeta me cercavam, todas atrapalhadas com o salmão defumado escapando dos seus bagels. Na maior parte das cerimônias de premiação a que compareço, costumo me sentir um penetra, sempre prestes a ser levado para o estacionamento pela segurança. Mas nunca tive medo de engatar conversas com as pessoas mais improváveis, não importa o quanto esteja deslocado.

Por razões de segurança, exige-se que todos os artistas que vão se apresentar sejam transportados na ida e na volta do Kennedy Center num daqueles ônibus enormes que costumam ficar lotados de turistas que vão visitar as atrações mais populares de Washington. Só que, em vez de gangues da terceira idade vindas do Meio-Oeste, o ônibus fica lotado com os artistas mais famosos do país, geralmente desatando a cantar uma versão berrada a plenos pulmões de "99 Bottles of Beer on the Wall" (vão por mim, essa música ganha um novo sentido quando cantada por Steven Tyler, Herbie Hancock e os Jonas Brothers). O trajeto não é longo, mas dura o suficiente para dar tempo de conhecer aqueles rostos familiares e se enturmar, compartilhando histórias das nossas fabulosas carreiras e pegando dicas dos melhores aparelhos de surdez (valeu, Herbie).

Os ensaios para as apresentações acontecem numa das muitas salas na lateral do palco principal, que, sem dúvida, já foram locais de momentos históricos ao longo dos anos. Passei a juventude logo ali do outro lado da ponte, na Virgínia, e já conhecia bem o Kennedy Center, claro, por ter assistido a muitas performances lá e visitado o lugar diversas vezes com a escola para vivenciar seu belíssimo espaço de arquitetura moderna com vista para o rio Potomac, mas o backstage era novidade para mim. Ao percorrer os corredores atrás do palco, tentei imaginar todas as vozes que teriam preenchido aquelas salas sacrossantas desde sua inauguração em 1971, voltando a me perguntar: como foi que eu vim parar aqui? Aquele edifício estava reservado aos artistas de maior prestígio da nação, não a ex-vândalos da cena punk rock de Washington.

Por mais que seja considerado um evento não político, uma rara oportunidade para pessoas de ambos os lados esquecerem as diferenças e tomarem um drinque em nome da cultura e da arte, há uma inevitável tensão permeando o processo, como se todos os presentes fossem crianças pequenas orientadas a se comportar no pátio da escola. Eu com certeza não concordava com todas as políticas e todos os princípios pelos quais algumas daquelas pessoas passavam os dias se bicando e preferi fazer como sempre dizia a minha mãe, evitando os três assuntos que éramos aconselhados a nunca trazer para a mesa do jantar: dinheiro, política e religião. Aquele era um fim de semana no qual todos poderíamos nos reconhecer como algo além de Democratas ou Republicanos. Acima de tudo, éramos seres humanos, e nada é mais capaz de unir seres humanos do que música e arte.

Por alguma razão louca, pediram que eu fizesse um brinde ao The Who por seu prêmio no jantar ultraformal do Departamento de Estado na noite anterior ao show. Não o tipo de ladainha de voz arrastada que se faz da banqueta do bar da esquina, mas um discurso formal celebrando o contemplado com tão alta honraria por todas as suas realizações. Perante uma sala cheia de oradores, para completar. Algo nada casual. Uma redatora de discursos me foi designada e gentilmente me encontrou no backstage na hora do ensaio. Fez uma rápida entrevista comigo para extrair material para o meu discurso. Após uma breve conversa, ela me agradeceu e disse que teria o meu discurso pronto antes do jantar daquela noite. Teria preferido escrevê-lo eu mesmo, mas não quis criar caso e deixei na mão dos profissionais.

Mais tarde, no hotel, enquanto eu me enfiava na minha roupa de pinguim, o discurso chegou, e, para meu horror, fora escrito numa forma primitiva de "linguagem das ruas" para parecer que eu mesmo o escrevera (assim imagino). *Deus do céu*, pensei. *Não dá para ler esta porra!* Eu, filho de um ex-redator de discursos do Capitol Hill e jornalista proeminente, mancharia para sempre o legado do meu pai, seu histórico de inteligência, sabedoria e encanto washingtonianos. Ao mesmo tempo, me sentia obrigado a seguir o programa e oferecer aquelas palavras às pessoas num gesto altruísta de alívio cômico. PORRA, PENSEI. A MADELEINE ALBRIGHT VAI ACHAR QUE SOU UM IMBECIL.

Ao observar a fileira de cumprimentos, já temia pelo meu momento no pódio enquanto apertava a mão da então secretária de Estado Condoleezza Rice, mais um item na lista de coisas que jamais imaginei, nem nos sonhos mais delirantes. Ao percorrer com os olhos o salão cheio de acadêmicos e titãs da intelectualidade, senti a presença da minha profunda insegurança de infância quanto a ser visto como um idiota e comecei a repensar aquilo. Era interessante observar toda a pompa e circunstância à mostra no salão de baile, com certeza. E eu nunca fora de ignorar uma oportunidade de passar vergonha em nome de risadas constrangidas. Mas aquilo era como ser atirado aos leões. Uma bebida, por favor.

Ao me sentar à mesa com vários senadores e membros do gabinete, eu segurava aquele temido discurso como se fosse um rosário, contando os minutos até a minha pavorosa execução pública. Do meu assento, eu assistia a cada um dos oradores oferecer longas e eloquentes dissertações dignas de discursos de posse ou do Estado da União… ciente de que, em breve, seria o único asno no salão a usar a palavra "cara".

Bob Schieffer, um dos mais estimados jornalistas televisivos e mediadores de debates do país, oferecia seu brinde ao lendário cantor country George Jones, e eu, sem encostar na comida, fiquei embasbacado ao constatar sua capacidade de ser escandalosamente engraçado, profundamente emocional, absolutamente informativo e brilhantemente poético, tudo ao mesmo tempo e de improviso, falando em tom relaxado e confiante e se impondo perante o salão sem nenhum discurso preparado ao qual recorrer. *Ok. Que se foda.* Mas nem que a vaca tussa eu leria o discurso que haviam preparado para mim. Não depois de Bob Schieffer!

Era hora de pensar em algo. E rápido.

Faltando poucos minutos, criei um conceito: a reversão singular de papéis musicais era o que distinguia o The Who de outras bandas. A batida expressiva de Keith Moon o fazia soar mais como um vocalista; a guitarra rítmica sólida de Pete Townshend o aproximava de um baterista; John Entwistle, tocando baixo de forma anticonvencional, como um solista, mais parecia o guitarrista principal; e os vocais musculosos de Roger Daltrey uniam tudo como o maestro de uma orquestra em chamas. *Isso pode funcionar!*, pensei. De todo jeito, eu não tinha nada a perder, pois já era mil vezes melhor do que o que havia no papel amassado que a minha mão suada segurava firme. Eu construíra toda uma carreira me guiando por uma única regra simples: fingir até saber fazer. Meu nome foi chamado, me levantei, deixei o discurso amassado ao lado do meu *coq au vin* frio e intocado e me dirigi ao palco.

Devo admitir que não fui nenhum Bob Schieffer naquela noite, mas consegui me safar sem levar tomates podres na cara e sem usar "cara" uma só vez. Talvez Madeleine Albright tenha até sorrido.

Na tarde do dia seguinte, na recepção na Casa Branca, todos nos sentamos no Salão Leste, e o presidente Bush entregou aos homenageados suas vistosas medalhas. Era óbvio para mim, que só havia pisado na Casa Branca antes como turista, que aquele foi outro grande momento. Mas vou contar uma coisa: considerando-se as centenas de anos de história que moldaram nosso mundo a partir daquelas paredes... o lugar nem é tão grande assim. Espremidos como passageiros de ônibus pela manhã, nós nos sentamos quietos nas nossas cadeiras de dobrar enquanto o presidente colocava as medalhas com cores do arco-íris nos cordões no pescoço dos premiados do ano: Morgan Freeman, George Jones, Barbra Streisand, Twyla Tharp e The Who. EU SENTIA QUE ESTAVA TESTEMUNHANDO UM MOMENTO HISTÓRICO, O QUE MAIS UMA VEZ ME FEZ PERGUNTAR: COMO FOI QUE EU VIM PARAR AQUI?

Àquela altura, só o que restava a fazer antes de finalmente nos encaminharmos para o show era tirar uma foto com o presidente e a primeira-dama em frente à árvore de Natal da Casa Branca. Essa decisão foi ponderada por mais que um mero instante. Para colocar de forma delicada, minhas posições políticas pessoais não se alinhavam com as daquele governo, e, por isso, me senti dividido quanto a posar ao lado do presidente para uma foto. Ainda que a ideia fosse um fim de semana desprovido de divisões políticas, uma oportunidade para celebrarmos as artes, era difícil deixar de lado todos os meus pontos de vista, mesmo que apenas para uma foto em frente a uma árvore de Natal decorada. O questionamento aflorou novamente no meu coração. *O que estou fazendo aqui?*

Pensei no meu pai. O que ele faria? Republicano convicto que era, havia passado décadas estabelecendo relacionamentos duradouros com gente em ambos os lados do espectro e era capaz de compartilhar um generoso drinque com praticamente qualquer pessoa. Em nossos fins de semana juntos, ele, às vezes, me levava a um bar de esquina em Georgetown chamado Nathan's, onde os comensais, todos usando ternos de tecido anarruga, apareciam para beber, rir e debater — mas, acima de tudo, coexistir. Eu me sentava no bar com o meu refrigerante de gengibre, fazendo-o durar no copo enquanto escutava as vozes altas daqueles viciados em notícias de bastidores do poder concordando em discordar sobre acontecimentos recentes, poupando o debate verdadeiro para as manhãs de segunda-feira quando o Congresso entrava em sessão. Era essa a Washington em que eu fora criado, um lugar onde gente com ideias opostas era capaz de conversar de maneira civilizada, sem que a coisa virasse uma briga de bar. Um lugar que hoje em dia, lamentavelmente, desapareceu.

Jordyn e eu decidimos entrar na fila para tirar a foto. Cercados por fuzileiros navais em uniformes de gala, enfim fomos chamados a uma sala onde estavam o presidente e a primeira-dama, postados feito figuras de cartolina perante uma imponente árvore de Natal. Nos cumprimentamos com sorrisos e apertos de mão firmes. Minhas primeiras impressões? O presidente era mais alto do que eu imaginava, e a primeira-dama tinha belíssimos olhos azuis.

— De onde você é? — gritou o presidente na minha cara com o fervor de um instrutor de treinamento militar.

Atordoado, respondi, apontando para o Jardim Sul:

— É... É... de logo depois daquela ponte!

Expliquei que estava ali para cantar uma música do The Who no Kennedy Center, ele sorriu, a foto foi tirada, e nos escoltaram para fora da sala antes mesmo que desse para dizer "We won't get fooled again".

Só posso imaginar que, mais tarde, ele tenha me reconhecido naquele corredor por eu ser a única pessoa entre os presentes com cabelo comprido, mas tive que rir, pois ele me chamara todo prosa pela palavra exata que, na noite anterior, eu cortara um dobrado para não pronunciar. *Ah, se o Nathan's ainda existisse*, pensei. *Aposto que nós dois teríamos uma tarde de domingo agitada.*

Em 2010, o presidente Obama contemplaria Paul McCartney com o Prêmio Gershwin da Biblioteca do Congresso, conferido a apenas uma pessoa por ano por sua duradoura contribuição à música popular. É basicamente o equivalente americano a ser condecorado como cavaleiro, e talvez a maior honraria para um músico. Uma apresentação estava planejada para o Salão Leste da Casa Branca (pelo jeito, eu estava virando *habitué*) e, tendo feito amizade com Paul, fui convidado a tocar "Band on the Run" com ele num minúsculo palco naquela sala cheia de gente. Eu obviamente não pestanejava diante de qualquer oportunidade de tocar com Paul, não só porque ele será para sempre a razão pela qual virei músico, mas também por ser divertido para caralho fazer um som com ele.

Quando cheguei para os ensaios no Lisner Auditorium (em frente à Tower Records, onde um dia trabalhei meio expediente), fui recepcionado por suas adoráveis banda e equipe e, depois de botarmos o papo em dia, o diretor musical se aproximou para se apresentar. Eu achava estar razoavelmente preparado, mas supunha que provavelmente Paul e sua banda comandariam a apresentação e, caso eu esquecesse algum verso ou acorde, não daria nem para me ouvir direito.

— Ok, Dave, este é o seu microfone — disse ele, apontando para o pedestal bem no centro do palco.

Que estranho, pensei.

— É... e onde o Paul vai ficar? — perguntei.

Ele riu e respondeu:

— Sentado bem na sua frente com o presidente. Você é quem vai cantar a música toda!

E o pânico disfarçado de entusiasmo fingido se apossou de mim.

DE NOVO, É FINGIR ATÉ SABER FAZER.

Passamos por algumas versões, chegamos ao ponto "para grunge está ótimo" (um dito ridículo que teve longa sobrevida entre o Foo Fighters), e me recolhi ao quarto do hotel para ensaiar a canção várias vezes até me sentir à vontade tocando-a para as duas pessoas mais importantes da Terra, que estariam sentadas lado a lado a menos de dois metros à minha frente. A coisa era séria, e o elenco de forma alguma era uma ralé de palquinho secundário. Stevie Wonder, Elvis Costello, Jack White, Emmylou Harris e Faith Hill participariam do show tocando clássicos de Paul, e eu me sentia diminuído pelo nível dos talentos presentes. Era sem dúvida o mais nervoso que estivera, e por uma boa razão.

Durante a passagem de som, todos os artistas que estavam no programa zanzavam pela Casa Branca dando força uns aos outros e espantando-se com como era minúsculo o palco de pouco mais de meio metro de altura, onde a banda de Paul mal cabia. Terminado o ensaio, fiquei livre para circular pela Casa Branca, admirando os retratos históricos e folheando livros na pequena biblioteca do andar de baixo. Minha descoberta favorita? Uma antologia completa das letras de Bob Dylan. Sei lá se alguma vez saiu da prateleira e por quanto tempo, mas vê-la por lá me deu alguma esperança no futuro. Em dado momento, perguntei a um funcionário da Casa Branca, de aparência oficial, se havia algum serviço de bufê ou coisa parecida para os músicos, pois estava com uma fome do cão. Ele se ofereceu para verificar para mim, perguntando se eu tinha alguma preferência. Como sou literalmente a pessoa menos chata da Terra para comer (pode perguntar a qualquer um), respondi:

— Qualquer coisa!

Poucos minutos depois, ele estava de volta com um pacote de SunChips e um sanduíche vindos da cozinha, lá embaixo. Eu lhe agradeci profusamente. *Cara bacana!*, pensei.

Fui saber depois que se tratava do almirante da Guarda Costeira.

Na noite da apresentação, todos os músicos aguardavam a sua vez de subir ao palco numa sala adjacente como uma fileira de paraquedistas à espera do momento de saltar do avião céu afora. Um por um, eram apresentados e conduzidos por entre as pessoas amontoadas no auditório àquele minúsculo palco onde cumprimentariam Paul e o presidente e tocariam sua música. *Não posso ser o único a estar nervoso aqui*, pensei. Sem a parede de som do Foo Fighters atrás de mim, me sentia praticamente nu. Nu na frente de Paul McCartney e do presidente Obama. Minha pulsação começou a acelerar, meu estômago, a se revirar, e imaginei o pior cenário possível: um ataque de ansiedade paralisante, do tipo que exigiria não apenas cuidados médicos imediatos, mas o resto da vida para superar.

E então algo tomou conta de mim...

DECIDI NÃO DESPERDIÇAR AQUELE MOMENTO. Decidi parar de perguntar "Como vim parar aqui?". Eu estava lá. Disse a mim mesmo que não perderia mais um segundo com medo ou desejando estar em outro lugar. A longa jornada desde a infância em Springfield, Virgínia, e os primeiros passos na cena musical de Washington até estar tocando para um Beatle e um presidente tornavam aquele, em todos os aspectos, o momento mais conclusivo de um ciclo em toda a minha vida. Então, em vez de me perder na introspecção complicada, simplesmente sorri.

Uma calma tomou conta de mim, e, justo naquele instante, chamaram meu nome. Caminhei até o palco de cabeça erguida e me postei diante de Paul e do presidente com orgulho, me sentindo a pessoa mais sortuda do planeta por ter chegado até ali, àquele momento no qual passado e futuro e todos os lados se uniam tendo a música como ponte.

DIRIGINDO BÊBADO DO OUTRO LADO DO MUNDO

— *Asseyez-vous, s'il vous plait...*

Confuso, me virei para a minha namorada que falava francês e me prestava um muito necessário auxílio como tradutora, e ela explicou:

— Ela quer que você se sente.

Fiz que sim e me sentei na cadeira do outro lado da mesa daquela senhora, sorrindo, nervoso, enquanto ela inspecionava cada movimento meu. Tinha bons motivos para me sentir ambivalente quanto àquele encontro inesperado. Nunca havia consultado uma médium antes.

Era janeiro de 2000, e o Foo Fighters dera a volta ao mundo para tocar no maior festival itinerante anual da Austrália, o Big Day Out, que tivera início em 1992, quando o Nirvana tocou junto com o Violent Femmes. Na época, o evento só acontecia em Sydney. Desde então crescera e se transformara num gigantesco espetáculo de três semanas em seis cidades, recebendo até cem bandas por ano. Montado sob o calor excruciante do glorioso verão australiano, era o ponto alto do calendário de shows de qualquer banda que vivesse na estrada, pois seis shows espalhados por três semanas mais pareciam férias ao sol do que o itinerário arrasador a que estávamos habituados. "The Big Day Off", era como o chamávamos, aproveitando cada momento em que não estivéssemos no palco.

Minha namorada viera dos Estados Unidos para uma rápida visita com planos de consultar uma renomada médium francesa que vivia num prédio residencial nos arredores de Sydney. Aparentemente, ela já havia ido lá durante uma visita à Austrália anos antes com sua própria banda, e, de acordo com quem entendia de tais fenômenos, a mulher era boa. Nosso velho amigo e promoter Steve Pavlovic também levara outros músicos de fé mística para conhecê-la ao longo dos anos, e todos tinham voltado para casa falando maravilhas dos seus poderes intuitivos.

Eu mesmo jamais visitara um médium de verdade, por nenhuma outra razão que não a absoluta falta de interesse. A não ser por uma sessão de tarô tosca numa loja de lembrancinhas em Nova Orleans, no auge do sucesso do Nirvana, quando uma mulher com um osso no nariz me disse para não desistir, pois um dia eu teria sucesso, eu havia conseguido me manter à distância de qualquer introspecção mediúnica forçada. Não é que não acreditasse na ideia de que algumas pessoas podiam ler mentes ou enxergar o futuro, só não me importava em saber o que viam. De certa forma, preferia manter o mistério a respeito do amanhã, por medo de alterá-lo ao seguir a previsão equivocada de alguém. Achava que a vida tinha o seu curso natural a seguir, uma jornada sem mapa ao qual recorrer se nos sentíssemos perdidos.

O método da mulher era simples: ela pedia ao cliente para levar uma fotografia de si mesmo, qualquer uma, e a inspecionava em silêncio, correndo os dedos pela imagem da pessoa e assim recebendo algum tipo de informação do outro mundo através do toque, antes de revelar sua opinião mediúnica. Importante lembrar: não fora eu quem marcara a consulta, mas a minha namorada, que se preparara para o encontro trazendo todo um portfólio de fotos, inclusive uma minha. Steve e eu estávamos ali apenas na condição de acompanhantes/motoristas encarregados de fazê-la chegar ao apartamento da mulher para a sessão. Fomos tomar café enquanto as duas faziam o seu contato com o outro lado.

Quando retornamos, minha namorada parecia ligeiramente exausta da consulta, e a médium logo voltou seu foco para mim, pois, infelizmente, devo ter sido um tema de difícil debate enquanto estávamos fora dali. O fato de ela mal falar inglês e precisar de tradução criou uma dinâmica bem incômoda entre mim e a minha namorada, pois eu precisava me fiar nela (nativa de Montreal) para traduzir as revelações mais íntimas da médium, não importasse o quanto lhe fosse desconfortável ouvi-las.

Após inspecionar a minha fotografia por alguns minutos, a médium se esticou para segurar as minhas mãos, apalpando-as delicadamente enquanto analisava as linhas e os calos de anos de abusos.

— *Tu as beaucoup d'énergie...* — disse ela.

Virei para a minha namorada em busca de tradução, e ela falou:

— Ela disse que você tem muita energia.

Ah! Começou bem!

— Sim, sou um pouco hiperativo — respondi em inglês, imaginando que ela fosse entender, o que ela só conseguiu com alguma ajuda da minha namorada.

— *Non, tu as beaucoup d'énergie psychique...*

Para isso, não precisei de tradutor. Ela me dizia que eu tinha energia psíquica. De súbito, me interessei, com grande surpresa. Aquilo estava ficando bom.

— *Tes mains brillent... ils on une aura... c'est bleu... tres puissant...*

Segundo a minha mais nova e clarividente melhor amiga, minhas mãos brilhavam com uma poderosa aura azul. Acreditando ou não nela, eu estava radiante, diria até mesmo lisonjeado por tal declaração psíquica. *Como eu não sabia disso?*, pensei. *Poderia estar usando minha poderosa aura azul esse tempo todo!* Ela então me encarou e perguntou se eu via fantasmas.

Essa pergunta era difícil de responder. Se já fora visitado pela estereotípica figura da aparição flutuante, vinda do outro mundo para reivindicar seu antigo território — o clichê da assombração? Não. Se já havia vivenciado uma série de situações inexplicáveis onde me senti na presença de algo que não estava morto nem vivo? Sim.

No auge do sucesso do Nirvana, eu ainda morava num quarto ínfimo com apenas um aparador, uma mesa de cabeceira e um futon no chão, pois a banda se tornara tão grande tão rápido que não tinha dado tempo de assimilar aquela nova vida de astro do rock. Na realidade, não sentia qualquer desejo de sair para o mundo e aproveitar a expansão da minha conta bancária, pois me sentia bastante confortável com a forma como as coisas eram. Eu nunca tivera muito e, assim, nunca precisara de muito, e viver de tal forma me parecia natural. Acima de tudo, era divertido. Ficar de bobeira vendo MTV com meus amigos e comendo Totino's Party Pizzas em tardes chuvosas era a minha ideia de "sucesso". Por que mudar?

Meu pai (meu consultor financeiro de plantão) foi quem me falou que tinha chegado a hora de investir numa casa própria em Seattle (e para me impedir de torrar todo o dinheiro em fast-food e cigarros) e pegou um voo para a cidade para me ajudar na busca. Uma corretora imobiliária local havia selecionado opções cidade afora, e nós passamos alguns dias percorrendo casas, à procura da ideal. A maioria era velha demais, estranha demais ou inconveniente demais, longe de tudo. Uma, porém, se destacava das outras, uma casa de construção recente num subúrbio ao norte de Seattle chamado Richmond Beach. A poucos quarteirões da bela enseada de Puget, era cercada por altos pinheiros no fim de uma rua sem saída, à primeira vista uma casa das mais modestas, sem nada de especial. Porém, ao adentrá-la, você se deparava com uma obra-prima da arquitetura. Vários andares, ambientes revestidos da madeira mais bonita, tudo banhado pela luz natural das claraboias que delimitavam o pé-direito alto e janelões enormes com vista para a densa floresta do lado de fora. Como a casa ficava no alto de uma colina, da perspectiva da entrada de carros, ela parecia ter apenas um andar. Mas os fundos haviam sido cuidadosamente construídos descendo os níveis do terreno, com deques e escadas com vista para a gigantesca área verde atrás. Difícil imaginar viver sozinho num espaço tão cavernoso, mas o aconchego e o design me atraíram. Comprei-a na hora e logo levei para lá o aparador, a mesa de cabeceira e o futon.

Na primeira noite que passei na casa, eu estava assistindo à minha televisão nova (olha só que ostentação!) sentado no velho futon e recostado na parede do quarto. Chovia a cântaros, e estar sozinho naquela casa enorme me deixava um pouco tenso. De repente, um *BANG!* altíssimo fez a casa toda tremer. Não era relâmpago, trovão nem alguma explosão do lado de fora. A sensação era que um caminhão havia se chocado contra a parede na qual eu estava encostado, projetando meu corpo para a frente. Apertei na hora o botão de mudo do controle remoto e me sentei imóvel, a total ausência de movimento como sinal de terror absoluto. Por fim, juntei coragem o bastante para sair do quarto e, do pequeno espaço no alto da escada, observar a sala de estar vazia lá embaixo, investigando a escuridão em busca de alguma sombra em movimento ou outro sinal da presença de um intruso. Senti calafrios pela espinha enquanto percorria os quartos na ponta dos pés na expectativa de encontrar indícios de arrombamento, mas não achei absolutamente nada. De volta à cama, deixei a TV no mudo e dormi o restante da noite em estado de alerta.

Após alguns meses na casa, me dei conta de que era lá embaixo que tudo parecia meio… estranho. Ao cruzar os corredores sinuosos que percorriam os níveis inferiores, sempre sentia alguém atrás de mim, como se estivesse me seguindo de perto. A pele do meu pescoço e das costas ficavam quentes com a proximidade daquela força invisível, me arrepiando os pelinhos da coluna, e eu resolvia o que tivesse ido fazer lá o mais rápido possível e corria de volta para a segurança da cozinha no nível superior. Nunca havia experimentado aquela sensação antes e me convenci de ser apenas minha imaginação fértil — quer dizer, até descobrir que eu não era o único a vivenciar tal ocorrência frequente e tão assustadora.

Acabei me acomodando e comecei a preencher a casa com mobiliário discreto, ao menos o suficiente para poder convidar amigos para um jantar de Halloween para estrear a nova mesa da sala de jantar. Depois de comer, decidimos beber e contar histórias de fantasmas; algumas eram em primeira mão, outras não, mas fiquei na minha quanto às suspeitas relativas à casa nova. Foi quando um amigo falou:

— Sabe... é estranho... quando vou lá para a parte de baixo da sua casa, me sinto como se alguém estivesse bem atrás de mim, me seguindo de cômodo em cômodo, a ponto de eu sentir a necessidade de anunciar ao que quer que esteja lá que estou a caminho...

Quase engasguei com o drinque. Por maior que fosse o alívio em saber não ser o único a experimentar tal sensação, em talvez não ser maluco, afinal de contas, encarei o relato como a confirmação de que a incrível primeira casa que eu comprara era mal-assombrada. Não pretendia me mudar tão cedo, e, por mais que não me importasse em dividir a casa com meu velho amigo Barrett, dividi-la com um fantasma não estava nos meus planos.

A sensação começou a ficar mais forte com o tempo, e passei a evitar os níveis inferiores da casa. Mas não demorou, então, para aquilo começar a se manifestar na parte de cima também. À noite, quando adormecia com o rosto na beirada da cama (faço isso desde sempre, pois odeio a claustrofóbica sensação da minha própria respiração na cara), sentia o rosto de alguém a milímetros do meu me olhando fixamente e cerrava as pálpebras com toda a força, morto de medo do que poderia ver se abrisse os olhos. As visitas se tornaram recorrentes, acontecendo toda noite, enquanto eu ficava ali deitado sentindo um medo paralisante que tornava cair no sono uma tarefa impossível.

Foi quando começaram os sonhos.

Era sempre a mesma mulher, vestida com um suéter cinza velho e esfarrapado e uma saia azul-escuro de lã. Desgrenhada, a roupa toda manchada de terra, cabelo crespo castanho preso e malcuidado, aparecia sempre descalça, sem dizer uma única palavra e me fitando com os olhos penetrantes e uma expressão de tristeza profunda. No primeiro sonho, eu saía do quarto e me dirigia ao espaço no alto da escada, olhava para a sala lá embaixo e a via, imóvel, me encarando de longe. Acordei suando frio. Os sonhos seguintes foram tão horripilantes quanto, mas aconteciam em outras partes da casa, o que sinalizava que talvez aquela casa não fosse minha, afinal de contas. Talvez fosse dela.

Algumas semanas depois, na noite do Dia de Ação de Graças, por coincidência a ocasião em que conheci o sr. Nathan Gregory Mendel, futuro baixista do Foo Fighters, que apareceu para o jantar acompanhando uma amiga em comum, alguém levou um tabuleiro Ouija. Digamos apenas que, acreditem vocês ou não nesta merda, cheguei à conclusão de que minha casa dos sonhos estava mais para a casa de *Horror em Amityville*. Mas continuei a morar lá e aos poucos me habituei ao som de passos no piso de madeira da cozinha, aos detectores de movimento acionados do nada e às portas que vez ou outra se abriam sozinhas. Amigos me enviavam pilhas de folhas de sálvia para limpar a casa de espíritos indesejados, mas eu nem encostava nelas porque não queria embarcar naquela paranoia. Fora que, sinceramente, sálvia tem cheiro de mijo de gato.

Para simplificar, falei à médium que não necessariamente "via" fantasmas.

Ela perguntou então se eu via óvnis. Bem, eu obviamente era fascinado por *aquele* assunto. Afinal, como já disse, batizara minha banda de Foo Fighters em homenagem a uma gíria da época da Segunda

Guerra Mundial para objetos voadores não identificados; nosso selo se chama Roswell Records por causa da queda do óvni em Roswell, Novo México, em 1947; e o nome fantasia da minha editora voltada para música é MJ Twelve Music, em referência ao suposto comitê secreto de cientistas, líderes militares e autoridades governamentais montado por Harry S. Truman para recuperar e investigar espaçonaves alienígenas. Portanto, eu era versado no mundo das teorias de conspiração sobre óvnis, embora, lamentavelmente, jamais tivesse visto um.

— Não — respondi. — Mas sonho com eles com frequência.

Ela me encarou com um sorriso caloroso.

— *Ce ne sont pas des rêves* — disse.

QUANDO ME VIREI PARA MINHA NAMORADA, ELA TRADUZIU:

— NÃO SÃO SONHOS.

Na mesma hora, minha mente foi transportada para os incontáveis sonhos lúcidos que eu tivera desde a infância de ser visitado por extraterrestres, dos quais até hoje lembro com absoluta clareza. Desde pequeno, sonhava em flutuar pela vizinhança, observando as fileiras de casas pequeninas lá embaixo da janela de uma pequena nave que pairava e disparava pelo céu em silêncio, atingindo com facilidade velocidades inimagináveis, impossíveis de detectar pelo olho humano. Num deles, deitado na grama úmida do jardim de casa, eu fitava o céu noturno cheio de estrelas, tentando desesperadamente conjurar um óvni para me levar para outro mundo. Ao fixar o olhar no espaço, me dava conta, de repente, de que o que estava vendo era o meu reflexo na grama, espelhada no metal da superfície inferior de uma nave em formato de pires que pairava poucos metros acima da minha cabeça. E então eu acordava.

Mas há um sonho de que jamais me esquecerei por sua intensidade e no qual meu engajamento era tão profundo que a sensação me acompanha até hoje.

Era um belíssimo início de noite numa cidade costeira no sul da Europa, e o céu tinha uma perfeita coloração azul-cerúleo no crepúsculo, entre o pôr do sol e a chegada da noite fechada. Eu caminhava a esmo por um monte escarpado coberto de grama e respirava o ar morno do verão, contemplando a orla abaixo recheada de cafés e gente de roupa branca caminhando de mãos dadas pelo calçadão. As estrelas já se insinuavam, e seu brilho aumentava a cada momento, à medida que o sol sumia atrás do oceano. De repente, o céu implodia num flash ofuscante que me fazia cair no chão. Ao olhar para cima, eu via, no lugar das estrelas, milhares de óvnis cruzando o céu. Tamanhos diferentes, formatos diferentes, cores diferentes. E eu, sentado, em choque, constatava a incrível ocorrência enquanto observava o rosto incrédulo de milhares de outros que faziam o mesmo. O tempo havia parado.

Uma voz poderosa ribombava na minha mente por alguma forma de telepatia. "A EVOLUÇÃO DO HOMEM", dizia, enquanto diagramas animados eram projetados no céu, explicando como a nossa espécie fora auxiliada por seres de um canto distante do universo. Do lado esquerdo do céu, era projetada a gravura *Homem vitruviano* de Leonardo da Vinci; do direito, um mapa do mundo com todas as nossas fronteiras e territórios. A voz, enquanto isso, anunciava aquele acontecimento como a "AURORA DE UMA NOVA ERA".

Eu acordei ciente de aquele ter sido mais que um sonho qualquer, mas continuei com a minha vida, sem deixar que a ficha caísse fundo a ponto de me jogar na comum e infeliz espiral de onde alguns teóricos da conspiração nunca mais conseguem sair, passando o restante de seus dias à espera da "revelação total". Fiquei definitivamente mexido, mas o máximo em que aquele sonho afetou minha vida foi inspirar o clipe da canção do Foo Fighters "The Sky Is a Neighborhood", dirigido por mim, com as minhas filhas Violet e Harper em cena. Um sonho maravilhoso, pensei, mas só um sonho. Pois não mais. Segundo a médium, não havia sido a minha imaginação. Havia sido real.

Após outras revelações favoráveis, entre elas a dimensão específica de onde venho, ela começou a me contar coisas que absolutamente ninguém neste mundo poderia saber. Não estava jogando um verde; ela me deu informações tão detalhadas, tão íntimas e tão exatas sobre a minha vida que me converti por completo. Passara a ser um crente. Fosse "pós-cognição" (a capacidade de perceber eventos passados de maneira sobrenatural) ou uma forma avançada de intuição, eu me convencera por completo de que a mulher era boa.

Terminamos a consulta, nos despedimos, e deixei o minúsculo apartamento para voltarmos a Sydney. As revelações me encorajavam, e comecei a pensar se tinha nascido com tal poder e a recordar todos os momentos em que poderia ter recorrido à minha habilidade psíquica para me ajudar.

Inclusive na semana anterior, em Gold Coast.

Gold Coast, uma cidade costeira em Queensland não mais de 45 minutos ao sul de Brisbane, é o equivalente australiano de Fort Lauderdale, na Flórida. Bares na beira da praia fervilhando com drinques flamejantes de cor neon, surfistas loiros com metade da roupa de mergulho abaixada a cada esquina e, sim, um parque temático do Sea World para famílias de férias. Qualquer visita a tal paraíso tropical sempre seria uma aventura, e aproveitamos cada segundo naquele país das maravilhas bronzeado para curtir — e, como estávamos com show marcado na turnê Big Day Off, havia tempo de sobra para aproveitarmos o ambiente juvenil. Assim que chegamos, Taylor e eu decidimos alugar lambretas para poder zanzar pela cidade durante o dia, de praia em praia, nos três dias anteriores ao nosso grande show no Gold Coast Parklands, uma pista de corridas de galgos a poucos quilômetros da cidade. O Sheraton Grand Mirage, hotel onde estávamos hospedados, se tornara um dos nossos favoritos ao longo dos anos com sua decoração branco-cocaína totalmente anos 1980 e o pantagruélico bufê do jantar com vista para a piscina embebida em cloro e cheia de cisnes desgarrados. Se Tony Montana, de *Scarface*, fosse tirar férias, seria sem dúvida alguma ali. Era como circular de chinelo pelo interior de uma pintura de Nagel.

Felizmente, o hotel ficava a poucos quilômetros do local do show, uma linha reta pela Smith Street Motorway; portanto, em vez de pegarmos o transporte lotado junto com as outras bandas, Taylor e eu decidimos ir por conta própria, em nossas ridículas lambretas, para brincar de *Easy Rider* o máximo possível antes de termos de devolvê-las e ir embora. Sem capacetes (ou carteiras de motorista), nós nos lançamos em nossa pequena jornada, rindo do absurdo de dois músicos famosos a ponto de tocar para cinquenta mil pessoas descerem a estrada a toda em lambretinhas toscas. Comédia pura, como era frequentemente o caso na época.

Chegamos à entrada, e os seguranças locais nos olharam desconfiados, como se fôssemos dois turistas americanos com insolação que, de alguma forma, haviam conseguido roubar credenciais de backstage do verdadeiro Foo Fighters. Após muita puxação de saco e uma troca de mensagens ininteligível pelo walkie-talkie, nosso diretor de turnê, Gus, veio nos resgatar, conduzindo-nos às pressas pela área, desviando das mesas de piquenique cheias de bandas que apontavam para nós e riam. Éramos sem dúvida a banda mais nerd, palhaça e irritante na lista (fora o Blink-182). No *line-up* havia pesos-pesados legítimos — Red Hot Chili Peppers, Nine Inch Nails, Primal Scream, para citar só alguns —, e garanto que nenhum desses caras se deixaria ser visto em cima de uma boçalcleta daquelas em plena luz do dia.

Enquanto nos preparávamos para subir ao palco, tive outra ideia ridícula: ia pilotar a lambreta durante o show, apertando o pedal do acelerador como Rob Halford, do Judas Priest, costumava fazer com uma imponente motocicleta Harley Davidson, para prestar tributo ao deus do heavy metal. Sentado, preparando o setlist entre uma cerveja e outra, encontrei o momento perfeito no show para entrar corcoveando feito Evel Knievel, fazer soar as mirradas 50 cilindradas do motor em meio a uma nuvem de fumaça e continuar tocando enquanto o público se escangalhava de rir. *Vale tudo pela palhaçada*, pensei, e pus o plano em ação. Foi executado sem erro.

Após o show, me refugiei no camarim e fui dar uma olhada no cronograma das outras apresentações pregado na parede. Reparei que uma das minhas bandas favoritas, o Hellacopters, da Suécia, ia tocar num palco secundário lá longe. Peguei algumas cervejas, pus Bobby Gillespie, do Primal Scream, na garupa da agora famosa lambreta, e fomos no escuro vê-los tocar. Um canhão hard rock de riffs clássicos e cabelos compridos, com o Hellacopters não tinha erro, os shows eram sempre ótimos. E eu tivera a sorte de ver um bom número deles, tendo saído em turnê várias vezes com a banda ao longo dos anos.

Sentado na lateral do palco batendo cabeça e bebendo as minhas cervejas, me dei conta de que começara a chover. Não era nenhuma tempestade tropical de verão, mas o suficiente para me fazer pensar que já era hora de voltar para o hotel antes que a chuva apertasse. Aquelas lambretas não eram exatamente aptas para pegar a estrada, e até um chuvisco poderia deixar o asfalto escorregadio e fazer da situação um desastre iminente. Mas, como a distância era de poucos quilômetros, não me preocupei muito. Catei Taylor para pegarmos o caminho até o nosso castelo na areia com temática de DeLorean, pus meu moletom com capuz e partimos.

Cerca de um quilômetro à frente, o trânsito na movimentada rodovia de duas pistas estava totalmente parado. Já era tarde, havia basicamente uma pista para todas as demais 49.999 pessoas que haviam ido ao concerto voltarem para a cidade, e nosso rápido retorno para casa havia se transformado praticamente num estacionamento heavy metal. *Deve ter havido algum acidente*, pensei, e avançamos a passo de lesma pelo que me pareceu uma eternidade. Foi quando vi o que estava de fato segurando o trânsito.

Uma blitz da lei seca.

Bem, aqui farei uma parada para tentar racionalizar por que simplesmente não estacionei aquela merda daquela lambreta imbecil no acostamento, saltei e liguei para o Gus pedindo para vir me buscar na chuva. Primeiro... era a porra de uma lambreta. Era um veículo motorizado na mesma medida em que um cortador de grama era. Nem me passava pela cabeça um policial ter qualquer outra atitude que não me deixar seguir, provavelmente rindo de pena daquele coitado tentando acompanhar o tráfego com um moletom ensopado e shorts camuflados. Segundo, eu não tinha mesmo a sensação de estar comprometido em nada pelo álcool consumido ao longo das cinco horas anteriores. Sem querer me gabar, é preciso mais do que algumas latas de suco de cevada e umas poucas doses de uísque para me derrubar. Honestamente, não me sentia nem um pouco bêbado. Portanto, tudo certo. Certo?

Errado.

— Sopra aqui, meu amigo — disse o policial ao me fazer parar na blitz.

Chocado, fiz o que ele pediu sem questionar enquanto via Taylor passar direto, livre da silva (ele aparentemente se abstivera de beber naquela noite, preferindo cair na farra de outras formas). Soprei o mais forte que podia o tubinho na extremidade do pequeno aparelho do policial. Ele deu uma olhada no medidor, olhou para mim e, com o mais carregado sotaque australiano de Crocodilo Dundee que eu já ouvira, disse:

— Desce da moto, você está acima do limite.

Não dava para acreditar naquela porra. Tantos anos me safando das maiores merdas que se pode imaginar, e eu estava sendo preso na Austrália por dirigir bêbado uma porra de uma motoneta.

— Salta e põe em ponto morto! — falou ele.

Tive que rir. *Ponto morto?* Aquilo nem marcha tinha. Você praticamente precisava usar os pés, tipo o Fred Flintstone, para fazer o troço andar. Apoiei-a no suporte, e ele pediu para ver os meus documentos. Aí, tínhamos um problema. Nunca carrego o passaporte comigo quando estou em turnê, porque perderia o negócio num piscar de olhos (sim, sou aquele cara que perde tudo nos bolsos ao menos uma vez a cada tarde). Gus é quem sempre toma conta dessas coisas para mim, e só o coloca na minha mão na hora de cruzar uma fronteira ou me dirigir ao portão de embarque de um voo e o exige de volta logo em seguida. Eu não tinha nada além da credencial do Big Day Out pendurada no pescoço, que felizmente tinha o meu nome, a minha foto e nome da banda. Falei para ele:

— Cara, meu passaporte está com o diretor de turnê, mas eu tenho isso aqui. — E entreguei a credencial na esperança de que houvesse alguma mínima chance de ele ser um grande fã e me liberar.

QUEM SABE UMA VEZ NA VIDA ESSE NEGÓCIO DE "SABE QUEM EU SOU?" DE ASTRO DE ROCK FOSSE FUNCIONAR. MAS NADA.

— Músico, é? — falou ele, todo fanfarrão de repente.

Expliquei que estávamos na turnê do Big Day Out e naquela maravilhosa cidade havia alguns dias, daí a lambreta ridícula.

— Ah... — disse ele. — E quando é o próximo show?

— Amanhã, em Sydney — respondi, sentindo alguma esperança.

— Sinto muito, mas nesse você não vai poder ir. Tenho que te levar em cana.

O pânico se instalou. Expliquei que, do ponto onde estávamos, dava quase para enxergar o hotel e eu poderia muito bem estacionar aquela porcaria em algum canto e fazer o restante do trajeto a pé.

— Foi mal aí, amigo — respondeu ele. E foi isso.

Eu estava ferrado.

Nesse instante, surgiu Taylor, que passara pela blitz sem problemas, mas voltara para ver se estava tudo bem comigo, perguntando:

— Cara, o que aconteceu?

Expliquei que estava indo para a cadeia e que ele deveria correr até o hotel e avisar Gus para pagar a minha fiança. Taylor saiu a toda ("a toda" é bastante generoso para a lambreta), e lá fiquei eu sozinho enquanto os carros passavam um atrás do outro, com gente que estava no show pondo a cabeça para fora e gritando:

— Caralho, é o Dave! Foda, parceiro! O show foi bonzão!

Só me restava sorrir e acenar. Que babaca.

Logo fui algemado, acomodado no banco de trás da viatura e levado ao posto policial móvel do outro lado da rua, onde detetives me interrogaram como se eu fosse o Ted Bundy:

— Onde você mora? Onde a sua mãe mora? Onde a sua mãe trabalha?

Levou horas. Se, por acaso, eu de fato estivesse meio alterado, só aquele interrogatório tedioso e totalmente irrelevante já bastaria para cortar a onda rapidinho. *Me joga na porra da cela de uma vez*, pensei, depois de ficar ali o que me pareceu uma eternidade. Então jogaram.

Ao chegar à prisão, fui novamente saudado por todos os demais meliantes do show enquanto faziam a minha ficha no balcão e colocado numa cela com um mané de camiseta do Primus, totalmente apagado e que roncava tão alto que a minha vontade era de me enforcar com os cadarços. Recolhi-me à laje de concreto que chamavam de cama e fiz o que pude para me cobrir com o áspero cobertor de lona que me deram, tremendo de frio na roupa molhada que passara a noite tomando chuva. Como a porta da cela era de acrílico, ao ser fechada, o ruído externo era completamente isolado, que nem uma cabine de registro de vocais em estúdio. Deitado, fiquei escutando o zumbido nos meus ouvidos, resquício do show triunfante de horas antes, e refletindo sobre como o meu fim de semana no paraíso havia terminado daquela forma.

Em poucas horas, chegaria o meu herói e salvador Gus. Ao olhar para os monitores de segurança no alto da parede com imagens dos muitos prisioneiros, ele apontou para a figura que tremia na tela.

— Aquele é o meu — disse aos policiais.

Fiquei radiante, e, no caminho de volta até o hotel, rimos desbragadamente enquanto eu, já sóbrio, lembrava as peripécias juvenis que haviam me levado àquele destino absurdo. Após poucas horas de sono, voamos para Sydney na manhã seguinte, pois tínhamos um show à noite.

Mas a minha ficha criminal não estava encerrada. A lei exigia que eu retornasse a Gold Coast para uma audiência dali a uma semana. Caso fosse condenado, não apenas teria que pagar uma multa, mas era perfeitamente possível que tivesse mesmo de passar algum tempo na cadeia, sem falar que isso foderia para sempre as chances de ter a minha entrada naquele lindo país autorizada novamente, esta sendo a possibilidade mais desoladora, pois, ao longo dos anos, a Austrália havia se tornado meu lugar favorito para visitar em turnê. Se perdesse tal oportunidade por causa de algumas cervejas e uma lambreta furreca, nem eu, nem a minha banda jamais me perdoaríamos. Comecei a levar tudo muito a sério, tanto que Gus e eu fomos a uma loja de departamentos e torramos setecentos dólares num terno para eu não parecer um escroto total ao me ver face a face com a lei. Nada é tão patético quanto dois marmanjos fuxicando arara atrás de arara numa loja de departamentos, tomando decisões de estilo a partir de critérios de objetividade de um juiz quadrado, dizendo coisas como "Careta demais?" ou "Muito *disco*?". Optamos por algo elegante, sem ar devasso, e nos preparamos para a viagem de volta ao norte. No dia seguinte, quando estávamos saindo do hotel em Melbourne para pegar o voo de volta para Queensland, esbarrei com o guitarrista do Primal Scream no lobby. Ele tirou sarro de mim:

— Como se chama um Foo Fighter de terno? CULPADO!

Não ajudou.

Encontramos o meu advogado, ou "*barrister*", como dizem por lá, num Burger King próximo ao tribunal e discutimos minha defesa entre hambúrgueres cheios de gordura e batatas fritas murchas. Na verdade, não havia muito a debater. O medidor apontara que eu estava acima do limite alcoólico enquanto guiava um veículo a motor. Ponto. Não havia qualquer tecnicalidade dúbia na qual me fiar para anular a acusação, e basicamente cabia ao juiz avaliar a severidade da minha punição (e quão sábia havia sido minha escolha de terno). Ajustei a gravata barata, e nos dirigimos à força para o dia da sentença. Era a hora da verdade.

Antes mesmo de botarmos os pés no edifício, fui encurralado por uma equipe de jornalismo local, microfone enfiado na minha cara enquanto eu entrava e dizia "nada a declarar" detrás dos meus novos óculos escuros. Devo dizer que, se algo de bom resultou de toda essa experiência, é o fato de eu agora saber como é ser Johnnie Cochran. Graças aos céus aconteceu só uma vez (e graças aos céus não sou Johnnie Cochran). *Pelo menos o terno me caiu bem*, pensei. Entramos e cruzamos os dedos na torcida pelo improvável veredito de "inocente".

O juiz pegou pesado. Para meu alívio, consegui escapar da cadeia e da exigência de prestação de serviços comunitários, mas, tecnicamente, fui condenado. Tive que pagar a multa (mais barata que o terno!) e sou agora considerado para sempre um criminoso na Austrália, o que significa que até hoje, ao entrar no país, preciso marcar "sim" no quadrado referente à pergunta "JÁ FOI CONDENADO POR ALGUM CRIME NA AUSTRÁLIA?". E toda vez que entrego o formulário ao oficial da imigração, ele aperta um pequeno interruptor sob sua mesa que acende uma luz vermelha e traz o supervisor para ajudá-lo. E sempre tenho que explicar meu crime ao supervisor, que ri e diz:

— Ah, é! Eu me lembro disso!

EU ME DEI BEM, IMAGINO. MINHA SENTENÇA? UMA VIDA TODA PASSANDO ESSE RIDÍCULO.

Ah, se eu tivesse acessado a minha habilidade psíquica naquela noite na rodovia chuvosa, tremendo dentro do moletom enquanto me aproximava da blitz. Não teria que passar todos os anos seguintes respondendo por esse crime constrangedor. O preço que precisei pagar foi pequeno... Mas, desde aquela consulta com a médium em Sydney, às vezes contemplo as minhas mãos cheias de calos em busca da poderosa aura azul que, ao que consta, emanaria delas, imaginando se um dia me ajudará. Apesar de que, com todos os meus supostos superpoderes, continuarei optando por deixar a vida seguir o seu caminho natural, uma jornada sem mapa ao qual recorrer caso a gente se perca.

A VIDA ACELERAVA

— Quantos anos você tem? — perguntou o médico, parecendo confuso.

— Quarenta — respondi, nervoso.

— E o que te traz aqui?

— Ando com dores no peito e com medo de morrer! — falei, exaltado e em pânico.

Estávamos sentados em frente aos monitores de ressonância magnética do hospital Cedars-Sinai em Los Angeles, onde eu acabara de me submeter a um exame de meia hora deitado dentro de um túnel claustrofóbico, absolutamente imóvel. O médico passava os olhos pelas imagens digitais embaçadas na tela, à procura de entupimentos ou sinais de falência das artérias e câmaras do meu tenso coração. Ao lado dele, eu retorcia as mãos suadas, ansioso, esperando o diagnóstico fatal enquanto ele examinava as fotografias em preto e branco, todas aparentemente iguais. Um ou dois minutos depois, ele se recostou em sua cadeira.

— Hmmmm... Não vejo nada aqui... você tem andado sob muito estresse?

Ah, se você soubesse, pensei. Quase caí da cadeira de tanto rir da pergunta, mas fiz o possível para respeitá-lo sem tornar a coisa tão óbvia.

— É... sim, um pouquinho — falei, com um sorriso sarcástico.
— Você dorme bem?
— Três a quatro horas por noite, talvez? — respondi, acanhado. Para ser sincero, a estimativa era até meio exagerada para a época.

Ele me deu mais um golpe ao perguntar:
— Bebe muito café?

Explicado!

— Defina *muito*... — respondi, consciente de que meu consumo de cafeína estava num grau que provavelmente faria Juan Valdez desistir da competição e se refugiar nas montanhas da Colômbia. Estava quase constrangido em admitir o quanto de café bebia num só dia por medo de que ele me fichasse como doente mental, me colocasse numa camisa de força e me mandasse direto para uma reunião dos Cafeinados Anônimos. Eu recentemente aceitara que era viciado, percebendo que talvez quase um litro de café por dia fosse certo exagero, mas até aquele instante não havia ainda aceitado as pesadas consequências. Infelizmente, eu *sou* assim. Se me dão a mão, quero o braço. Nunca experimentei cocaína, e existe uma razão: no fundo, sei que, se cheirasse cocaína como tomo café, estaria toda manhã chupando paus no ponto de ônibus para custear alguns gramas.

Café. Só de escrever a palavra, já me dá vontade. Quente, gelado, gourmet, de posto de gasolina, recém-passado, do fundo da cafeteira, instantâneo, de prensa francesa... Digamos apenas que não sou um conhecedor, só preciso da minha dose. Não poderia estar mais distante do esnobismo (o tipo do culto pretensioso que abomino com todas as forças), bebo o que tiver. Do cafezinho do Dunkin' Donuts aos grãos mais caros do mundo, colhidos do esterco de civetas selvagens no Sudeste Asiático, já tomei de tudo, por uma única razão: a onda que aquilo me dá.

Mas não havia sido apenas o café a me mandar para o hospital aquele dia. A vida ganhava velocidade.

O ano de 2009 foi sintomático. Começou com o meu aniversário de quarenta anos, passado naquele bastião da elegância que é o restaurante temático Medieval Times, em Anaheim, Califórnia, uma gigantesca arena equestre onde são encenados duelos entre cavaleiros falsos com sotaques ingleses falsos enquanto se saboreiam coxas de peru gordurosas com as mãos, regadas a Coors Light em cálices adornados. Para sempre eternizado no melhor dos filmes de Jim Carrey, *O Pentelho*, o restaurante é a coisa mais absurda, hilariante e francamente constrangedora das experiências gastronômicas conhecidas pela humanidade, mas não a escolha típica de um marmanjo para celebrar mais uma volta ao redor do sol, algo de que só me dei conta quando a voz do rei de mentira ressoou no sistema de som com anúncios a fazer.

— Senhoras e senhores, temos alguns aniversariantes esta noite! Eddie está fazendo sete anos! Tommy está fazendo dez! E Dave está fazendo... quarenta?

Como de hábito na minha vida, me deleito em todos os absurdos, extraindo o melhor de cada momento bizarro. Sendo assim, onde mais reunir 150 dos meus amigos mais próximos, todos acomodados na seção "Cavaleiro Azul" da arena celebrando o nobre cavaleiro, bêbados, sedentos de sangue, na torcida por uma matança? E também não haveria ocasião mais apropriada para formar uma banda. Porque foi naquela noite que apresentei o baixista do Led Zeppelin, John Paul Jones, ao meu velho amigo Josh Homme para darmos início a nosso novo e ultrassecreto projeto: Them Crooked Vultures.

Conheci Josh no início dos anos 1990, quando ele era o guitarrista de uma das minhas bandas favoritas de todos os tempos, o Kyuss, e, ao longo dos anos, havíamos feito muitas turnês mundo afora juntos com a banda dele, o Queens of the Stone Age, para a qual até entrei por um curto período, gravando o álbum *Songs for the Deaf* e fazendo alguns dos shows mais incendiários de toda a minha vida. Josh tem "a manha", uma habilidade indefinível, implícita, mágica que só se vê muito de vez em quando, e, sempre que tocávamos juntos, o resultado era como a onda hipnótica de um bando de estorninhos, música fluindo com naturalidade e graça de um lado para outro, sem jamais perder o ritmo. Nossa dinâmica de improvisos no palco era a de dois amigos que conseguem completar frases um do outro, às vezes rindo histericamente pelas costas da plateia com nossas piadas internas musicais. Na essência, o casamento perfeito. E não dispensávamos oportunidades de unir forças.

De tempos em tempos, debatíamos um projeto paralelo, em geral quando nos encontrávamos exaustos das responsabilidades e obrigações das nossas bandas oficiais e calhava de elas se encontrarem em turnê. Sentávamo-nos e imaginávamos algo estranho, relaxado e divertido entre maços de cigarros e litros de drinques no backstage. Como Josh também tocava bateria, eu e ele podíamos facilmente promover um troca-troca de instrumentos e tentar nos afastar o máximo possível do som do Queens e do Foo. Mas, para além de qualquer previsão musical, sabíamos que curtiríamos demais aquilo, e, depois de um ano e meio na estrada tocando "Learn to Fly" *toda* noite, a promessa de algo divertido era mais do que necessária para me impedir de largar de vez a música e enfim me tornar o medíocre carpinteiro que estava destinado a ser.

Mais ou menos na mesma época, fui convidado a apresentar um prêmio especial da *GQ* pelo conjunto da obra aos membros do Led Zeppelin (vamos parar por um momento para observar o quanto isso soa dolorosamente frio e oficial). Liguei para Josh e perguntei se devia mencionar a ideia do nosso projeto secreto para John Paul Jones, o maior e mais maneiro baixista da história do rock.

— Você *conhece* o John Paul Jones? — perguntou ele.

Sim, eu conhecia, tinha gravado com ele certa vez para o álbum *In Your Honor*, do Foo Fighters, em 2004. Ele também regera a orquestra para uma performance do Foo no Grammy. Considerava-o não só agradável e pé no chão, como também um ofuscante gênio musical. Além disso, ele comandara a mesa de gravação como produtor de artistas underground como os fantásticos Butthole Surfers e Diamanda Galás. O cara não tinha medo de esquisitices, para dizer o mínimo, e, por isso, eu tinha alguma esperança de que dissesse sim ao nosso esquema peculiar. Se fôssemos capazes de acrescentar o todo-poderoso John Paul Jones à mágica que já unia Josh e eu, certamente teríamos um "supergrupo" (termo ridículo que desprezávamos). Josh e eu pensamos, *Ah, que se foda, vale a pena tentar*, e, quando vi, estava cara a cara com John na cerimônia de premiação, timidamente plantando a ideia na sua mente. Ele não disse que sim, mas também não disse que não, e decidimos manter contato via e-mail e ver se conseguíamos fazer a ideia ir para a frente. Voltei para casa tonto com a possibilidade de vir a tocar bateria com o homem que um dia tocara com o baterista que mais me inspirara. O jeito era torcer para ele aceitar a oferta, mas sem dar aquilo como certo, pois, afinal, tratava-se de John Paul Jones.

Pois, vejam só, John decidiu encarar a jornada até Los Angeles para sentir o clima e ver se tínhamos de fato a química que eu imaginava. Sua chegada coincidiu com a minha inacreditavelmente juvenil festa de aniversário, e, assim, convidei-o a fazer parte daquele festival medieval de prazeres à base de fast-food gordurosa. Coitado, mal sabia ele que ia parar no meio de uma nauseante versão americanizada da Idade Média enquanto seu anfitrião e futuro colega de banda tratava de encher os cornos e fumar baseados no banheiro feito um delinquente juvenil, tudo em meio a um e outro duelo coreografado. Se fosse capaz de sobreviver àquela noite de teatrinho simplório e palhaçadas infantis sem correr para o aeroporto, talvez algo especial estivesse ao nosso alcance. Abençoado seja John pela boa vontade e paciência de Jó com que aturou a minha imaturidade. Alguns dias depois, nos encontramos no estúdio de Josh, o Pink Duck, para levar um som juntos pela primeira vez.

Sentei-me atrás da bateria e fiz pequenos ajustes enquanto John aquecia os dedos no baixo, recortando com a maior facilidade o fraseado mais incrível. Embarquei na levada dele, e o encaixe foi tão perfeito, tão fluido, que pensei: *CARALHO! Estou mandando bem demais!* Mas rapidinho me dei conta de que não era eu quem fazia a batida soar bem. Era John. Sua capacidade de se encaixar na levada, acompanhando cada firula, era incrível e fazia o ritmo fluir de forma bem mais suave, bem mais forte do que qualquer experiência que eu tivesse vivido com outro baixista. Naquele momento, soube que o experimento funcionaria. Bastou Josh se juntar a nós, e, em questão de segundos, todos percebemos que era para ser. Já não tinha mais volta.

Ensaiamos por alguns dias, nos conhecendo enquanto pedíamos comida de mais um restaurante medieval das redondezas, o Kids Castle (que soava mais ou menos como "Kids Asshole", e assim o chamávamos carinhosamente), sentindo uns aos outros, compondo alguns riffs e, por fim, estabelecendo diretrizes para a busca dessa nova união musical: nos encontraríamos em Los Angeles por duas semanas para compor e gravar, faríamos uma rápida pausa, nos dispersando, indo cada um para o seu canto, e então nos reuniríamos de novo e continuaríamos a erguer um arsenal de balanço psych-rock para um dia mostrar ao mundo. Era oficial.

A VIDA ACELERAVA.

Enquanto isso, meu trabalho principal chamava. Depois de um longo e duro ano e meio na estrada, o Foo Fighters estava lançando uma coletânea, e pediram para a gente compor e gravar uma canção nova para incluir no disco e ajudar a promovê-lo (a famosa "canção do disco de *greatest hits* que não tem nada de especial nem fez sucesso"). Aí começaram as conversas sobre como, quando e com quem iríamos gravar. Agora, tecnicamente, eu fazia parte de duas bandas, e estabelecer esse cronograma envolveu uma dose de massagem logística. Não estava bem certo de como ou quando poderíamos gravar, mas com quem, isso eu sabia bem: meu velho amigo Butch Vig.

Butch e eu tínhamos um fabuloso histórico, sempre fôramos próximos, mas não trabalhávamos juntos desde a gravação de *Nevermind*, do Nirvana, em 1991. Por anos tive receio de trabalhar de novo com Butch, por medo de que a opressora sombra lançada pelo Nirvana sobre mim após a morte de Kurt negasse qualquer valor à minha própria música. O que quer que gravássemos juntos só seria comparado ao que havíamos feito no passado, a cruz que carrego desde o dia em que nos conhecemos. Por mais que amasse Butch e que ele seja um dos maiores produtores de todos os tempos (além de baterista do Garbage, heróis do rock alternativo), eu só não queria que tal peso se pronunciasse sobre o que não deveria passar de um belo reencontro. A técnica de Butch é simples: sonoridade grandiosa, riffs grandiosos, composição grandiosa. Só isso. Às vezes, era até difícil decifrar se ele estava de fato trabalhando; ele é tão zen, tão relaxado, que você até se esquece dos prazos. Com o sotaque forte do Wisconsin e sua conduta delicada no estúdio, também era fácil esquecer que ele havia feito alguns dos maiores álbuns de rock de todos os tempos, com o Nirvana, os Smashing Pumpkins e o Green Day, para citar apenas alguns. Mas, depois de uma profunda reflexão, decidi deixar para lá o que diriam os críticos e ligar para Butch. A vida é curta demais para se pautar pelas opiniões dos outros.

Saíram as agendas, e, por mais que tentássemos arranjar tempo livre, as sessões do Foo infelizmente coincidiam com datas já marcadas pelos Them Crooked Vultures. Concluímos que, se eu gravasse com o Foo de onze da manhã às seis da tarde, corresse para o estúdio dos Vultures e gravasse das sete à meia-noite, daria pé. *Mel na chupeta!*, pensei. *Dormir é para os fracos!* Até porque não era nada que algumas doses extras de café por dia não resolvessem! Portanto, eu logo começaria a aumentar o consumo diário daquele pó preto e lamacento de forma a dar conta daquele objetivo louco.

Ah, sim, e tive outra filha.

Harper Willow Grohl veio a este mundo em 17 de abril de 2009. Desde o primeiro dia, ela era um pacotinho de felicidade berrante, tão perfeita, tão adorável. Minha ideia do que seja sentir amor se expandiu à décima potência após sua chegada, e, uma vez mais, eu era um pai coruja. Sempre tive grande apreço pela vida, mas a nova bebê me fez amá-la ainda mais, acordando animado todas as manhãs para ver o seu lindo rostinho, não importando quão pouco tivesse dormido. Como qualquer pai ou mãe pode atestar, o milagre de um recém-nascido se sobrepõe a qualquer outra faceta da sua vida. Você se esquece da sua sobrevivência, de tão focado que está na deles, um etos que fora sem dúvida demonstrado pela minha mãe quando eu era criança. Eu estava agora exultante por ter duas lindas filhas e corria em busca de qualquer oportunidade de ficar com elas, fosse dia ou noite, independentemente do quanto o cronograma insano de correr o tempo inteiro de um estúdio para outro, bebendo café como se aquilo fosse me valer uma medalha olímpica, tivesse me deixado exausto.

A VIDA ACELERAVA.

E, como se tudo isso não bastasse para me mandar mais cedo para a cova (AQUI JAZ DAVID ERIC GROHL. DEVIA TER PASSADO A BEBER CAFÉ DESCAFEINADO), o Foo Fighters havia sido convidado a tocar na Casa Branca durante um churrasco de Quatro de Julho que o novo presidente, Obama, ofereceria a famílias de militares. O local seria o impecável Jardim Sul, com vista para os monumentos do National Mall. Por uma série de razões pessoais, era uma oportunidade irresistível. Era a minha cidade, afinal de contas, e eu tinha passado incontáveis feriados da Independência do outro lado daquela cerca da Casa Branca, assistindo ao magnífico espetáculo de fogos de artifício deitado em um cobertor na grama enquanto os Beach Boys tocavam ao longe no palco de um festival. Ou, quando era um adolescente raivoso, indo a concertos de punk rock ao pé do Lincoln Memorial para exercitar meu direito de protestar no dia em que ele talvez mais tivesse significado. Mas aquilo era diferente. Era um convite pessoal para se juntar ao nosso primeiro presidente negro no seu quintal para celebrar os homens e mulheres que defendem o nosso direito de ter liberdade para celebrar, protestar ou eleger os nossos líderes através do processo democrático. Não era só um churrasco, era uma honra.

Ah, sim, e eu também estava reformando a minha casa.

Como a minha família só crescia, minha outrora espaçosa casa começou a parecer não tão espaçosa. Portanto, havíamos planejado converter ambientes até então pouco importantes em algo mais adequado a crianças (e… bem… num estúdio para mim, no qual um dia gravaríamos nosso álbum *Wasting Light*). Violet tinha três anos àquela altura, e Harper, apenas três meses. Para acomodá-las, seria preciso reconfigurar a casa, o que exigiria uma obra significativa. Do tipo que faz barulho. Do tipo que deixa a entrada de carros parecendo o estacionamento VIP de uma feira de caminhões Dodge, com operários aos montes usando ferramentas que faziam o medidor de decibéis chegar ao nível Motörhead. Só há uma forma de descrever: um caos do caralho.

A VIDA ACELERAVA.

Por semanas, minha nova rotina passou a ser mais ou menos assim: acordar com as galinhas ao som de uma recém-nascida e uma menina de três anos exigindo atenção exclusiva da minha parte enquanto, ao fundo, ressoavam serras elétricas e britadeiras. Fazer café. Beber o café e correr para o estúdio do Foo Fighters. Fazer mais café. Dar início aos trabalhos. Beber o café, mas beber também chá gelado entre uma xícara e outra, achando que isso era hidratação. Fazer mais café (para viagem) para ter o que beber a caminho do outro estúdio. Chegar ao estúdio dos Vultures, fazer mais café e bebê-lo ao longo das quatro horas seguintes, enquanto espancava cruelmente a ba-

teria numa tentativa desesperada de impressionar John Paul Jones. Dirigir para casa me tremendo todo graças aos quase quatro mil miligramas de cafeína ingeridos ao longo de dezoito horas e fracassar na tentativa de dormir pelo menos quatro horas antes de acordar e repetir tudo. Etc. etc., *ad nauseam*, no *repeat*.

A VIDA ACELERAVA.

A melhor forma de entender esse nada lisonjeiro período de crise progressiva da minha parte é assistir, no YouTube, ao hoje infame "Fresh Pots", um curta de dois minutos de duração montado por nosso amigo e camarada Liam Lynch, testemunha da gravação do disco dos Vultures. Presente no estúdio no intuito de capturar o processo criativo do nosso projeto secreto, ele me viu entrar em pane e compilou os meus momentos mais psicóticos num vídeo hilariante (e vergonhoso) na intenção de mostrá-lo somente à banda. Quando o primeiro single dos Vultures foi lançado, a banda não tinha videoclipe para promovê-lo, e meu empresário perguntou se poderíamos usar o "Fresh Pots". A ideia era humilhante, mas refleti e, em nome do bem maior, permiti ao mundo ver um homem à beira de um barato total de cafeína, agindo feito um louco de pedra. *Ninguém nunca vai ver isso*, pensei. Eu estava errado. No dia seguinte ao lançamento, estava na fila do mercado quando o menino que embalava as compras me viu e disse:

— E aí, cara? Vai um café?

Puta merda. No momento em que escrevo, já passou de 7 milhões de visualizações.

Lembro a primeira pontada. Foi na véspera de sairmos para a Casa Branca, e eu estava no corredor de casa, estressado por causa da ensurdecedora obra que sacudia o lugar feito um bombardeio. A sensação foi de uma facada nas costelas. A dor era aguda. Parei e levei a mão ao peito, apavorado com a hipótese de um ataque cardíaco, torcendo para que não passasse de um músculo estirado de tanto tocar bateria com os Vultures. Mas algo me dizia não ser o caso. Eu já tinha estirado tudo quanto era músculo antes. A origem daquela dor era mais profunda. Respirei fundo algumas vezes para ver se passava, sem êxito. Ela permanecia. Sem querer assustar ninguém nem sair correndo pela casa gritando "AGORA É PARA VALER!" feito Fred Sanford, abri calmamente o laptop e ingenuamente busquei "sintomas de ataque do coração" (hoje em dia, sei que o autodiagnóstico com a ajuda de um blog qualquer não é uma boa). Eu não tinha necessariamente *todos* os sintomas, mas com toda certeza aquilo era sério. Dei busca por dicas de prevenção de ataques cardíacos e decidi ficar quieto. Afinal, por nada neste mundo eu perderia aquela apresentação na Casa Branca. Nem um enfarto me impediria de voar para casa e tocar para o presidente.

Botei duas aspirinas na carteira e não disse uma palavra.

A VIDA ACELERAVA.

Quando cheguei à Casa Branca, a dor no meu peito foi quase aplacada pela doce umidade do clima abafado do verão de Washington, e, enquanto preparávamos a passagem de som no gramado, observei do outro lado da cerca os monumentos em que prestara tão pouca atenção no passado. O Monumento de Washington, imponente à distância como um mastro à disposição da complicada dança da cidade. O Jefferson Memorial coberto de flores de cerejeira no renascer anual da primavera. E o Lincoln Memorial, o local de tantos concertos de Quatro de Julho a que eu fora quando era um jovem punk. Não se tratava dos Beach Boys, mas de protestos musicais. O evento se chamava "Rock contra Reagan" e foi realizado em todas as celebrações de Quatro de Julho de seu governo, uma reunião de punks de todos os cantos, que vinham cantar em uníssono com suas bandas favoritas em oposição unificada à plataforma ultraconservadora do presidente. Eu não tinha nada de ph.D. em ciência política, mas me juntava a eles e emprestava a minha voz à luta pela liberdade de me expressar da forma que eu quisesse. Quando o mandato de Reagan acabou, o nome mudou para "Rock contra o racismo", e compareci a cada um daqueles shows com o mesmo fervor e a mesma resolução. Aquela lembrança em particular ressoava em mim naquele dia, pois não só eu estava do outro lado da cerca naquele Quatro de Julho, mas também o presidente Obama.

A VIDA ACELERAVA.

Nossa equipe de palco fez o possível para parecer formal, optando por bermudas pretas em vez de calças de moletom da mesma cor e, enquanto as coisas eram aprontadas no palco, todos fizemos amizade com a gentil equipe de seguranças e eletricistas da Casa Branca. O único sábio conselho de que me lembro:

— Se vocês precisarem usar o banheiro, tem um logo ali e outro mais adiante. Só não mijem nas moitas, de jeito nenhum. Tem gente nelas.

Entendido.

Após passarmos as músicas rapidamente, fomos levados à casa para encontrar Barack Obama pela primeira vez. Quando entramos na Sala Azul, com vista para o churrasco, fomos recebidos pelo presidente e pela primeira-dama, Michelle, de forma despojada, agradável e calorosa. A natureza casual da cerimônia daquele dia diluiu a tensão e a solenidade que costumam envolver eventos políticos. Conversamos e rimos relaxados, quase nos esquecendo de estarmos com o presidente e a primeira-dama (que, para ser honesto, tinha uma postura mais presidencial do que a dele). Enquanto conversávamos e tirávamos fotos, reparei que Pat não estava descontraído como de costume. Estava quieto, algo que não lhe é característico. Quando retornamos ao Jardim Sul, ele me disse por quê. Era sua primeira vez na Casa Branca, um lugar para o qual seu bisavô, um ex-escravizado, certa vez entrara na fila a fim de apertar a mão de Abraham Lincoln.

Nossa ida à Casa Branca acabava de adquirir um novo significado.

Naquela noite, enquanto os fogos de artifício explodiam sobre nossa cabeça, olhei para a sacada onde estava a Primeira Família e fui tomado pela emoção. A história ocorria diante de nós. E, enquanto o clarão iluminava o rosto da minha esposa, das minhas filhas e da minha mãe, todas contemplando o céu, me enchi não apenas de nostalgia, mas de orgulho também, honrado por poder compartilhar com elas aquele momento histórico. E por Pat, meu amigo mais fiel e confiável, senti profundo amor. Havíamos passado para o outro lado da cerca todos juntos.

A VIDA ACELERAVA.

Voltei a Los Angeles e liguei na mesma hora para o médico.

— Cara, tenho sentido umas dores no peito — falei.

— Está doendo neste exato momento? — perguntou ele, parecendo mais preocupado do que o habitual (o que já seria bastante).

— Hmmm... É, um pouco... — respondi.

Ele me mandou entrar no carro e ir ao consultório naquele instante. Saí porta afora e fui abrindo caminho em meio ao tráfego feito Moisés no mar Vermelho. Entrei correndo no consultório e, em questão de segundos, já estava deitado numa mesa, sendo cutucado e conectado a fios como um sintetizador vintage. Ele observou a transcrição do eletrocardiograma em papel se espalhar pelo chão e disse:

— Hmmm... não vejo nada aqui... vamos para a esteira. Depois vamos fazer um ultrassom... — Fui levado para outro andar, onde mais uma vez me cobriram de pequenos eletroemplastros e disseram para eu correr numa esteira feito o Homem de Seis Milhões de Dólares. Ainda tive que subir numa mesa, onde me empapuçaram de gel, e vi meu coração pulsar através do bastão de um ultrassom.

— Hmmm... não estou vendo nada... vamos te levar lá para o Cedars para fazer uma ressonância magnética...

Eu já começava a me sentir como a menininha de *O exorcista*, sendo submetida a um teste atrás do outro quando tudo não passava de uma simples possessão demoníaca. Talvez eu só precisasse de um padre.

Depois de conversar com o médico do Cedars e concluir não haver sinal algum de perigo real, ele me explicou que eu precisava pegar mais leve. Por mais que me sentisse indestrutível, não era nenhum super-homem e tinha que me cuidar para poder cuidar das pessoas que amava. Minha paixão pela vida podia ter algo de exagero às vezes, a ponto de eu forçar um pouco a barra. Se quisesse continuar por aqui por mais um tempo, devia ficar um pouco mais de olhos nos meus limites mortais. O que ele me receitou?

— Tocar bateria só três vezes por semana, tomar uma taça de vinho antes de dormir e parar com o café.

DOIS EM TRÊS ESTÁ VALENDO. DESCAFEINADO, SEM CONDIÇÕES.

E a vida continua a acelerar.

DANÇANDO O SWING COM O AC/DC

"Tudo bem se o AC/DC jantar com a gente?"

Essa mensagem de texto da minha esposa, Jordyn, entrará para a história como a pergunta mais surreal, ridícula e de resposta mais óbvia que alguém já me fez na vida. Jantar com o AC/DC? A banda que caminha quase nas sombras, jamais é vista em público, se materializando apenas em palcos gigantes adornados com enormes canhões carregados e amplificadores gigantescos até o teto? A banda que, há mais de quarenta ensurdecedores anos, personifica o *bad-boy boogie* da música, o rock and roll para socar o ar, sacudir a cabeça e bater os pés, tudo isso com um sorrisinho de marginal, uma piscadela endiabrada? Isso sem mencionar os mais de 200 milhões de álbuns vendidos e a inspiração fornecida a gerações de jovens roqueiros para dedicarem suas vidas a três acordes e jeans rasgados?

E eu sei bem disso. Eu era um deles.

Corria o ano de 1980 quando o AC/DC largou no mundo da música pop emperiquitada seu monumental filme-concerto *Let There Be Rock* de surpresa, e ele logo se espalharia país afora pelos cinemas antenados que promoviam sessões de meia-noite nos fins de semana (um fenômeno que se perdeu com o tempo e do qual muita gente da minha idade ainda se lembra como um rito de passagem dos doidões; entre os meus favoritos, estavam *The Rocky Horror Picture Show*, *Pink Floyd — The Wall* e *Heavy Metal — Universo em fantasia*). Registro de uma performance ao vivo em Paris apenas alguns meses antes da morte do vocalista original do AC/DC, Bon Scott, o filme é um *tour de force* no qual a banda de rock pesado mais determinada, maneira e sem frescuras do mundo oferece uma megadose de suor, jeans e rock and roll. Para quem quisesse se inteirar com todo o universo rock, aquela era uma senhora aula de como arrasar geral.

Aos onze anos, eu já conhecia bem o AC/DC, pois seus álbuns *Dirty Deeds Done Dirt Cheap* e *Highway to Hell* eram dois dos mais queridos da minha crescente coleção. Ou seja, eu tinha que ver aquele filme. Saiu no *Washington Post* que o filme passaria no histórico Uptown Theater de Washington, como parte da sua série de shows Wall of Sound. Assim, meu melhor amigo da época, Larry Hinkle, e eu garantimos nosso programa para a noite — levados até a cidade pelo pai dele no seu Datsun 280ZX bordô, o Porsche dos pobres.

Quando Larry e eu fomos deixados na bilheteria, minha ansiosa expectativa era de um cinema lotado de delinquentes vestindo jeans e couro. Mas, ao entrarmos, notei que só havia pouco mais de meia dúzia de fãs inveterados do AC/DC, reunidos em grupos pequenos em meio a fileiras e mais fileiras de assentos vazios à espera do início do filme, enquanto tentavam em vão esconder a luz dos isqueiros com que acendiam seus pequenos baseados e cachimbos caseiros. Como dois garotos tímidos num refeitório socialmente intimidante, tentávamos decidir onde sentar. O lugar estava quase vazio, e nosso medo era ficarmos doidões só pela proximidade com o cheiro doce de maconha que se espalhava pelo cinema. Cientes de que se tratava da série de shows "Wall of Sound", ficamos tentados a nos sentar próximos ao sistema de som na frente, mas acabamos optando por lugares mais ao fundo para não ter que esticar o pescoço magro só para conseguir enxergar a tela gigante. Graças aos céus fizemos isso, pois mal sabíamos que havia uma caixa de som do show escondida atrás das cortinas e, assim que as luzes da casa se apagaram, logo ficou claro que o que nos aguardava não seria nada parecido com uma matinê qualquer de *Star Wars*.

O filme começava com um bando de maus elementos corpulentos e cabeludos que mais parecia a versão moderna de uma gangue de piratas desmontando um palco de rock e acomodando tudo numa fileira de caminhões para o trajeto rumo à cidade seguinte, onde rolaria mais uma noite de carnificina. Era algo que eu jamais tinha visto ou considerado. Depois que a última nota de um show é tocada e a plateia toma o rumo de casa para se recolher ao conforto da cama quente, aquelas bravas almas começam a trabalhar entre os copos de cerveja cheios de lixo e as guimbas de cigarro largadas, enrolando quilômetros de cabos e guardando toneladas de equipamento em compartimentos de viagem maltratados para depois apagar em beliches do tamanho de caixões, dormindo só o suficiente para conseguir montar tudo de novo na manhã seguinte. A cena estabelecia perfeitamente o tom para o que Larry e eu testemunharíamos. Não havia nela o glamour que tínhamos sido condicionados a associar aos astros do rock de porte mítico estampados nos pôsteres das paredes dos nossos quartos; aquela era a realidade, e, de repente, anos de fantasias de rock and roll como o palco mais radiante da vida se esvaneceram em meio a camisetas rasgadas e punhos ensanguentados.

No momento em que os caminhões começaram a descer a estrada e fazer soar suas potentes buzinas, ficou claro que a caixa de som do local estava no talo. Ou seja, o troço era ENSURDECEDOR. E a música nem havia começado. Era sem dúvida o volume mais alto a que eu já fora exposto nos meus tenros onze anos neste planeta. Como meu primeiro show de rock ainda se encontrava no futuro, eu não fazia ideia da força desse nível de volume e não sabia que podia fazer suas costelas sacudirem com a intensidade de um terremoto. Nem preciso dizer que gostei. Muito. Quando a banda apareceu no palco e tocou a primeira música, "Live Wire", meus ouvidos zumbiam, e eu estava na beirada da cadeira em êxtase.

QUERIA ARRASAR COM A PORRA DAQUELE CINEMA.

A adrenalina que corria pelo meu corpo gerou algo que só pode ser comparado à transformação sofrida por Dr. Banner quando se transformava no Hulk na série de TV dos anos 1970. A pura intensidade da música me dominava tão completamente e me fazia sentir tão vivo que eu mal conseguia me conter. Se meus braços mirrados e magrelos tivessem força para arrancar o assento do chão e arremessá-lo no corredor, eu teria feito isso. Mas me contentei em permanecer sentado me mexendo sem parar enquanto o AC/DC fazia o que sempre fez de melhor: dar tudo de si ao público sem deixar nada para trás.

Passadas algumas canções, vê-se o baterista substituir a caixa porque ele a quebrou de tão forte que é sua batida. *Uau.* O guitarrista Angus Young, ensopado de suor, aparece na lateral do palco com uma máscara de oxigênio entre uma canção e outra, pois acabara de correr ao menos três maratonas de um lado para outro no palco durante treze canções e seu corpo mal se aguentava. *Caralho.* Era coisa de super-homem. Nada igual àquelas bandas que ficam lá paradas, dedilhando seus instrumentos como menestréis medievais; esses caras atacavam como se fosse o último dia deles na Terra. Quando os créditos começaram a subir, eu era um novo menino. SE EU FOR TOCAR MÚSICA NUMA BANDA, PENSEI, VAI SER DESSE JEITO.

Respondi à mensagem de Jordyn com um enorme "ADIVINHA" e me belisquei pensando na oportunidade de enfim conhecer a banda que me inspirara a quebrar tudo. Se você esteve em algum concerto do Scream, do Nirvana ou do Foo Fighters, já sabe de onde vem aquela energia toda. Devo tudo a *Let There Be Rock*, do AC/DC.

Por acaso, o AC/DC estava na cidade para apresentar sua nova música, "Rock or Bust", na 57ª cerimônia do Grammy (2015). Eu não ia tocar naquela noite, só apresentar um prêmio, mas, como fã de longa data do AC/DC, estava com certeza mais animado para vê-los do que a qualquer um dos outros artistas pop relativamente tediosos e seus ridículos números ao estilo de Las Vegas. Uma forte injeção de rock and roll honesto: era disso que a cerimônia precisava. Eu estaria lá, dando pinta, sem dúvida sentindo aquela mesma adrenalina que me dera vontade de arrasar o Uptown Theatre 35 anos antes (só que agora ao lado da Katy Perry e do Tony Bennett e me sentindo como o garoto que tenta esconder um isqueiro que acende um cachimbo improvisado).

Como apareceria na transmissão sozinho, sem meus companheiros de banda, telefonei para Taylor e Pat e convidei-os para um jantar pós-show com nossas esposas, evitando, assim, as festas oficiais, que costumam ser um festival de selfies e papo furado sobre a indústria. Reservamos uma mesa num restaurante a poucos quarteirões do local da cerimônia, de nome Faith and Flower, e planejamos nos encontrar para beber e jantar longe do burburinho assim que tudo acabasse. Paul McCartney também iria à cerimônia e me perguntou o que faríamos depois. Com prazer, convidamos ele e Nancy para se juntarem a nós, abrindo mais dois lugares na mesa. Podem acreditar em mim, qualquer noite com Paul vale a pena, e aquela se anunciava épica. Aparentemente, Paul havia esbarrado com o pessoal do AC/DC no hotel e, quando lhe perguntaram qual era a boa da noite, falou que jantaria conosco, e assim chegamos à mensagem de texto mais surreal de toda a minha vida.

Pausa. Reflexão.

NÃO PASSO UM DIA SEM AGRADECER AO UNIVERSO POR ESSAS BÊNÇÃOS TRANSCENDENTAIS, E FAÇO QUESTÃO DE DAR VALOR A ELAS. Nunca vou achar "normal" fazer parte desse sonho lúcido; sempre vai ser como se estivesse vendo a vida acontecer do alto, contemplando a fantasia de alguém se concretizar diante dos meus olhos. Mas é a minha, e é nesses momentos que tento me fazer presente e me lembrar de que eu talvez seja a pessoa mais sortuda da Terra por respirar o ar que me levará à próxima aventura.

Alguns dias antes do show, recebi outra mensagem, esta do meu bom amigo Ben Jaffe, da lendária Preservation Hall Jazz Band de Nova Orleans, me avisando que também estava na cidade para o Grammy e procurava alguma festa. Acreditem em mim, ninguém é tão bom de festa quanto um nativo de Nova Orleans, e nada tem mais cara de Nova Orleans do que a Preservation Hall Jazz Band. Fundada no início dos anos 1960 por Allan, pai de Ben, a banda encarna o som, o espírito e a alegria da grande cidade, mantém vivo o tradicional jazz de Nova Orleans, faz três shows por noite 365 dias por ano, há mais de sessenta anos. Portanto, quando eles largam os instrumentos (o que é bem raro), a festa sempre fica animada. Durante a filmagem da série documental

Sonic Highways, em 2014, o Foo Fighters teve a honra de rodar por uma semana no próprio Preservation Hall, uma taverna erguida em 1803. Nos tornamos bons amigos. Ao fim daquela semana, eu concluíra que Nova Orleans é um tesouro americano e que todos de fato precisamos preservar sua rica cultura banhada de história europeia, caribenha e *cajun*. Nenhum outro lugar no mundo é tão cheio da mágica que Nova Orleans oferece. É, sem dúvida, minha cidade favorita no mundo.

— Cara… A gente vai jantar com Paul McCartney *e* o AC/DC! — exclamei. — Quer vir?

Sabia que Ben certamente entenderia a enormidade de um encontro casual tão incrível.

— Posso levar os caras todos? — perguntou ele.

Parei para fazer a conta. A Preservation Hall Jazz Band era composta de sete músicos, o que, sendo realista, significava no mínimo mais dez pessoas. Claro, adoraria que todos pudessem ir, mas, pelo andar da carruagem, a mesa de oito estava virando a porra do restaurante todo e, por isso, respondi com um indefinido "Peraí, deixa eu ver", com medo de que recusassem a solicitação de mais dez cadeiras. Foi então que Ben fez a proposta irrecusável:

— E se a gente vier pela rua tocando em segunda linha, entrar no restaurante, for direto até a mesa e fizer uma apresentação pra vocês ali mesmo?

Não havia como dizer não a tamanho ato de generosidade. Para quem não sabe do que se trata, segunda linha é uma forma de arte por excelência de Nova Orleans, uma tradição datada do século XIX segundo a qual metais saem pela rua a tocar atrás de uma procissão fúnebre para celebrar a vida de uma pessoa amada que partiu. Hoje já existem versões mais casuais que desfilam sem razão específica pelas ruas de Nova Orleans, e, caso vocês ouçam o som sincopado do jazz-swing funkeado se aproximar, a boa é pegar uma bebida e ir atrás. Nunca se sabe onde eles vão parar.

Assegurei a Ben que faria a ideia acontecer a qualquer custo e disse que deveríamos mantê-la em segredo para surpreender todos os nossos convidados de honra com uma noite da qual jamais se esqueceriam (sem falar no restaurante inteiro, sussurrando por cima de suas refeições de alta gastronomia para então serem certamente pegos no contrapé pelo alto volume dos sopros uivantes, pelo ressoar dos pratos e pelas tubas estrondosas da banda mais amada de Nova Orleans).

O que seria uma mesinha discreta virou uma sala privativa nos fundos, de tamanho suficiente para acomodar confortavelmente nossa lista crescente de convidados num espaço no qual cada um pudesse pegar o seu par e rodopiar pelo chão numa noite de celebração ébria. Eu mal podia esperar para ver a cara de todos ao assistir à banda entrar marchando na sala, na esperança de que inspirasse a mesma sensação vivida por mim ao sair atrás de uma segunda linha em Nova Orleans pela primeira vez. Uma sensação de comunidade e amor, compartilhada pelas pessoas unidas pelo ritmo e pela alegria, acompanhando a música aonde quer que ela nos levasse. Lembro-me de sair dançando pela rua no meu primeiro dia em Nova Orleans ao lado de estranhos que sorriam uns para os outros e pulavam ao som da música. Foi quando vi um rosto conhecido, o de Ben Jaffe, em cima de um carro a certa distância. Não fazia muito que nos conhecíamos, mas ele saltou, me deu um abraço fraternal, se virou para um homem com um *cooler* que vendia cerveja e amostras de vinho de frigobar e comprou bebidas para levarmos no nosso passeio vespertino. O rosé da Sutter Home nunca teve sabor tão delicioso às onze da manhã. E ele instantaneamente virou um irmão para a vida toda.

Assim que a cerimônia do Grammy acabou, Jordyn e eu correremos para o restaurante no intuito de chegar na frente dos demais, antes do início da nossa noite épica. O segredo estava quase guardado a sete chaves, quase porque Paul meio que sabia; afinal, trata-se do homem que tudo vê e tudo sabe, o onisciente e onipotente Paul McCartney. É que ele tinha sua própria história com o Preservation Hall, datada da época dos Wings, quando gravou no estúdio do herói local Allen Toussaint e ia ao Preservation Hall para bater papo. "Durante um tempo, ele aparecia direto", disse Ben para mim.

Transbordando de entusiasmo, eu mantinha meu celular por perto para coordenar o timing da entrada da banda, certificando-me de que estivesse tudo nos conformes para a grande revelação. A sala começou a encher com os rostos familiares das pessoas que mais amo. Minha mãe, meus amigos, Paul... e então lá estava... o AC/DC em carne e osso.

Para ser exato, eu já havia conhecido o cantor Brian Johnson, ainda que de forma muito rápida, num bar de hotel em Valência, na Espanha, durante um dia de folga da turnê de 1996 do Foo Fighters. Havíamos passado o dia bem longe do hotel e, quando o ônibus voltou e todos saltamos, reparamos num pessoal de jeans querendo autógrafos, parados na entrada com montes de fotos e revistas para serem assinadas. Acontece com todas as bandas, mas, ao nos aproximarmos, reparamos que estavam cobertos da cabeça aos pés com material do AC/DC e não faziam ideia de quem nós éramos.

— Vocês devem amar o AC/DC! — brinquei quando passamos pelo grupo, e eles, com um forte sotaque espanhol, explicaram que a banda estava hospedada no nosso hotel, pois iria se apresentar naquela noite na Plaza de Toros de Las Ventas, a arena de touradas local. Aquela que, para nós, seria uma rara noite de folga. Entusiasmadíssimo, corri para o quarto e liguei para o nosso diretor de turnê, cobrando que conseguíssemos ingressos para o show. Seria a primeira vez que eu veria o AC/DC ao vivo. Alguns telefonemas depois, arranjamos credenciais para todos. Ligamos uns para os quartos dos outros e combinamos de nos encontrarmos no bar do hotel para alguns drinques pré-show antes de irmos até o local da apresentação.

Enquanto circulávamos pelo bar entornando uma bebida atrás da outra, um cara de jeans preto, camiseta preta e boné entrou como quem não quer nada no elegante salão, pediu um drinque e se sentou numa banqueta sozinho. Ficamos embasbacados e mudos, pois se tratava de ninguém menos que Brian Johnson, a voz de "Have a Drink on Me", do mais aclamado álbum do AC/DC, *Back in Black*. Ao receber seu copo das mãos do barman, Brian se virou para nós e, com um sorriso e uma piscadela, ergueu o copo num discreto brinde, dizendo apenas:

— Rapazes!

Todos retribuímos o gesto, compreendendo a poesia daquele belo momento. Aposto que ele achou que nós éramos a equipe de palco, mas tudo bem, eu estava nas nuvens.

Naquela noite, enfim tive a chance de ver o AC/DC pelo qual me apaixonara quando era um nerd de onze anos que idolatrava rock and roll. O nível de energia exibido em cena foi exatamente o

que eu imaginava que seria, com Angus Young correndo em alta velocidade de um lado para outro do gigantesco palco adornado com pirotecnia e canhões carregados. A plateia, lotando completamente o espaço, abrilhantou ainda mais o espetáculo, cantando a plenos pulmões não apenas cada verso, mas também as partes de guitarra, pulando como uma onda humana em plena arrebentação ao ritmo de cada canção. Foi transcendental.

Eu já morreria feliz só de ver o rosto de todas aquelas figuras enormemente influentes marcando presença na nossa improvisada festa pós-Grammy, mas saber o que estava para acontecer tornava tudo mais especial. Eu jamais teria como compensar aquela sala cheia de ícones pelos anos de inspiração, mas, se pudesse fazê-los sorrir, dançar e sentir o prazer da música como eles haviam feito por mim a vida inteira, estaria abatendo ao menos um pouquinho da dívida.

O clima de celebração já era audível na nossa sala nos fundos quando chequei o celular e vi uma mensagem do Ben. "Nossa van está aqui na esquina, todos vestidos e prontos!" Tinha chegado a hora. "Venham", digitei, com as mãos trêmulas, e me postei diante da janela que dava para a rua, esperando para ver a banda surgir com ternos e gravatas pretas características dançando pela calçada rumo ao restaurante. Momentos depois, o som familiar do swing de Nova Orleans ecoou à distância, ainda tímido. Mas, quando eles dobraram a esquina e os vi, pés se arrastando em uníssono a caminho da porta da frente, fiquei todo arrepiado. Em poucos segundos, o restaurante estava tomado pelo clamor ribombante dos sopros, e os músicos surgiam em meio às mesas de clientes espantados. A conversa do nosso pequeno grupo cessou enquanto todos tentavam entender o que diabo estava acontecendo no outro salão, e foi quando... eles surgiram. Marcando sua presença na nossa festa em formação de segunda linha, a Preservation Hall Jazz Band irrompeu na sala e assumiu seu posto bem no meio dela, cercada pela expressão aturdida dos nossos convidados, soprando seus instrumentos com fervor arrebatador a meros centímetros de nossos trêmulos tímpanos. Passado o choque inicial, o salão virou pista de dança, e todos largaram as bebidas, pegaram os respectivos parceiros e caíram no swing. Foi um momento sem um pingo de pose ou status de realeza do rock and roll, seu lugar tomado pela mais pura alegria. Em dado momento, enquanto dançávamos, Brian Johnson se virou para mim com um sorriso escancarado e disse:

— QUER SABER? TÔ FELIZ PRA CARALHO!

Minha missão estava cumprida.

A noite continuou com mais música, mais bebida, mais felicidade. Foi também uma espécie de reencontro, pois Paul e Ben puderam relembrar o tempo que o Beatle passou em Nova Orleans anos antes e sua amizade com o falecido Jaffe pai, algo que sem dúvida significava muito para Ben. Em dado momento, Paul pegou um trompete e saiu tocando "When the Saints Go Marching In", e, claro, a banda toda embarcou na onda e saiu tocando junto. Paul se virou para Ben e disse:

— O meu primeiro instrumento foi o trompete! Aí minha mãe me comprou uma guitarra, e, bem... o resto da história vocês conhecem...

Sim, todos nós conhecemos, com certeza.

A noite entrou pela madrugada. E, por mais que desejássemos que o show não terminasse nunca, as luzes enfim se acenderam, e tivemos que perambular de volta à realidade, um lugar que nos parecia muito distante após uma noite tão mágica. EU ESTAVA EXAURIDO — NÃO FISICAMENTE, MAS MINHA ALMA ACABARA DE CORRER UM TRIATLO DE EMOÇÃO, NOSTALGIA E AMOR IMORTAL PELA MÚSICA. É difícil expressar em palavras o quanto acredito na música. Para mim, é um deus. Um mistério divino em cuja força sempre terei uma confiança incondicional. E são momentos assim que solidificam a minha fé.

Portanto, quando ouvir a segunda linha descendo a rua, espalhando felicidade e amor por meio de cada nota, não se limite a ouvir; junte-se a ela. Você nunca sabe onde acabará indo parar.

INSPIRADO, MAIS UMA VEZ

— Oi, com licença, você é o Dave Grohl?

Eu estava parado no meio-fio em frente ao terminal de embarque do aeroporto de Los Angeles, matando tempo enquanto esperava dar a hora de pegar o meu voo para Seattle. Dei uma longa baforada no cigarro e fiz que sim.

— Sou.

O rapaz sorriu e falou:

— Eu li numa entrevista que a única pessoa que você queria de fato conhecer era o Little Richard. É verdade?

— Com certeza — respondi. — Ele é a origem de tudo.

— Bem, sou o filho dele — disse ele.

De sobressalto, joguei meu cigarro no chão e apertei com força a mão do rapaz, quase a esmagando, honrado e espantado em conhecer o filho do pioneiro do rock and roll.

— Quer conhecê-lo? Ele está aqui no carro...

Eu mal tinha condições de falar. Era um momento pelo qual vinha aguardando ansiosamente. De todas as pessoas neste mundão azul de meu Deus que já conheci ou ainda vou conhecer um dia, jamais houve alguém mais importante para mim do que Little Richard. Não haveria rock sem Little Richard. E, sem rock, não haveria eu.

Andamos uns poucos passos até a limusine parada no acostamento, e o rapaz bateu na janela com insulfilm. Ela se abriu só alguns centímetros, ele se curvou e sussurrou discretamente para a pessoa do outro lado do vidro. De repente, a janela começou a baixar... e lá estava ele, em toda a sua glória! O cabelo, o sorriso, o delineador... e a voz que gritava:

— Deus lhe abençoe, David! É um prazer te conhecer!

Eu estava totalmente sem palavras. E ainda assim tagarelava feito um idiota enquanto ele perguntava se eu era músico, qual era o nome da minha banda, de onde eu era, tudo enquanto assinava uma foto dele mesmo em preto e branco, tamanho cartão-postal: *Para David. Deus se importa*. Trocamos um aperto de mãos, a janela subiu de novo, e a minha vida estava completa.

A importância desses momentos para mim é cabal. Caminho por esta louca vida de músico como um garotinho num museu, cercado pelas obras de arte que passei a vida estudando. E, quando afinal me vejo frente a frente com alguém que me inspirou, sou grato e dou valor. Creio profundamente na humanidade compartilhada da música e a considero mais gratificante do que qualquer outro aspecto do que faço. Sempre que a imagem unidimensional vira um ser humano vivo, pulsante, em três dimensões, aquilo enche a nossa alma com a certeza de que até nossos heróis mais queridos são gente de carne e osso. Acredito que pessoas inspiram outras pessoas. Por isso sinto necessidade de me conectar com os meus fãs quando eles me abordam. Sou um fã também.

Quando eu tinha sete anos, meu primo maconheiro mais velho me deu sua cópia da obra-prima do Rush, *2112*, para eu levar de volta à Virgínia após as nossas férias anuais em Chicago. Àquela altura, eu quase só ouvia meus discos dos Beatles e do Kiss. O Rush, com seu virtuosismo e sua musicalidade de rock progressivo, era um mundo inteiramente novo para meus ouvidos virgens. Fiquei intrigado. Mas o que mais me chamou a atenção no álbum foi a bateria. Era a primeira vez que eu ouvia o instrumento em posição de destaque em alguma canção, tão lírica e melódica quanto o vocal ou a guitarra. Eu não sabia tocar como Neil Peart tocava, mas o *sentimento* estava ao meu alcance.

Décadas depois, Taylor Hawkins e eu fomos convidados a fazer o discurso para a entrada do Rush no Hall da Fama do Rock e tocar a faixa de abertura de *2112*, uma peça instrumental chamada "Overture" (tarefa nada simples). Eu já tinha encontrado, ao longo dos anos, o baixista Geddy Lee e o guitarrista Alex Lifeson, ambos absolutamente pé no chão e muito engraçados, mas nunca fora apresentado ao mestre, a Neil Peart. Neil era um pouco mais reservado, algo compreensível em se tratando de um dos maiores bateristas de todos os tempos (não apenas no rock). Quando Taylor e eu aparecemos para ensaiar na véspera da cerimônia, Geddy e Alex nos receberam, mas nem sinal de Neil. E então, do nada, ele surgiu e se apresentou com sua voz grave de barítono.

— Oi, Dave. Sou o Neil. — Eu só conseguia pensar: *Ele disse o meu nome. Ele disse o MEU nome.* Dei um oi nervoso e ele perguntou: — Quer um café?

Respondi que sim, claro, e fomos até a mesa do bufê onde ele, Neil Peart, baterista do Rush, o homem que me fez ouvir esse instrumento de uma forma totalmente nova aos sete anos de idade e me inspirou a virar baterista, fez café para mim e me entregou a caneca com um sorriso.

INSPIRADO, MAIS UMA VEZ.

Uma coisa é ver seus ídolos num ambiente ou contexto musical; outra é vê-los muito longe dos holofotes, em seu habitat natural, como animais selvagens. Certa vez, eu empurrava Violet no carrinho de bebê em uma rua movimentada de Londres, com a minha esposa e o nosso amigo Dave Koz, e Elton John saiu de uma loja bem na nossa frente e entrou no carro estacionado que o aguardava. Todos paramos e perguntamos uns aos outros:

— CARALHO! VOCÊS VIRAM?!

Era. A porra. Do Elton. John. E estava sentado em um carro estacionado a poucos metros de nós, fascinados.

— Vai dar um oi, Dave! — disse o meu amigo, me cutucando.

Ri e falei:

— Porra, eu não conheço o cara! E, com toda certeza, ele não faz ideia de quem eu seja!

O motorista deu a partida, o carro andou por cerca de vinte metros e parou. A porta abriu, e, do carro, saiu Elton John caminhando na nossa direção, e a gente não havia sequer conseguido sair do lugar. Ele me abordou com aquele sorriso franco, os dentes aparecendo, e disse:

— Oi, Dave, prazer em conhecê-lo.

Meu sorriso foi de orelha a orelha, quase dando a volta na cabeça. Apresentei-o a Jordyn e a Dave, ele se abaixou e deu um beijo em Violet, depois correu de volta para o carro e partiu. *É ASSIM que se faz*, pensei (e, sim, os brincos enormes de safira combinavam com os sapatos à perfeição).

Anos depois, tive oportunidade de tocar bateria numa faixa com participação de Elton no álbum *...Like Clockwork*, dos Queens of the Stone Age. A canção "Fairweather Friends" tinha um arranjo intenso, anticonvencional, em várias partes, que havíamos ensaiado cuidadosamente antes da chegada dele, pois, quando os Queens entravam em estúdio, eram todos registrados ao mesmo tempo; era preciso estar preparado e não errar. Elton chegou, vindo diretamente de uma sessão com Engelbert Humperdink (não estou brincando) e disse:

— Ok, meninos, e aí? É uma balada o que vocês têm para mim?

Todos rimos e dissemos:

— Não... Ouve só.

Que qualquer um entrasse de repente e aprendesse uma canção tão complicada logo de cara já seria pedir muito, mas Elton sentou-se ao piano e *ralou* até acertar, tentativa atrás de tentativa, um perfeccionista de verdade, provando por que é a rainha diva do rock and roll.

INSPIRADO, MAIS UMA VEZ.

Momentos sem rede de segurança são os que mais enaltecem o espírito, e, quando se é aventureiro como eu, eles sempre estão ao alcance. Em geral, nos lugares mais inesperados. Certa noite, em Osaka, fomos informados pelo nosso diretor de turnê, Gus, que Huey Lewis compareceria ao show.

— HUEY LEWIS! — exclamou Pat.

Eu nunca o vira tão animado, e eu o conhecia havia anos. Mais uma vez, Pat virou meu mundo de ponta-cabeça ao dizer que o álbum *Sports*, de Huey Lewis & The News, era um dos seus discos favoritos de todos os tempos (junto com *Butterfly*, de Mariah Carey), destruindo por completo a imagem de maluco mais punk da face da Terra que eu tinha dele. Taylor me falou então que Huey havia tocado gaita no álbum *Live and Dangerous*, do Thin Lizzy, algo de que eu não tinha ideia, mas que fazia um pouco mais de sentido.

Huey apareceu, e não demorou para que o backstage ganhasse vida com o nosso costumeiro ritual pré-show regado a cerveja e uísque. Pode acreditar em mim, Huey é excelente companhia. Bebemos, fumamos e rimos, e acabei lhe perguntando sobre sua conexão com o Thin Lizzy e Phil Lynott (que banda fantástica). Ele me contou a história do seu solo de gaita naquele disco e de como ele também amava o Thin Lizzy. Foi quando tive uma ideia: e se Huey aparecesse para dar um solo de gaita conosco? Ele procurou nos bolsos para ver se tinha alguma; infelizmente estava sem, mas falou:

— Se você achar alguma a tempo, eu topo!

Olhei para o relógio. Em vinte minutos, subiríamos ao palco. Virei para Gus, pedi que desse um jeito de arrumar uma gaita, tomei mais uma dose com Huey e entrei em cena. Na sétima música, olho para o lado, e lá está Huey sorrindo e acenando com a gaita na mão. Ele entrou em cena, postou-se ao meu lado e, com uma gaita de plástico comprada numa loja de brinquedos japonesa domingo à noite, fez um solo que faria o sujeito do Blues Traveler jogar a cartucheira no chão e correr para o colo da mãe. Fiquei chapado. O cara é nota dez, cem por cento gente boa para caralho, e eu nunca mais questionarei o valor de *Sports* nessa vida. Chego a ficar envergonhado. Por uma noite, e somente uma noite, fomos "Huey Lewis & The Foo", e eu curti.

MAIS UMA GUINADA NUM CAMINHO JÁ TORTUOSO.

Nunca se sabe quem pode aparecer na lateral do palco, mas, nesses momentos, é aproveitar a oportunidade. Anos atrás, a BBC nos pediu para gravarmos um cover, algo que gostamos de fazer e fazemos com frequência, reunindo um arsenal de canções que ninguém nunca imaginaria ouvir o Foo Fighters tocar (ou tentar tocar). Na ocasião, estávamos em turnê, mas agendamos a gravação para logo que voltássemos para casa, ou seja, tínhamos que eleger uma música e tê-la devidamente ensaiada para dali a poucos dias. Na nossa minúscula sala de aquecimento no backstage do festival Summer Sonic, em Tóquio, Taylor e eu nos sentamos e experimentamos algumas ideias. Foi quando reparei que Rick Astley também estava no festival.

— Cara, vamos tocar "Never Gonna Give You Up" para esse negócio da BBC!

Começamos a brincar com a melodia, e logo notei a curiosa semelhança da progressão de acordes e do arranjo com os de "Smells Like Teen Spirit". Pat, Chris, nosso tecladista Rami e Nate embarcaram na onda, e não demorou para as duas canções ficarem quase indistinguíveis, como um *mash-up* do inferno. Ficou tão incrivelmente engraçado e absurdo que a tocamos de novo, e mais uma vez, e ainda uma terceira até Gus enfim aparecer e nos dizer que estava na hora do show. Dirigimo-nos ao enorme palco do estádio e mandamos ver nosso set costumeiro. Passadas algumas canções, olho para o lado direito do palco e vejo um rosto familiar próximo à mesa de controle dos monitores. Era a porra do Rick

Astley curtindo o som da banda, seu inconfundível rosto de bebê adornando a cabeça que balançava sem parar. Durante um dos solos de teclado de Rami, fui na direção dele e estendi a mão. Sob o volume excruciante do show que ocorria atrás de mim, falei:

— Acabamos de aprender a tocar "Never Gonna Give You Up" meia hora atrás. Quer cantar com a gente?

Rick pareceu chocado, mas respondeu sem hesitar:

— Porra, claro!

Em questão de segundos, lá estava ele no palco cantando com um punhado de estranhos diante de 50 mil fãs japoneses confusos do Foo Fighters, em voo cego de puro instinto.

Deus te abençoe, Rick Astley. Isso é ter colhões.

O outro lado da moeda de conhecer um músico que o inspirou é conhecer um que não teve relevância pessoal na sua vida. É uma justaposição interessante. Se já me desmilingui todo ao encontrar os roqueiros mais obscuros e desconhecidos do hard-core underground, também fiquei absolutamente na boa na presença de lendas cuja música nunca fez parte da minha formação. Sem querer negar que Neil Diamond seja um deus em meio aos homens, mas minha coleção de discos do Venom e do Dead Kennedys de quando era garoto não tinha espaço para o single de "Sweet Caroline". Assim, quando o conheci, no show de tributo a ele oferecido pelo MusiCares, em 2009, só o achei um cara muito legal. Mas eu conhecia alguém que se derreteria toda na presença dele: a mãe do meu falecido amigo Jimmy Swanson. E ela era a razão de estarmos lá.

Mary Jane era fã antiga de Neil Diamond, e a música dele era talvez a única que se ouvia na casa, fora o death metal satânico estridente que eu e Jimmy escutávamos. Jimmy era filho único, e sua morte deixou Mary arrasada. Ela sempre fora como uma família para mim, uma outra mãe, e assim, quando fomos convidados a tocar uma canção de Neil Diamond no show, falei:

— Deixa eu dar um telefonema antes de aceitar.

Liguei para Mary Jane e lhe disse que só tocaria no show se ela fosse à Califórnia, o que seria sua primeira viagem à costa Oeste, para conhecer Neil. Entre lágrimas, ela concordou, liguei para meu empresário, informei que tudo certo e comecei a buscar uma canção de Neil Diamond para aprender, minha primeira incursão em seu incrível catálogo.

Eu tinha dupla jornada naquele fim de semana, pois também tocaria bateria com Paul McCartney no Grammy, onde quebramos tudo com uma versão maravilhosamente crua de "I Saw Her Standing There". Assim, Mary Jane acabou indo ao Grammy também, sentando-se numa arena com Kid Rock, o U2 e Stevie Wonder em vez de em casa, na frente da TV. Naquela noite, fizemos uma reunião pós-festa num restaurante com Paul e a banda. Quando Mary Jane chegou, Paul lhe entregou uma taça de champanhe, deu-lhe um beijo na bochecha e disse:

— Olá, minha querida.

Achei que ela fosse desmaiar. Mas o momento em que Paul, na cabeceira da mesa, se ergueu para fazer um brinde é o que ainda hoje me traz lágrimas aos olhos. Depois de erguer o copo por todos os presentes e brindar à maravilhosa noite de música que acabáramos de vivenciar, Paul se virou para Mary Jane e disse:

— E... pelo Jimmy.

Na noite seguinte, Mary Jane teria a grande chance de conhecer seu amado Neil Diamond. Eu o encontrara no backstage horas antes, e ele era a própria visão do estilo *cool* anos 1970, com sua camisa de seda vermelha com diamantes incrustados na gola (o que todos elogiamos), seu cabelo perfeito e uma voz suave a ponto de deixar qualquer um de pernas bambas. Expliquei a relevância emocional da noite, e ele, total cavalheiro que é, concordou gentilmente em aparecer para dar um oi a Mary Jane após o show.

Até hoje me lembro da expressão no rosto dela horas depois, quando Neil entrou no nosso camarim. Deve ter sido a mesma que exibi ao conhecer Little Richard, ou Paul, ou qualquer dos artistas obscuros e desconhecidos do underground que eu amava. O momento em que o unidimensional se torna tridimensional e você é lembrado de que os sons que lhe trouxeram felicidade, fuga e alívio por toda uma vida foram inicialmente gerados por carne e osso. Mary Jane chorava lágrimas de felicidade, e eu só podia imaginar que Jimmy também o teria feito.

E, no dia seguinte, ao pegar o voo de volta para a Virgínia, Mary Jane levava na sua mala, cuidadosamente embalada, aquela camisa de seda vermelha com diamantes incrustados na gola. Sim, Neil Diamond lhe dera a camisa que usava.

Por que essa gente significa tanto para mim? Porque pessoas inspiram pessoas e, ao longo dos anos, todas essas se tornaram parte do meu DNA. De alguma forma, fui moldado por cada nota musical que as ouvi tocar. Memórias foram pintadas na minha mente tendo as vozes dessas pessoas como moldura. Até hoje me lembro em detalhes de, ainda criança, meu tio Tom me levar para velejar e passarmos o dia ouvindo isso mesmo: "Sailing", de Christopher Cross. Não tivesse sido essa uma memória de formação, talvez eu não tivesse cutucado um assustado Christopher Cross certa vez junto à esteira de bagagens do aeroporto de Austin, Texas, só para dar uma olhada no homem em pessoa. Houve ainda a ocasião em que abordei Ace Frehley, do Kiss, numa esquina de Hollywood à noite, só para apertar a mão dele, ou aquela em que confessei o meu amor por Bonnie Raitt, ambos sentados no chão de um camarim no Hall da Fama do Rock. PORQUE AINDA HOJE EU CAMINHO PELO MUNDO COMO UM GAROTINHO NUM MUSEU, CERCADO PELAS OBRAS DE ARTE QUE PASSEI A VIDA ESTUDANDO, E, QUANDO ME VEJO CARA A CARA COM ALGO OU ALGUÉM QUE ME INSPIROU NESTA JORNADA, SOU GRATO. MUITO GRATO.

Mas uma coisa é conhecer um herói de passagem. Outra é quando ele se torna um amigo.

Numa ébria noitada com a minha equipe, anos atrás, em Los Angeles, estava eu a caminho do banheiro do muquifo que estávamos detonando quando reparei em ninguém menos que Lemmy sentado num canto, bebendo sozinho em frente a uma máquina de videopôquer (não mencionarei seu sobrenome, ou sua banda, pois, caso vocês não saibam, nosso relacionamento não poderá continuar). Não resisti. Aquele homem era a encarnação do rock and roll, e eu o admirava desde que tinha ouvido sua voz rouca ressoar pela primeira vez nas minhas caixas de som. Caminhei até ele e disse:

— Lemmy? Com licença? Só queria agradecer pelos anos de inspiração que você me trouxe.

Ele ergueu os olhos de baixo do seu chapéu preto de caubói e, em meio a uma espessa nuvem de fumaça de Marlboro, rosnou:

— Saúde. — E, quando eu já estava me virando para ir embora, acrescentou: — Sinto muito pelo seu amigo Kurt.

Daquele momento em diante, Lemmy deixou de ser um deus do rock venerado mundo afora e se tornou apenas outro ser humano. Ao longo dos anos, nos tornamos amigos, compartilhando histórias escabrosas de vida na estrada e nosso amor por Little Richard sempre que nos encontrávamos, em meio a milhares de cigarros e garrafas de Jack Daniel's. Eu o admirava pela honestidade, por ser verdadeiro e íntegro, mas também por sua vulnerabilidade. Estivéssemos com as barrigas encostadas no balcão do Rainbow Bar and Grill, na Sunset Strip (sua casa longe de casa, a tal ponto que uma vez, quando bebíamos no local, a garçonete apareceu para lhe entregar a correspondência) ou no seu apartamento entulhado a minutos dali, eu valorizava cada minuto na presença dele. Porque o admirava não só como músico, mas também como amigo.

A notícia da sua morte me bateu como um choque. Foi logo após o seu aniversário de setenta anos e poucas semanas depois do último show. Eu jurava que ele enterraria a todos nós. Nem todo mundo sobreviveria a uma trajetória intensa como a dele, e, ainda que esse modo de vida tenha cobrado seu preço na velhice, Lemmy tinha energia e espírito de guerreiro. Nunca se renderia até chegar o dia em que o repouso final lhe foi imposto.

Fui na mesma hora a um estúdio de tatuagem e gravei no meu punho esquerdo um ás de espadas e as palavras "SHAKE YOUR BLOOD", verso de uma canção que havíamos composto juntos anos antes. Ele era um verdadeiro amante do rock e vivia a vida a toda, duas coisas que certamente tínhamos em comum.

No seu velório, mais ou menos uma semana depois, me pediram que dissesse algumas palavras, e, contendo as lágrimas, compartilhei alguns dos nossos momentos juntos com a pequena igreja abarrotada pelos amigos de longa data. Foi uma celebração agridoce da sua vida, ele que tanta alegria nos havia trazido e agora nos deixava para continuarmos a viver sem a sua insubstituível amizade.

Tirando do bolso do casaco a pequena foto em preto e branco que Little Richard assinara para mim tantos anos antes, me postei e li a letra de uma velha canção gospel que ele cantara certa vez, "Precious Lord, Take My Hand".

Precious Lord, take my hand
Lead me on, let me stand
I am tired, I am weak, I am worn
Through the storm, through the night
Lead me on to the light
Take my hand, precious Lord
Lead me home

Virando de costas, coloquei a foto no altar de Lemmy para lhe dizer "obrigado".

Para sempre grato pela inspiração.

PARTE CINCO

VIVENDO

HISTÓRIAS DE NINAR COM JOAN JETT

— Oi, Harper... Oi, Violet... E aí, tudo bem?

Minhas duas filhas ficaram sentadas num silêncio atordoado ao verem a inigualável rainha do rock and roll, Joan Jett, à frente delas ao pé do sofá. Com o cabelo preto espetado, tênis All Star velhos e jaqueta jeans apertada, ela projetava uma longa sombra sobre seus rostos angelicais, como a estátua de uma guerreira, a voz grave e característica ecoando acima do barulho de desenhos animados vespertinos ao fundo.

— Ei, pessoal! É a JOAN JETT! — proclamei com entusiasmo, rezando por algum tipo de reação.

Dava para ver que suas pequenas mentes estavam a mil, desesperadamente tentando processar aquele estranho encontro, mas as duas ficaram sem palavras. A caminho de casa, eu já havia avisado a Joan que isso aconteceria, explicando que as minhas filhas com certeza sabiam quem ela era... mas que simplesmente nunca haviam conhecido uma super-heroína na vida real.

Alguns meses antes, num dia de folga chuvoso durante uma turnê pela Europa, decidi levar as meninas à gigantesca loja de departamentos Harrods, em Londres, para uma rápida tarde de compras. Estava frio demais para ir ao parque e úmido demais para uma caminhada, de modo que decidi levá-las a um tour pelo lendário departamento de brinquedos, que colocava no chinelo a maioria das lojas de brinquedos americanas, para que elas pudessem sair um pouco do hotel e se divertir. Admito que não é tão culturalmente gratificante quanto uma visita a um dos diversos museus espetaculares da cidade, mas, às vezes, você só precisa ligar o "foda-se" e dar às pessoas o que elas querem. Ainda mais quando essas pessoas têm 1,20 metro de altura. Por mais divertido que seja viajar pelo mundo com a família, evitar que as crianças enlouqueçam entre um quarto de hotel e outro torna-se uma espécie de missão com o passar do tempo, e você está sempre pesquisando atividades com dias de antecedência para não cair num ciclo vicioso de pedidos de frango empanado ao serviço de quarto e desenhos animados legendados. Mesmo depois de uma noite pulando sem parar a um volume enlouquecedor num palco, sempre tentei preencher esses momentos com aventuras, transformando uma exaustiva turnê numa alucinante viagem familiar bem rock and roll. Ao longo dos anos, fui capaz de mostrar o mundo para elas, dos canais de Veneza ao porto de Sydney, das geleiras da Islândia à Torre Eiffel, e tudo o mais. Com os anos, observei cheio de orgulho minhas filhas passarem de cadeirinhas infantis para carros acopladas em assentos de aviões e berços ao lado da cama do hotel para acenos a comissárias de bordo, pedindo por mais refrigerante e encomendando sundaes ao serviço de quarto à meia-noite por conta própria. Elas agora são viajantes experientes, o que eu adoro, porque isso significa que podemos ficar juntos.

Ao entrar no enorme departamento de brinquedos, decidi estabelecer algumas regras paternais.

— Tudo bem... vocês têm uma hora para encontrar um brinquedo, que precisa ser pequeno o bastante para caber na mala. Agora... VÃO!

Acertei o relógio, e as meninas saíram correndo freneticamente que nem dois participantes alucinados de um reality show de compras, desafiadas ao máximo pela impossível tarefa de escolher um brinquedo que atendesse aos meus requisitos cruelmente irracionais. Uma hora? Beleza! Mas... defina "mala". Estamos falando da SUA mala? Da MINHA mala? Ou, talvez, de uma mala NOVA que possa transportar sem problemas uma casa de bonecas vitoriana? Missão impossível. Mesmo assim, fiquei encantado ao vê-las se espalharem pela loja, os sapatinhos batendo pelos corredores, cabeças girando com as infinitas opções.

Admito que logo fui à seção de Lego, babando sobre a gigantesca seleção da loja, tentando decidir se eu deveria participar do desafio ou permanecer como um opositor consciencioso. Confesso que sempre tive uma queda por Legos. Desde criança, sempre foi o meu brinquedo favorito. Com as peças pequenas e intrincadas e o gratificante *clique* de dois pequenos blocos se encaixando perfeitamente, eu poderia passar horas a fio construindo castelos, carros e outras estruturas geométricas, apenas pela simples recompensa de saber que eu mesmo havia feito aquilo. Quando era jovem, eu era quase obcecado, tanto que um pouco da minha "visão" musical é ver as partes individuais das canções como blocos de Legos, uma forma lúdica de sinestesia que ainda hoje me ajuda a memorizar arranjos e composições.

Conforme o prazo se aproximava, dei às meninas um aviso de cinco minutos com a minha melhor performance de apresentador de TV. Como era de se esperar, nenhuma delas ainda tinha encontrado um brinquedo, e as duas corriam de lá para cá, em busca do prêmio perfeito. Como poderiam escolher? Eu lhes lancei "o olhar" (cabeça abaixada com uma sobrancelha erguida) e repeti:

— Cinco minutos.

Nesse ponto, elas haviam restringido a busca à seção da Barbie, que era aproximadamente do tamanho de um grande hangar de avião comercial. Elas circulavam, procurando a sua presa. Aquilo não seria fácil. Centenas de Barbies alinhadas nas prateleiras, de estilos diferentes, temas diferentes, algumas com acessórios, outras com guarda-roupa adicional... Era o suficiente para acabar com qualquer criança. Observei enquanto elas pegavam caixa após caixa, examinando com atenção cada uma, sem dúvida tentando obter o máximo retorno enquanto ultrapassavam os limites da capacidade de bagagem regulamentar. O tempo estava passando, a tensão aumentou, até que...

— ACABOU O TEMPO! — gritei como um árbitro (se ao menos eu tivesse um apito...).

— Mas, PAIIII! — gritaram as duas, frustradas. — Não conseguimos decidir o que levar!

— Vamos! — disse, rindo. — Escolham uma, qualquer uma, e aí a gente volta para o hotel!

Nesse momento, olhei para a mesa ao meu lado, que estava lotada de Barbies, e agarrei a primeira que encontrei.

— Vejam! Eu escolhi uma! — falei enquanto balançava a boneca bem alto.

— Isso não é justo! Você não pode comprar uma Barbie! — protestaram elas, e, quando olhei para a caixa, percebi que, sem querer, havia pegado uma Barbie Joan Jett oficial completa, com All Stars vermelhos, calça de couro, uma camiseta preta sem mangas e uma guitarra Gibson Les Paul Junior branca pendurada no ombro. *Caralho*, pensei. *Com certeza, vou comprar essa!*

Em poucos minutos, estávamos todos no caixa comparando as nossas Barbies (Joan Roqueira e duas garotas glamourosas superdotadas repletas de acessórios), ansiosos para voltarmos correndo para o hotel e brincar.

Mais tarde naquela noite, enquanto eu estava sentado à escrivaninha da sala de estar da suíte, Violet e Harper entraram na sala e educadamente perguntaram se poderiam brincar com a minha Barbie.

— É claro! — respondi com um sorriso, e comecei a abrir com cuidado a caixa colorida, removendo a boneca de sua embalagem ridiculamente complicada (desde quando é preciso um diploma em engenharia para tirar os brinquedos da porra da embalagem?).

Enquanto as meninas pacientemente me observavam lutar com cada minúsculo nó, percebi que elas não faziam ideia de que Joan Jett era uma pessoa de verdade. Achavam que era apenas outra boneca de plástico, uma das centenas que viviam nas prateleiras da sua nova loja de brinquedos favorita. Parei o que estava fazendo, coloquei a boneca de lado e expliquei que Joan era não apenas um ser humano real, como também alguém muito importante. UM ÍCONE FEMINISTA QUE PROVOU AO MUNDO QUE AS MULHERES PODEM TOCAR AINDA MELHOR DO QUE OS HOMENS. Uma inovadora, uma arquiteta, uma pioneira do punk rock tão poderosa que inspirou gerações de jovens mulheres a pegarem guitarras e fazerem o mesmo. Elas pareceram um bocado confusas, de modo que abri o laptop, coloquei o volume no máximo e reproduzi para elas o clipe de "I Love Rock 'n Roll". As duas ficaram surpresas, paralisadas com a arrogância e o sarcasmo de Joan, e ficaram cantando juntas, palavra por palavra, o refrão final. Fechei o computador e disse:

— Viu só? Ela é real!

Então, as duas logo pegaram a boneca e voltaram para o quarto, cantarolando aquele clássico do rock pelo caminho, e, no fundo do meu coração, senti que elas tinham acabado de descobrir uma nova super-heroína.

À medida que a turnê prosseguia, acabamos em Nova York para um show no Madison Square Garden, um dos lugares de que mais gosto no mundo. A entrada do prédio sempre me lembrou aquela cena do filme-concerto do Led Zeppelin, *The Song Remains the Same*, um filme que praticamente estudei quando adolescente, tentando dissecar a bateria sobre-humana de John Bonham feito um desesperado. A caminho da cidade, nosso gerente de turnê, Gus, perguntou se gostaríamos de convidar alguém para se apresentar com a gente no show. Afinal, era o Madison Square Garden, e precisávamos tornar aquela uma ocasião especial. Nomes foram citados na van, a maioria amigos com quem já tínhamos tocado, e, então, alguém mencionou Joan Jett, que morava em Nova York desde o fim dos anos 1970. Como eu não a conhecia pessoalmente, perguntei se teríamos como entrar em contato com ela. Gus respondeu:

— O Pat conhece ela!

Pat Smear, nosso guitarrista fundador e o cara mais descolado do mundo, conhecia Joan desde o tempo em que ela tocava na lendária banda The Germs. Nascido e criado em Los Angeles, Pat era um moleque punk rock em meados dos anos 1970 e um grande fã da primeira banda de Joan, The Runaways, um grupo só de garotas que vieram no encalço de Bowie e T-Rex. Ele assistiu a todos os shows e acabou fazendo amizade com Joan, andando com uma galera punk de Hollywood que, sem saber, mudaria o curso da música para sempre.

Praticamente da mesma idade que Joan, Pat foi inspirado pelas Runaways, uma vez que todos eram apenas adolescentes na época. Tanto que ele e o melhor amigo, Darby Crash, também decidiram começar uma banda. E, quando chegou a hora de gravar o seu primeiro álbum de estúdio, *GI*, em 1979, pediram que Joan Jett o produzisse. Ou seja, havia muita história ali, não apenas em relação ao rock and roll, mas também pessoal.

Depois de algumas ligações, nos disseram que Joan adoraria fazer uma aparição, então rapidamente combinamos que ela viesse e ensaiasse conosco sua famosa canção "Bad Reputation" antes do show. Era a escolha perfeita para o nosso público, já que Joan era uma das vozes mais renomadas da nossa geração e, sem dúvida, encerraria aquela noite memorável com chave de ouro. Quando nossa carreata chegou ao local, assim como o Led Zeppelin havia feito 38 anos antes, fiquei todo ansioso, ainda sem acreditar que ia conhecer mais uma das minhas heroínas pessoais, dessa vez uma mulher fodona que ditava as próprias regras.

Quando Joan entrou pela porta do camarim, me levantei nervoso e entusiasmado e me apressei para cumprimentá-la. Eu estava agora frente a frente com a verdadeira Joan Jett. Aquele cabelo preto espetado, aqueles tênis All Star gastos e aquele casaco apertado não eram mais apenas parte de uma imagem na tela da TV, e aquela voz grave não era mais apenas o canto saindo de uma velha caixa de som. Ela era uma presença forte, ainda fodona e punk rock como sempre. E... meu Deus, como era cheirosa.

Repassamos a música algumas vezes em instrumentos de ensaio nos nossos camarins e a colocamos no fim do setlist, sabendo que com certeza seria o ponto alto do show. Era um prazer estar perto de Joan, a carranca assustadora substituída por um sorriso capaz de iluminar o Madison Square Garden, e aqueceu meu coração ver a ela e Pat juntos depois de tantos anos. Sem aqueles dois, quem sabe onde estaríamos? Sentia como se fosse um figurante num documentário que eu com certeza pagaria para ver.

A propósito, não tem como subestimar o poder da presença de Joan. Antes do show, eu estava parado num longo corredor lotado de gente, conversando com velhos amigos enquanto tomávamos um drinque, quando Joan saiu sem alarde do nosso camarim. Enquanto ela caminhava devagar pelo corredor, solitária como um James Dean pós-apocalíptico, vi que todos, homens e mulheres, abriam caminho, atordoados com a sua passagem. Causando um desmaio coletivo contra o qual talvez apenas Elvis fosse capaz de competir, ela caminhou em meio à multidão, um passo de cada vez. Aquilo era rock and roll, porra. Joan realmente era uma super-heroína.

Quando eu a apresentei no palco naquela noite, vi que ela parecia ter o mesmo efeito sobre quase todo mundo. O rugido da multidão quando ela se posicionou sob o refletor foi uma recepção estrondosa, do tipo oferecido apenas às lendas, e nossa apresentação foi intensa, rápida e precisa. Depois, comemoramos com uma garrafa de champanhe, e Joan e eu falamos sobre trabalharmos juntos algum dia.

— A gente tinha que compor alguma coisa juntos! — disse ela com seu carregado sotaque nova-iorquino.

Concordei com entusiasmo, e verificamos as nossas agendas ali mesmo, encontrando uma brecha na qual ambos estaríamos fora de turnê para nos encontrarmos e gravarmos. Marcamos uma data e nos abraçamos com força, contentes por aquele encontro casual e ansiosos pelo próximo.

Eu mal podia esperar para contar para as minhas filhas que a super-heroína favorita delas não apenas viria a Los Angeles para compor comigo, como também passaria o fim de semana conosco! Elas iriam surtar!

É pedir muito que uma criança compreenda de verdade o que sai da fantasia e entra na realidade, quando o imaginário de brinquedos e vídeos no YouTube se torna real. Pelo amor de Deus, Violet tinha apenas cinco anos, e Harper, dois. No entanto, fiz o meu melhor para prepará-las para a chegada de Joan, esperando que aquilo não as deixasse confusas demais. Quero dizer, se o Bob Esponja aparecesse na sua porta, tenho certeza de que você também ficaria meio perplexo.

A julgar pela reação delas no sofá naquele dia, nossa pequena conversa preparatória não serviu de muita coisa.

— Então, meninas... vocês se lembram daquela Barbie que eu comprei em Londres? Ela está vindo para passar o final de semana com a gente.

Silêncio.

— Então, quando ela chegar... não surtem... ela é de verdade.

Mais silêncio.

Depois de Joan ter se acomodado, nós dois fomos para o estúdio do Foo Fighters, onde começamos a trabalhar numa ideia de música que ela andava desenvolvendo chamada "Any Weather", uma batida acelerada com uma das suas melodias características. Dava para ver na mesma hora que aquela canção era uma obra de Joan Jett, cheia de atitude e emoção. Observando-a trabalhar, consegui imaginar a vida incrível que ela havia tido e podia sentir o seu amor eterno pelo rock and roll, tão contagiante quanto inspirador, para dizer o mínimo. Depois de todos aqueles anos, ela ainda cantava com o coração.

We can stay together
Through any weather
We can stay together
Through anything
If we love

Naquela noite, voltamos para casa depois de um dia maravilhosamente produtivo, e comecei o meu ritual costumeiro de preparar minhas filhas para irem para a cama enquanto Joan ia até a casa de hóspedes para vestir o seu pijama (justo quando pensei que ela não tinha como ser mais adorável, sim, ela usava pijama). Dei banho na Harper, coloquei o pijama nela, li algumas histórias e a pus no berço. Uma tinha ido, só faltava a outra. Violet era a próxima. Banho, pijama, mas, antes de colocá-la na cama, levei-a até a sala para dar boa-noite para Joan.

De pé diante do sofá onde Joan estava sentada confortavelmente trajando seu pijama, falei:

— Ei, Joan, Violet gostaria de te dar boa-noite.

Joan sorriu e disse:

— Ahhhhh, boa noite, Violet. Até amanhã!

Minha filha se voltou para mim e sussurrou no meu ouvido:

— Papai, você podia perguntar para a Joan se ela quer ler histórias de ninar para mim hoje?

Meu coração parou por um instante quando olhei nos olhos de Violet. Então, voltei-me para Joan e disse:

— Ei... hummmm... ela quer que você leia histórias de ninar para ela hoje...

Senti Violet apertar a minha mão, ansiosa. Joan sorriu e aceitou, feliz.

— Claro, Violet... vamos lá!

Enquanto eu observava as duas se afastando de mãos dadas escada acima, rezei para que Violet nunca se esquecesse daquele momento, que no futuro ela se lembrasse daquela noite e tivesse consciência de que alguns super-heróis são reais. Que talvez algum dia, e ao seu modo, ela se tornasse uma inovadora, uma arquiteta, uma pioneira, capaz de inspirar gerações de jovens mulheres a pegar um violão ou fazer o que seja que quiserem para deixar a sua marca.

AFINAL, NUM MUNDO REPLETO DE BARBIES, TODA GAROTA PRECISA DE UMA JOAN JETT.

O BAILE DE PAIS E FILHAS

— Ah, falando nisso... o baile de pais e filhas vai cair no dia 6 de março este ano. Não esquece de colocar na sua agenda.

Meu coração parou quando a voz da minha esposa ecoou sobre o atraso exagerado de uma chamada internacional de Los Angeles para o meu quarto de hotel na Cidade do Cabo, África do Sul. *Seis de março?* pensei comigo mesmo. *Ah, meu Deus, por favor, que seja um dia de folga em casa...*

Soube na mesma hora que aquilo seria um problema, mas, fazendo o meu melhor para disfarçar o aperto que sentia no peito, respondi tranquilamente para Jordyn que anotaria, desliguei o telefone e comecei a suar de nervoso, rezando para que aquela data importantíssima (um evento em que eu havia prometido que estaria presente) caísse numa das breves pausas na nossa interminável turnê mundial daquele ano. Temendo o pior, atravessei a sala em direção ao meu laptop e abri a agenda para 6 de março.

E, realmente, era um dia de show... em Perth, Austrália.

O baile de pais e filhas era uma tradição na escola de Violet, atividade praticamente obrigatória para qualquer pai que tentasse criar uma menina no vale do silicone (sim, você leu certo, é silicone, não estou falando de softwares) de Los Angeles. Uma oportunidade para fortalecer o vínculo familiar, compartilhar bons momentos e mostrar a elas que, não importava o que acontecesse, uma menina sempre podia contar com o seu querido e velho pai. Do jardim de infância até a sexta série, era um desfile anual de homens de meia-idade em ternos engomados, fazendo o possível para socializar de forma educada uns com os outros, enquanto suas filhas, com vestidos de baile em miniatura e corpetes ajustados à perfeição, comiam doces a rodo em mesas compridas que fariam o Willy Wonka morrer de inveja. Tudo ao som de uma trilha sonora do Kidz Bop Top 40 sendo executada por um DJ instrutor de dança estilo Nickelodeon, que gritava instruções sobre o "cha-cha slide" num volume de rachar janelas. O baile, em geral realizado numa das sombrias salas de banquete do infame Sportsmen's Lodge em Sherman Oaks (local que já presenciou milhares de *bar mitzvahs*), era o ponto alto do ano para a maioria daquelas meninas. E para alguns pais também.

Violet e eu sempre fizemos questão de tornar aquilo um acontecimento. Embora eu sempre tenha sido contra roupas formais (já que, ao vesti-las, costumo parecer um maconheiro num tribunal pagando uma multa por porte de droga), fazia o possível para me ajeitar e ficar com uma boa aparência. Claro que Violet também fazia o seu melhor no estilo Disney, normalmente vestindo algo bem princesa, calçando um par de minúsculos sapatos de salto alto, transbordando de entusiasmo e cheia de nervosismo com a perspectiva aterrorizante de uma experiência social tão delicada. No fundo, eu sabia que esse tipo de atividade formativa com certeza seria a base de muitos bailes que viriam a seguir durante o ensino médio, de modo que era imperativo que tudo saísse bem para a minha menina; caso contrário, ela poderia enfrentar uma adolescência de bailes de formatura semelhantes à cena do balde de sangue em *Carrie, a Estranha*.

Aquela vez, porém, era diferente. Por alguns anos, Harper, que é três anos mais nova do que Violet, sempre ficava chorando na porta quando a irmã dela e eu íamos para o baile, implorando para acompanhar, embora ela ainda não fosse aluna da escola. Era de partir o coração vê-la dando adeus, contendo as lágrimas por trás da chupeta, incapaz de entender por que não podia nos acompanhar. Eu sempre tentava tranquilizá-la:

— Algum dia vamos todos juntos!

No entanto, a visão dela parada à porta agarrada ao seu cobertor favorito com lágrimas escorrendo pelo rosto sempre me atingiu fundo. E, agora que ela enfim tinha idade suficiente e eu podia cumprir a minha promessa de levar as duas ao baile, coisa pela qual Harper havia esperado ansiosamente por quase metade da sua vida, eu precisava fazer a merda de um show na mesma noite — a quinze mil quilômetros de distância.

Liguei na mesma hora para o agente que me acompanha há trinta anos, John Silva, e falei:

— John, temos um problema. Tipo, um problema sério.

Calmamente expliquei a situação no meu tom mais tranquilo, deixando bem evidente que perder aquele baile não era uma opção. Ele respondeu se desculpando:

— Foi mal, Dave, mas os ingressos para o show esgotaram.

O alerta máximo disparou enquanto eu imaginava o horror das minhas meninas ao levarem um bolo do PRÓPRIO PAI, e instantaneamente fui de zero a cem, gritando:

— Cancela! Muda! Adia! Faça o que for preciso, mas não posso e não vou perder esse caralho de baile!

Percebendo a magnitude daquele desastre em potencial, começamos a pensar e a mexer com as datas. Ora, se eles conseguiram levar um homem à Lua, não teria motivo para não conseguirmos dar um jeito de eu estar no Sportsmen's Lodge a tempo, trajando uma Levi's e sapatos sujos da Clarks, certo? A turnê, que estava prevista para começar em Christchurch, Nova Zelândia, era relativamente curta: oito shows, todos em estádios sob o calor escaldante do verão. Aquela seria a nossa maior excursão pela área até então, e os ingressos haviam sido vendidos rapidamente. Sempre tivemos um intenso caso de amor com nossos amigos neozelandeses e australianos, de modo que, ao menos uma vez a cada ciclo de álbum, encarávamos o voo de quinze horas para lhes fazer uma visita. E sempre valeu a pena. Das praias de seixos negros de Piha, na Nova Zelândia, aos arredores do paraíso cosmopolita de Auckland, às vinícolas ao redor das colinas de Adelaide, na Austrália, passamos uma década explorando aquele território paradisíaco, fazendo amigos para a vida inteira e curtindo demais todos os lugares para onde íamos. Então, me doía até mesmo considerar a hipótese de adiar ou, pior, cancelar, um daqueles shows. Além disso, decepcionar os fãs simplesmente não faz parte do meu DNA. Contudo, por mais que adore uma cerveja Victoria Bitter bem gelada e um bolo de carne à meia-noite, tenho minhas prioridades. Depois de um pouco de *brainstorming*/embaralhamento de datas e algumas ligações, chegamos a um plano: o show de Perth, que já estava esgotado, talvez pudesse ser adiado de 6 para 8 de março, o que me daria tempo suficiente para sair do palco em Adelaide, embarcar num avião fretado para Sydney, entrar logo depois num voo da Qantas de volta para Los Angeles, aterrissar no LAX, dormir algumas horas, levar as minhas filhas para o baile, e aí sair direto do Sportsmen's Lodge até o aeroporto e voar de volta para Perth a tempo de entrar no palco e tocar para caralho.

DOIDO? TALVEZ. POSSÍVEL? POR MUITO POUCO. OBRIGATÓRIO? INDISCUTIVELMENTE.

Nosso esquema foi posto em prática, e a gentil população de Perth felizmente reorganizou os seus calendários para que pudéssemos nos encontrar em 8 de março. A crise foi evitada. Agora eu poderia dormir tranquilo sabendo que estaria lá com as minhas filhas, trajando a minha melhor calça jeans da Levi's e sapatos da Clarks, lembrando as duas de que sempre poderiam contar com o pai, mesmo que isso significasse quarenta horas de viagem em dois dias e dezesseis fusos horários diferentes. Por sorte, todos os meses que passei em vans lotadas e fedorentas, dormindo no chão e vivendo de cachorros-quentes, me prepararam para aquele exato momento. Você faz o que deve para chegar ao show. Sempre.

Quando chegamos a Adelaide, nossa operação intercontinental já estava planejada com precisão militar. Sem margem para erros ou atrasos, meu empresário, Gus, e eu estávamos preparados para pular do palco como soldados de um helicóptero militar e corrermos até um jatinho que nos esperava numa pista próxima, de onde voaríamos para Sydney para pegarmos o tenso voo de quinze horas para Los Angeles. Assustador, para dizer o mínimo, mas um desafio ridículo que estávamos os dois estranhamente ansiosos para fazer, rindo do absurdo de tudo aquilo. O show daquela noite foi o máximo, um ataque relâmpago de 24 músicas que deixou o estádio enlouquecido enquanto eu ficava atento ao relógio na lateral do palco, garantindo que estava dando ao público cada segundo do meu tempo antes de me mandar dali. E, enquanto as notas finais de "Everlong" ainda pairavam no ar, Gus e eu pulamos num carro e disparamos até o aeroporto ali perto, preparados para darmos a volta ao mundo.

Ao embarcarmos no nosso primeiro avião, fui saudado pelo cheiro familiar de um balde de KFC que se espalhava por toda a cabine. Vejam bem, aquilo não era por acaso. O Foo Fighters tem uma vontade muito peculiar que solicitamos de vez em quando em ocasiões especiais (e sempre há ocasiões especiais): KFC e champanhe. Descobrimos essa combinação deliciosa sem querer numa turnê pela Austrália anos antes. Certa noite, quando estávamos indo fazer a passagem de som, vi um KFC e disse para Gus:

— Ei, Goose, teria como pedir alguns baldes de frango para depois do show?

Eu não comia Kentucky Fried Chicken havia anos, e fui tomado pela necessidade daquela mistura secreta de ervas e especiarias. Ele pediu comida suficiente para um exército, que deixou à nossa espera no camarim. Nunca vou me esquecer de sair do palco naquela noite encharcado de suor, com uma toalha estendida sobre os ombros, e, a cinquenta metros de distância do camarim, sentir o aroma de frango frito flutuando pelo corredor. Desabei numa cadeira e me joguei naquele balde como um guaxinim numa lixeira, devorando pedaço por pedaço, faminto pelas centenas de calorias que tinha acabado de deixar no palco. Após alguns pedaços, fiquei com sede, e a única bebida ao meu alcance era uma garrafa de champanhe em um balde de gelo. Abri a garrafa, tomei um gole, dei uma mordida no frango, tomei outro gole, dei outra mordida e gritei:

— MINHA NOSSA SENHORA, CARA, VOCÊS PRECISAM PROVAR ISSO!

Em pouco tempo, todos os integrantes da banda estavam com uma taça de champanhe numa das mãos e uma coxa de frango na outra, maravilhados com aquela nova descoberta, convencidos de termos sido os primeiros a encontrar aquela combinação perfeita. A partir daquela noite, essa se tornou uma tradição de obstruir artérias que ainda hoje praticamos. Podem rir o quanto quiserem. Eu poderia dar uma detalhada aula de culinária sobre a justaposição de sabores e a sensação na boca provocadas pela combinação de KFC e espumante. Mas, acreditem em mim, é delicioso para caralho.

O curto voo de duas horas para Sydney foi tranquilo. Tínhamos algumas horas naquela escala antes do longo trajeto, tempo suficiente para que eu ligasse para casa e falasse para minhas filhas que estava chegando. Deu para sentir a empolgação delas ao telefone. Agora, era apenas uma questão de horas antes que pudesse vê-las outra vez.

A expectativa e a adrenalina tornaram o voo seguinte interminável, mas o meu coração ficou repleto de orgulho paternal quando

2015
Coachie's Cafe
Stern Point
Jacobson Lighthouse
LIGHTNING BEACH
Wolke Surf Shop

me imaginei entrando no Sportsmen's Lodge com as minhas duas filhas incríveis, cada uma num braço.

Ao chegar em Los Angeles, parecia que eu tinha sido atropelado por um caminhão de lixo, mas, assim que entrei em casa, fui imediatamente saudado por duas garotinhas gritando, uma sensação que supera até mesmo o *jet lag* mais cruel. Sabendo que tinha apenas algumas preciosas horas ao lado delas, deixei de lado qualquer exaustão física e entrei no "modo pai". Sendo bastante honesto: sou o que algumas pessoas podem considerar como um pai bobalhão (chocante, eu sei). Muitas vezes, fico parecendo um daqueles apresentadores de programas infantis irritantes pra cacete, que fazem você querer enfiar a cabeça dentro do forno. Não sou avesso nem me oponho a parecer ridículo para causar a menor risadinha nas minhas filhas, desde o momento em que acordam até as histórias de ninar à noite. Por exemplo: descobri que dançar feito um bobo ao som de Earth, Wind & Fire servindo panquecas de café da manhã não apenas provocava o primeiro sorriso do dia, como as fazia sair de casa com um andar saltitante, mesmo que fosse apenas para fugir da minha insanidade.

Passei o resto do dia bebendo um oceano de café e tentando evitar que os meus olhos se fechassem enquanto organizava as festividades da noite. Limusine? Feito. Champanhe de mentirinha? Feito. Tentativa fracassada de tentar parecer formal depois de uma viagem de quase dezesseis mil quilômetros? Duplamente feito. Esta era a grande noite delas, então o esplendor e os preparativos precisavam ser dignos do Oscar, com uma equipe de produção que poderia passar por uma equipe de pit stop da Nascar. Àquela altura, Violet já era uma veterana da rotina do baile de pais e filhas, mas eu podia ver nos olhos de Harper que aquilo era algo muito especial para ela. Um momento pelo qual ela esperava havia um bom tempo. E isso valeu cada quilômetro que eu tinha percorrido.

Nunca gostei de bailes de escola. Para mim, eram eventos cheios de constrangimento que serviam para reforçar as minhas inseguranças debilitantes de criança nerd e nunca me deixavam esquecer o fato de eu simplesmente NÃO SABER DANÇAR. O tenebroso ritual de estar num círculo de amigos tentando invocar algum tipo de ritmo quando "Super Freak", de Rick James, explodia das caixas de som me causou um trauma irreparável, um medo mortal de qualquer pista de dança longe da privacidade da cozinha da minha casa. Isso para não mencionar aquele baile de boas-vindas num barco, quando fui jogado no meio do rio Potomac sem colete salva-vidas. Assim, me tornei uma pessoa acanhada. Isso talvez seja um pouco irônico, considerando que dediquei a minha vida ao ritmo. Mas já vi muitos bateristas dançando, e, acredite, não é algo bonito de se ver.

Logo estávamos na fila do Sportsmen's Lodge com todos os outros pais e filhas, e meu cansaço extenuante bateu, ondas de exaustão que praticamente me derrubavam. Eu estava sendo destruído. *Acorda!*, disse a mim mesmo. *As meninas vão se lembrar dessa noite para o resto da vida, e você só tem duas horas para estar com elas antes de precisar voltar para o aeroporto para mais uma viagem de dezesseis mil quilômetros.* E bastou olhar para as suas expressões deslumbradas que recobrei as forças. MAIS UMA VEZ, EU ESTAVA CHEIO DE ORGULHO, SABENDO QUE, NÃO IMPORTAVA O QUE ACONTECESSE, ELAS PODIAM CONTAR COMIGO. DOU CONTA DISSO.

Quando entramos no salão principal, nos deparamos com balões, mesas postas com lindos pratos, um grande bufê de massa sem molho, nuggets de frango e uma pista de dança lotada de crianças gritando. Nossos olhos brilharam da mesma forma que os da Dorothy quando ela entrou no maravilhoso mundo de Oz, e nos abraçamos juntos enquanto examinávamos o cenário. O que fazer primeiro? Comer? Dançar? Atacar a máquina de algodão-doce? Pensando que Violet e Harper poderiam estar um pouco nervosas, sugeri:

— Que tal encontrarmos uma mesa para deixarmos as nossas coisas?

Me virei para encontrar um lugar vago, e... elas se foram, correndo na direção das amigas para dançar em pequenos grupos de estridente alegria. Só me restou sorrir ao vê-las com as outras meninas. Meu trabalho ali estava feito, e fui deixado para socializar numa sala cheia de pais igualmente abandonados, passando o tempo com conversas protocolares que em geral giravam em torno de esportes, assunto sobre o qual não sei absolutamente nada. Se a paternidade me ensinou alguma coisa foi que eu não seria capaz de citar um atleta lendário nem se a minha vida dependesse disso, embora, para ser honesto, gosto de verdade de ser o cara na festa que está sempre mais interessado no show do intervalo do Super Bowl do que na partida em si.

Sempre me senti meio excluído, o que foi algo que obviamente aprendi a aceitar com o tempo. Aos sete anos, quando fui diagnosticado com coluna torta, precisei usar um pequeno salto no sapato esquerdo para ir corrigindo o problema aos poucos. Me lembro da vergonha e do constrangimento no início, já que não podia usar os tênis maneiros que todas as outras crianças tinham, mas, em algum momento, esses sentimentos se transformaram numa espécie de empoderamento. Eu era diferente deles, mesmo que fosse apenas pelos meus sapatos, e curtia aquilo. Eu não queria ser como as outras crianças. Por mais doido que pudesse ser, gostava da sensação de ser estranho. Ainda gosto. Então, lá estava eu novamente, fazendo o meu melhor para me encaixar, para sempre o garoto com os tênis esquisitos.

Fiquei de olho na hora, sabendo que havia pouca margem de erro no meu itinerário maquiavélico. Contando os minutos até que eu precisasse me despedir novamente (algo que sempre detesto), decidi entrar na fila do bufê para pegar uma salada Caesar, sabendo que a comida do avião provavelmente seria mais a minha praia.

Achei que chegaria ao saguão do aeroporto, comeria alguma coisa e tomaria algumas taças de vinho, antes de desmaiar na poltrona e dormir a maior parte das quinze horas de viagem. Afinal, àquela altura, parecia que eu estava acordado havia dias, e meu corpo sem dúvida se renderia à exaustão, me deixando numa hibernação profunda até a aterrissagem em Sydney.

Chegou a hora. Examinei a sala em busca das minhas filhas e segurei as lágrimas quando vi as duas aproveitando a noite de suas vidas, pulando e gritando com as amigas, fazendo o possível para acertar o "cha-cha slide". Puxei as meninas para o lado e, no meu melhor tom de *Papai Precisa Casar*, expliquei que precisava ir, esperando uma explosão de lágrimas e abraços sufocantes. Em vez disso, elas exclamaram:

— Tudo bem! Tchau, pai! Boa viagem!

E, sem hesitação alguma, correram de volta para a pista de dança, me deixando sozinho na minha cadeira com uma salada Caesar pela metade e chocado.

Tive que sorrir. MEU ORGULHO AGORA ERA O DE UM PAI VENDO AS FILHAS DESCOBRINDO A INDEPENDÊNCIA, NÃO MAIS SE APEGANDO AO PAI CORUJA, MAS ENCONTRANDO O SEU PRÓPRIO MUNDO FORA DAQUELE QUE CRIAMOS JUNTOS. A ansiedade da separação era toda minha. Peguei o meu casaco e fui para o aeroporto, deixando-as com a mãe para encerrarem aquela noite importantíssima.

Sentado no saguão do aeroporto abrindo uma garrafa de Shiraz, repassei na minha mente as 24 horas anteriores, escolhendo momentos que, sem dúvida, ficarão comigo para sempre. Chegando em casa, a meticulosa preparação, a palma das mãos suada, a fixação de pequenos broches nos seus vestidos elegantes, o rosto das minhas filhas sob as luzes da pista de dança, as montanhas de macarrão com manteiga e brócolis no vapor... Agora eu só precisava chegar ao portão de embarque, e essa tarefa impossível não passaria de uma lembrança. Uma que eu esperava que Violet e Harper jamais esquecessem.

Gus e eu embarcamos no avião, e me joguei no assento espaçoso, desmaiando numa perfeita bruma de vinho tinto antes mesmo de decolarmos. Missão cumprida para caralho.

Turbulência. Não do tipo que parece uma cadeira de massagem no shopping. Não. Do tipo que parece um terremoto nível 9 na escala Richter, jogando você em todas as direções como uma pena ao vento (valeu, Robert Plant), sacudindo os seus órgãos e matando você de medo tudo ao mesmo tempo. *Vai passar*, disse a mim mesmo. *Dou conta disso*. Depois de uns bons vinte minutos, senti uma dor aguda no estômago, que só pode ser descrita como alguém pegando uma faca e gravando as suas iniciais nas minhas entranhas, como os namorados fazem em bancos de parque e velhos carvalhos. Aquilo não era normal. Aquilo não era enjoo. *Aquilo* era uma intoxicação alimentar. Enquanto o avião sacudia violentamente para a frente e para trás, percebi que estava preso naquele tubo de alumínio com treze horas de voo pela frente, e cada movimento repentino me fazia querer, digamos, explodir. Comecei a suar frio, olhando para a luz de apertar o cinto de segurança, rezando para que ela se apagasse para que eu pudesse correr até o banheiro e me livrar daquelas toxinas, mas a turbulência continuou pelo que me pareceu uma eternidade.

Ter uma intoxicação alimentar é o pior pesadelo de um músico em turnê. Se você está resfriado, bebe chá quente. Se está gripado, toma remédio. Se sofre de intoxicação alimentar, está completamente fodido. Não tem como impedir que o seu corpo faça o que foi geneticamente projetado para fazer: vomitar e cagar o veneno para fora dele. Só que agora eu estava com um problema ainda maior. Sou fisicamente incapaz de vomitar. Talvez eu tenha vomitado três vezes desde que tinha doze anos: uma aos catorze enquanto ouvia "Space Oddity" do David Bowie numa festa do barril (nada pior do que vomitar Meister Brau ainda gelada); outra em 1997, em Hollywood, após comer um pedaço de pizza de rua ruim (pareceu uma boa ideia na época); e uma última vez depois de ver o

Soundgarden no Los Angeles Forum em 2011 (e posso garantir que não foi por causa da música). Portanto, qualquer ataque de náusea costuma ser um longo processo de tentar me convencer de que vou conseguir sobreviver àquilo. Para resumir, é o meu inferno pessoal.

A luz de apertar o cinto enfim se apagou, cheguei ao banheiro em segundos, fechando a porta e pairando sobre a pia enquanto tentava relaxar e deixar a natureza seguir o seu curso. À medida que os minutos passavam, fiquei cada vez mais ciente de que não apenas essa tentativa de expulsar os meus demônios internos era completamente vã, como era bem provável que estivesse despertando as suspeitas de todos os passageiros e comissários de bordo por estar passando tempo demais naquele banheiro minúsculo. Depois de tentar várias vezes, voltei mancando para o meu assento e comecei a sentir calafrios. Olhei para o relógio... faltavam doze horas.

O voo foi um pesadelo. Várias idas ao banheiro, todas tentativas fracassadas, e voltando ao meu lugar para outra rodada de calafrios espasmódicos e febre. Sem sono. Sem descanso. Apenas um interminável cenário da pior das hipóteses, que não poderia ter acontecido num momento mais inoportuno, considerando que eu teria que ir direto para onde seria o show para a passagem de som assim que pousasse em Perth. *É um teste*, pensei. Um teste de vontade, dedicação e aplicação do velho ditado: "Você faz o que precisa ser feito para chegar ao show."

Veja bem, na época, o Ebola era uma grande notícia. A terrível doença espalhava ondas de medo ao redor do mundo, e as viagens internacionais estavam cheias de medidas de segurança que exigiam que todos os passageiros fossem examinados de uma forma ou de outra. Ao nos aproximarmos de Sydney, recebi os cartões costumeiros de alfândega e imigração para preencher, mas agora havia também um questionário obrigatório referente ao Ebola que devia ser assinado. Um formulário simples de sim ou não com uma lista de sintomas que indicam se você pode estar infectado com o vírus. Contemplei a lista horrorizado. Náusea. Diarreia. Febre. Calafrios... Apresentava todos os sintomas. A minha mente na mesma hora me fez visualizar uma situação em que eu era jogado numa sala do aeroporto repleta de pessoas que realmente estavam com Ebola, o que me levaria a contrair a doença e morrer sozinho em território australiano. Endireitei o corpo na poltrona, fiz a minha melhor cara de paisagem e tentei conter a doença por meio da pura força de vontade.

Enquanto desembarcávamos, sem energia nenhuma, sussurrei para Gus:

— Cara, estou com uma intoxicação alimentar.

Ele arregalou os olhos, e ficamos nos encarando quando a porta do avião se abriu. Ainda tínhamos outro voo de cinco horas para Perth. Aquilo não havia acabado; estava só começando. Seu telefone entrou em ação, e, como sempre, Gus começou a dar o seu jeito para encontrar uma maneira de consertar aquele desastre enquanto caminhávamos até a esteira de bagagens. Nosso grande plano tinha ido para o espaço: tudo era possível, e a situação estava se transformando numa versão rock and roll de *The Amazing Race*. O que no início parecia uma aventura ridícula agora era um desafio básico de sobrevivência. Tudo em nome de ser pai.

Quando embarcamos no voo seguinte, Gus já havia providenciado um médico para me atender no hotel em Perth. Por sorte, parecia que o pior havia passado, e agora era apenas uma questão de tentar manter no estômago um pouco de chá e torradas na esperança de que aquilo fornecesse o mínimo de energia de que eu precisaria para enfrentar duas horas e meia de um show de rock. Parecia impossível, mas agora não tinha como voltar atrás. O palco estava montado, o equipamento estava a postos, e milhares de fãs fanáticos do Foo estavam se preparando para a noite de suas vidas.

O médico chegou ao meu quarto e, olhando para o relógio, explicou exatamente o que eu precisaria fazer no curto espaço de tempo antes de subir ao palco.

— Tome este remédio agora. Vou te dar um litro de soro e quero que você se deite por uma hora.

Coloquei o remédio contra diarreia na boca, observei a bolsa de fluido esvaziar através da intravenosa para dentro da minha veia (para onde aquilo estava indo?) e caí no travesseiro como uma tonelada de tijolos. *Dou conta disso*, pensei outra vez.

Nos bastidores, fui recebido com surpresa pelos meus colegas de banda. Eles foram avisados de que eu poderia estar um tanto indisposto, então chegaram a debater alterações no setlist com planos de emergência no caso de eu dar uma de GG Allin e cobrir o palco com uma poça de vômito. Minha rotina pré-show de ficar pulando no mesmo lugar enquanto ria e bebia com os rapazes foi reduzida a sentar no sofá segurando uma banana pela metade, tentando reunir a energia para cantar 25 músicas no auge do verão. *Isso não vai dar certo*, pensei. Olhei para o frigobar e notei uma Guinness escondida atrás do Gatorade e da água de coco. *Ora, ora...*, pensei enquanto abria aquela cerveja, engolia e entrava correndo no palco. Bem, se na Irlanda era indicado para mães lactantes...

O que poderia ter sido um desastre de proporções épicas para acabar com uma carreira acabou sendo uma noite triunfante de cantoria ensurdecedora e animada celebração de fim de turnê. No fim das contas, as 36 horas que precederam aquele show abasteceram não apenas o meu corpo, como também a minha alma, lembrando-me de todas as coisas pelas quais sou grato na vida. Minha família. Meus amigos. Minha música. Eu estava completamente curado e voltei para o hotel depois do show não mais destruído, mas mais forte, com outra incrível turnê australiana na bagagem.

Na manhã seguinte, acordei, comi e voltei para o aeroporto para a viagem de 22 horas de novo para casa. Missão cumprida para caralho. Eu tinha conseguido.

Ao dar a volta no planeta uma última vez, fiz um balanço daquele gesto maluco de amor pelas minhas filhas, refletindo sobre o relacionamento que tivera com o meu próprio pai e me perguntando se ele teria feito o mesmo por mim. Ele teria movido montanhas para estar comigo num dia tão importante? *Duvido*, pensei. Talvez eu as ame tão intensamente porque o meu pai não me amou assim.

Acredito de verdade que a nossa compreensão ou "versão" do que é o amor é adquirida pelo exemplo desde o primeiro dia, e aquilo se torna a sua referência por toda a vida, seja por bem ou por mal. Uma base para os relacionamentos significativos. Com certeza agradeço à minha mãe por isso. AMO AS MINHAS FILHAS COMO FUI AMADO QUANDO CRIANÇA E TORÇO PARA QUE ELAS FAÇAM O MESMO QUANDO FOR A HORA DELAS. ALGUNS CICLOS DEVEM SER ROMPIDOS. OUTROS DEVEM SER REFORÇADOS.

Anos depois, eu estava levando Harper de carro para a escola, e ela perguntou:

— Pai, qual foi o voo mais longo que você já fez?

Eu sorri e disse:

— Bem... você se lembra daquela vez que vim para casa por uma noite para levá-la ao seu primeiro baile de pais e filhas?

Ela assentiu.

— Foram umas vinte horas de voo — falei.

Ela me olhou como se eu tivesse ficado doido.

— Vinte horas? Você não precisava ter feito isso!

Sorrimos um para o outro, e, após uma longa pausa, ela se voltou para mim e disse:

— Na verdade... sim, precisava, sim.

A SABEDORIA DA VIOLET

— Você está sentado?

A voz de John Silva, sempre rouca graças às décadas gritando ordens no seu atulhado escritório em Hollywood, não poderia ter soado mais nítida. Afinal, são três palavras que ninguém quer escutar no início de um telefonema, ainda mais do homem responsável pela sua carreira.

— Sim... por que, o que foi? — perguntei logo, antecipando alguma notícia devastadora enquanto arrepios de medo e ansiedade começavam a percorrer cada veia do meu corpo.

— A Academia ligou. Eles querem que você toque "Blackbird" na cerimônia de entrega do Oscar deste ano.

Fiquei atônito, e, na mesma hora, minha mente se deslocou para aquele momento em que todos os olhos e as câmeras se voltariam para mim, sozinho com apenas um violão, ao vivo na televisão para um público de 34 milhões de pessoas. Apesar de estar de moletom na sala da minha casa e ainda faltar algumas semanas para o show, fui tomado por um medo de palco paralisante. Não conseguia imaginar uma perspectiva mais assustadora. Um "Caralho!" sussurrado foi o máximo que consegui dizer em resposta.

É óbvio que eu conhecia aquela música. Seu arranjo estava gravado na minha memória desde a infância, e, enfim, acabei aprendendo a intrincada técnica de dedilhado de Paul McCartney enquanto cantava a sua melodia atemporal. Mas uma coisa é executar graciosamente uma música tão difícil no conforto do sofá de casa. Outra é fazer isso enquanto A PORRA DO PLANETA INTEIRO ESTÁ TE ASSISTINDO (isso sem contar Jennifer Lawrence e Sylvester Stallone).

Com o telefone praticamente escorregando da minha palma suada, murmurei:

— Espera... por quê?

Aquilo não fazia muito sentido para mim. No momento, a banda estava em um hiato (ou, como dizemos, "Eu odeio a gente"), e eu com certeza não tinha sido indicado a nenhum Oscar, então por que diabos eles me chamariam?

— Querem que você faça o acompanhamento musical do segmento das pessoas falecidas — respondeu Silva.

Não é a coisa mais animadora do mundo, pensei, mas, como nunca fui do tipo que desiste facilmente de um desafio, respondi:

— Vou pensar a respeito e te ligo amanhã.

Desliguei o telefone e fiquei sentado em silêncio enquanto minha mente oscilava entre todos os motivos para eu aceitar aquela oportunidade sem precedentes e todos os motivos para recusá-la educadamente. A ideia de ser chamado para homenagear as pessoas que a indústria do cinema havia perdido naquele ano era uma honra imensa, mas... eu me perguntei se conseguiria fazer aquilo. No fundo, eu estava com medo. Afinal, "Blackbird" não é uma música fácil de tocar, e fazer isso no Oscar não é o mesmo que tocar em uma arena lotada de fãs do Foo.

Felizmente, eu já a havia tocado antes, embora para um público bem diferente. Tinha sido no ano anterior, no Dia de Entretenimento do Aluno da terceira série de Violet.

Não sendo mais chamado de show de talentos por receio do impacto psicológico negativo na vida que qualquer tipo de competição pode provocar na próxima geração de crianças (insira aqui uma intensa revirada de olhos), o Dia de Entretenimento do Aluno em geral se resumia a uma enxurrada de crianças executando recitais de piano ou dublando canções de Katy Perry com coreografias intrincadas para um ginásio repleto de pais babões.

Após o anúncio do evento daquele ano, Violet voltou correndo para casa e perguntou toda feliz se poderia cantar "Sgt. Pepper's Lonely Hearts Club Band" com os melhores amigos. Não era um pedido incomum para ela, já que desde cedo eu havia feito questão de submetê-la a uma lavagem cerebral com o repertório inteiro dos Beatles, na esperança de estabelecer algum tipo de base musical antes que ela debandasse para artistas como Cardi B e Iggy Azalea. Percebi no seu entusiasmo que ela sentia que aquela finalmente seria a oportunidade de compartilhar seu inegável talento com os outros, algo que eu vinha esperando desde a primeira vez que ouvi a sua linda voz cantando Amy Winehouse na cadeirinha infantil no carro nas longas viagens por San Fernando. Ela fez algumas ligações para testar a ideia, mas, para o nosso desânimo, o consenso geral do grupinho de amigos foi:

— Sgt. quem?

Violet ficou arrasada com a notícia de que os amigos não se juntariam a ela no show. Enquanto estávamos no sofá e eu observava as lágrimas escorrendo pelo seu rostinho angelical, o pai protetor dentro de mim entrou em ação.

— Ei, e se a gente cantasse "Blackbird" juntos? Eu toco guitarra, e você canta!

Ela ergueu a cabeça, enxugou o rosto, e sua expressão mudou na mesma hora, enquanto assentia animadamente com um sorriso aliviado. Corri para buscar o violão, sentei-me diante dela e comecei a tocar a música. Sem nenhum ensaio e sem a letra para se orientar, ela entrou na hora certa, afinada, e tocamos juntos à perfeição, de primeira. Foi lindo. Poderia dizer que fiquei surpreso, mas não. Eu sabia que ela era capaz de fazer aquilo. Mas... será que eu seria? Trocamos um *high-five* e traçamos um plano: ensaiaríamos todas as manhãs antes da escola e todas as noites antes que ela fosse dormir até o dia do show, para garantir que estaríamos mais do que preparados no momento de subir ao palco.

Saturday Night Live, estádio de Wembley, a Casa Branca — cada uma dessas apresentações monumentais foi um ponto alto na minha carreira, mas a ansiedade que senti em todas essas ocasiões não chegava nem perto do meu nervosismo por causa daquele evento. O fato de ser apenas um ginásio cheio de pais tomando café com leite desnatado gelado enquanto olhavam os celulares não fazia a menor diferença para mim. Eu estava lá por Violet, e era crucial que aquela apresentação transcorresse sem problemas. Então, todo momento livre que eu tive daquele dia em diante foi gasto na preparação para eu ser o acompanhante musical perfeito, tentando aperfeiçoar aquele lindo arranjo de guitarra até criar bolhas nos dedos. ESSE É O SHOW MAIS IMPORTANTE DA MINHA VIDA, PENSEI.

Chegamos para a passagem de som na manhã do show, bem-vestidos e ensaiados. Solicitei um banquinho para me sentar enquanto tocava. Violet solicitou um suporte de partituras para a letra, no caso improvável de que ela viesse a precisar. Testamos o volume do violão e do microfone e esperamos nervosos para que a sala lotasse. Como estudava naquela escola desde o jardim de infância, Violet conhecia quase todo mundo, e quase todo mundo a conhecia, mas seu talento como cantora havia sido um segredo guardado a sete chaves e que estava prestes a ser revelado para um público desavisado.

Depois de algumas apresentações adoráveis, nossos nomes foram chamados, e subimos ao palco sob uma salva de palmas. Ocupamos os nossos lugares, nos acomodamos, e, no silêncio horripilante que se seguiu, olhei para Violet e disse:

— Pronta, *boo*?

Paralisada de nervosismo, ela assentiu, e comecei a delicada introdução de violão, lembrando para mim mesmo que aquela era a performance mais importante da minha vida e também da dela. Como de costume, ela entrou no tempo exato, perfeitamente afinada, e olhei para os rostos na plateia, todos ficando boquiabertos. Sua voz inocente e cristalina preencheu as caixas de som, e o salão ficou atônito. Apenas sorri, sabendo que eles finalmente descobriam a Violet que eu conhecia tão bem. Quando o último acorde ecoou, fomos estrondosamente ovacionados. Fizemos uma reverência, batemos palmas e deixamos o palco para o artista seguinte.

— Você arrasou, *boo*! — falei, dando um abraço apertado nela.

Meu coração estava cheio de orgulho. Não apenas orgulho pela habilidade musical de Violet, mas também pela sua coragem.

A coragem é um fator determinante na vida de qualquer artista. A coragem de expor os seus sentimentos mais íntimos, de revelar a sua verdadeira voz ou de ficar diante de uma plateia e se expor para o mundo. A vulnerabilidade emocional que muitas vezes é necessária para criar uma boa música também pode trabalhar contra você quando for a hora de compartilhá-la com o resto do mundo. Esse é o conflito que acaba com qualquer artista sensível. Uma sensação que experimentei com cada letra que cantei para alguém que não fosse eu mesmo. *Será que vão gostar? Sou bom o suficiente?* É a coragem de ser você mesmo que une essas emoções opostas, e, quando isso ocorre, a mágica se torna possível.

Ainda em dúvida sobre o Oscar, esperei Violet voltar da escola para contar a novidade. Depois de muitas idas e vindas, enfim havia tomado a decisão de recusar, me convencendo de que não *precisava* tocar no Oscar e que provavelmente ia acabar fazendo merda, mas pensei em compartilhar aquela oferta absurda com a minha filha. Quando ela chegou com a mochila cheia de livros, falei animado:

— Adivinha o que me chamaram para fazer hoje!

— O quê? — perguntou ela.

— Cantar "Blackbird" no Oscar!

Ela me encarou fixamente.

— E você vai aceitar, né? Quero dizer... você tocou no Dia de Entretenimento do Aluno!

O desafio estava lançado. Em um instante, percebi que precisava tocar no Oscar. Como pai dela, agora precisava mostrar que tinha a mesma coragem que ela havia demonstrado no ginásio naquele dia, não importa o quanto eu estivesse apavorado. CLARO, EU

TINHA QUE PROVAR PARA ELA QUE ERA CAPAZ DE FAZER AQUILO, MAS, NO FUNDO, TAMBÉM PRECISAVA PROVAR PARA MIM MESMO.

Liguei para John Silva, aceitei a oferta e comecei os preparativos para o que seria a maior performance da minha vida.

Foi decidido que eu tocaria a música com uma orquestra enquanto uma montagem de fotos era exibida acima de mim. Mas havia uma mudança: a música tinha sido inteiramente reorganizada para se ajustar à sequência de fotos, e a orquestra tocaria de um estúdio em outro prédio, no fim da rua, o que me deixaria sozinho no palco sem nenhum maestro a quem recorrer no caso de eu precisar de ajuda para acompanhar o ritmo descontroladamente flutuante. Portanto, eu deveria tocar ouvindo uma faixa de cliques através de um monitor intra-auricular, que serviria como uma espécie de metrônomo. Moleza, certo? Curiosidade: eu não uso e nunca toquei com monitores intra-auriculares (aparelhos parecidos com fones de ouvido que são usados para ajudar o músico a escutar a si mesmo e que se tornaram o padrão da indústria ao longo dos anos). Ainda prefiro os monitores de chão da velha guarda, do tipo que parecem alto-falantes velhos e sujos e sopram o seu cabelo para trás a cada batida de bumbo. Então, aquilo era um problema sério. Sem maestro para observar ou metrônomo a seguir, como eu faria aquilo?

Por fim, cedi e relutantemente concordei em usar um monitor intra-auricular pela primeira vez na vida, enquanto 34 milhões de pessoas me assistiam. *No que é que eu fui me meter?*, pensei. Decidi que, no caso de uma emergência catastrófica, eu simplesmente encontraria a Jennifer Lawrence na primeira fila e daria um jeito de fazer uma serenata para ela. Na pior das hipóteses, Sylvester Stallone também serviria.

De todas as cerimônias de premiação, o Oscar é uma merda de outro patamar. Você praticamente precisa obter passe de acesso ao Pentágono apenas para ligar o seu instrumento, e o processo de se "vestir" é algo nível *Cinderela*. Não é a minha vibe. Estou acostumado a entrar em um evento depois de alguns drinques, vestindo um blazer que seja perfeitamente aceitável tanto em enterros quanto em audiências jurídicas. Mas aquilo era diferente. Logo marcaram para mim uma ida a uma butique de Beverly Hills para que eu tivesse o terno perfeito. Eu era um peixe fora da água, para dizer o mínimo.

Parado diante das roupas, não tinha ideia de por onde começar. Quem me conhece sabe que sou a pessoa menos dentro da moda que existe e basicamente ainda me visto da mesma maneira que me vestia no nono ano (Vans, jeans, camiseta de banda), mas designaram uma estilista para me ajudar a encontrar e ajustar o terno perfeito. Fui apresentado a uma jovem loira, elegante e com enormes olhos azuis chamada Kelsey.

— Nós já nos conhecemos — disse ela.

Olhei para o rosto dela e, embora me parecesse familiar, não consegui me lembrar de onde.

— Eu era a garotinha no clipe de "Heart-Shaped Box", do Nirvana...

Silêncio. Então, na mesma hora vi naqueles grandes olhos azuis: era ela.

Mas. Que. Porra. O UNIVERSO ESTAVA TRABALHANDO PESADO.

Aquele vídeo, filmado 23 anos antes e dirigido pelo lendário fotógrafo Anton Corbijn, era uma sequência surrealista de nascimento, morte, anatomia e caos, tudo ambientado em um mundo de fantasia com um homem idoso pendurado em uma cruz feito Jesus Cristo. Parada no meio de tudo isso, estava uma garotinha com um capuz e um manto brancos, os olhos enormes repletos de tristeza, talvez uma representação da inocência que o Nirvana tinha perdido com nossa traumática ascensão à fama. E, agora, ali estávamos nós, juntos em um provador, marcando a bainha da calça que eu usaria enquanto tocaria uma música dos Beatles em uma sala lotada de estrelas de cinema. Não era irônico?

À medida que a data se aproximava, eu ficava cada vez mais nervoso. Uma semana antes da premiação, enquanto jantava com Paul McCartney, disse para ele que tocaria no evento.

— Que música você vai tocar? — perguntou Paul.

— "Blackbird" — respondi, nervoso.

— Ousado — disse ele, sorrindo e apontando um dedo para mim.

Engraçado, mas aquilo aumentou ainda mais a pressão, pois agora eu tinha outro motivo para não foder com tudo.

Eu estava sempre evocando a imagem de Violet no palco, provando para si mesma a coragem de revelar os seus sentimentos mais íntimos, revelar a sua verdadeira voz, ficar diante de uma plateia e se expor para o mundo. Fui inspirado com a sua valentia e, assim, encontrei a minha própria e, no meu coração, dediquei aquela apresentação para ela.

Para quem tem vontade de assistir ao Oscar, acredite, é muito mais agradável da sua sala com uma pastinha de espinafre e uma cerveja gelada. Acho incrível qualquer um que dedique a vida às artes, mas, meu Deus, aquilo parecia a missa mais longa do mundo, só que sem os biscoitos e os golinhos de Cabernet. Minha apresentação seria perto do fim da cerimônia, o que só serviu para aumentar a minha ansiedade. Horas se passaram. Dias. Semanas. Depois do que pareceu uma eternidade, finalmente fui chamado aos bastidores para me preparar.

Durante um intervalo comercial, enquanto caminhava até a minha cadeira no centro do palco, olhei para a primeira fila, onde Jennifer Lawrence e Sylvester Stallone estiveram sentados a noite toda, procurando o seu rosto para que me salvassem na eventualidade de eu travar e a performance desandar por completo. Eles não estavam em lugar nenhum à vista, substituídos por espectadores anônimos, todos olhando para mim com expressões confusas, evidentemente esperando pela Lady Gaga.

— Um minuto! — gritou um diretor nas caixas de som.

Empurrei meu minúsculo monitor para dentro do ouvido, ajustei o microfone, respirei fundo e fechei os olhos.

E vi Violet. Vi os seus primeiros passos quando bebê. Vi seu primeiro dia de aula, dando tchau para mim ao longe. Eu a vi pedalando uma bicicleta sozinha pela primeira vez, sem precisar mais da ajuda do pai. E eu a vi no palco, cantando "Blackbird" no ginásio da escola. SENTI A SUA CORAGEM E ENCONTREI A MINHA.

Pena que Jennifer e Sly não tenham assistido.

CONCLUSÃO

Mais um passo na faixa de pedestres

— Tudo bem com você, cara?

Afundado na minha poltrona nos bastidores, assenti em silêncio para Chris enquanto escondia o rosto com uma toalha suja e chorava, o choro abafado ecoando de forma constrangedora no camarim silencioso enquanto os outros caras abriam os armários e mudavam de roupa atrás de mim, ainda suados do show de três horas que havíamos acabado de fazer. Após vinte anos como uma banda, aquela era a primeira vez que Pat, Nate, Taylor, Chris e Rami viam seu destemido líder desmoronar completamente diante deles. Mas eu não conseguia me segurar mais. Precisava desabafar. Em um momento de catarse, foi como se todas as emoções que eu vinha reprimindo nos últimos quarenta anos viessem à tona e enfim rompessem a represa dentro de mim, se espalhando no chão de concreto.

Não porque eu estivesse sem conseguir andar e ainda assim tivesse insistido em uma exaustiva turnê de 65 shows onde eu precisava ser transportado em uma cadeira todas as noites para me apresentar e depois ser levado embora como uma marionete quebrada. Não porque eu ainda sentisse a dor lancinante dos parafusos de titânio cravados fundo nos meus ossos e que ali permanecerão

para sempre, como um lembrete humilhante de como sou frágil e vulnerável. E não porque eu estava tomado por uma saudade devastadora da minha família, que parte o meu coração sempre que ficamos separados por semanas a fio, alimentando o meu medo da ausência e da ansiedade da separação deixada pelo meu pai.

Não, aquilo era outra coisa.

Era o fato de eu ter acabado de fazer um show com lotação esgotada para quarenta mil pessoas no Wrigley Field de Chicago, do outro lado da rua do Cubby Bear, aquele minúsculo clube onde, aos treze anos, assisti ao meu primeiro show e fui inspirado a dedicar a vida ao rock and roll.

Eu já tinha tocado em estádios com o dobro daquele tamanho, regendo um mar de fãs coro após coro, todos unidos em harmonia extasiada por horas a fio, mas não foi a lotação esgotada do lugar que me levou às lágrimas naquela noite. Foi o fato do Wrigley Field ficar a apenas uma faixa de pedestres daquele bar de esquina mal iluminado, outrora repleto de corpos se contorcendo e dançando ao som ensurdecedor de tambores que serviram como meu despertar. Aquela noite de verão de 1982, quando minha prima Tracey me levou para assistir ao Naked Raygun, foi o meu batismo; fui banhado pela glória distorcida da música. Daquele dia em diante, fiquei diferente, empoderado pela revelação que senti ao ter meu peito magricelo esmagado contra o minúsculo palco e fiquei cara a cara com o poder brutal do rock and roll. Finalmente eu tinha encontrado o lugar ao qual pertencia, a minha tribo, a minha vocação. E, o mais importante, eu havia me encontrado.

Esse foi o meu grande despertar, e os sonhos não eram mais apenas sonhos; eles se tornaram a minha referência. Eu era um desajustado idealista, fortalecido pela audácia da fé e uma determinação insensata de fazer as coisas do meu jeito. O punk rock se tornou o meu professor em uma escola sem regras, cuja única lição era que lições não eram necessárias e que cada pessoa tem uma voz para ser ouvida, não importa o som. Construí a vida com base nessa ideia e a segui cegamente com convicção eterna.

Naquela noite, pisei na faixa de pedestres, e não havia como voltar atrás.

Enquanto a banda saía silenciosamente do camarim, fiquei sozinho na minha cadeira para refletir e juntar aos poucos as peças irregulares desse quebra-cabeça de toda uma vida. Pensei nas longas viagens que minha mãe e eu fizemos no nosso velho Ford Maverick sedã 1976, cantando junto com o rádio AM, quando, pela primeira vez, ouvi o som de duas vozes em harmonia formando um acorde. Essa foi a faísca que acendeu o meu fascínio pela música. Pensei na gloriosa fúria instrumental de "Frankenstein", de Edgar Winter, do meu primeiro álbum, comprado em um supermercado e escutado no toca-discos que minha mãe tinha trazido da escola para casa até a agulha velha se desgastar por completo. Pensei na guitarra Silvertone com amplificador embutido no case que eu tocava todos os dias depois da aula, dedilhando de acordo com o meu songbook dos Beatles, aprendendo a beleza da composição e do arranjo. E pensei nas velhas almofadas no chão do meu quarto, que usava como bateria, me debatendo ao som dos meus discos de punk rock favoritos até as mãos ficarem em carne viva.

Cada lágrima, mais uma lembrança. Cada lembrança, mais um passo na faixa de pedestres.

Talvez minha sessão espírita tenha funcionado, afinal. Fazia trinta anos desde que implorei ao universo por esta bênção enquanto me ajoelhava diante da luz bruxuleante das velas do altar que construí na garagem. Talvez tudo isso tenha sido apenas uma questão de desejo manifesto, de acreditar que tudo é possível se você se dedicar por completo. Talvez fosse a audácia de ter fé em si mesmo. Talvez eu *tenha* vendido a minha alma. Todas essas coisas podem ser verdadeiras, mas eu sabia que, não fosse pela epifania que tive naquela noite no Cubby Bear, nunca nem teria ousado tentar.

Eu com certeza nunca teria arriscado aquela ligação para me candidatar a um teste para a minha banda local favorita, o Scream, desencadeando uma cadeia de eventos que mudaria a minha vida para sempre. Se eu nunca tivesse visto aquele anúncio no quadro de avisos da loja de música da vizinhança, sem dúvida teria seguido um caminho totalmente diferente, mas vi uma porta se abrir à minha frente e, em vez de ficar no conforto do meu quarto minúsculo, decidi mergulhar de cabeça, deixando para trás uma vida de estabilidade e segurança. Embora ainda preso à minha juventude, eu estava pronto para ser livre. Estava pronto para apostar tudo naquela paixão ardente que fervia dentro de mim e me comprometi a honrá-la. Aos dezessete anos, a música se tornou a minha conselheira quando eu precisava de orientação, minha amiga quando eu me sentia sozinho, meu pai quando eu precisava de amor, meu pastor quando precisava de esperança e meu parceiro quando precisava pertencer a algum lugar. Naquela noite, quando vi os B-52s no *Saturday Night Live* em um borrão extravagante e hiperativo, me conectei a algo e soube que jamais seguiria uma vida convencional. Eu não estava destinado a desaparecer nas sonolentas ruas suburbanas de Springfield, Virgínia, apenas mais um casaco esperando o ônibus para ir trabalhar. Eu tinha nascido para içar a minha bandeira bizarra e celebrar todas as belas excentricidades da vida. Precisava romper com a norma.

Outra lembrança, mais um passo na faixa de pedestres.

Com a bênção da minha mãe, fui liberado para seguir em frente. Por meio da sua empatia e compreensão ilimitadas, ela reconheceu o meu propósito e me concedeu a liberdade de vagar, sem se importar para quão longe. A vida não demorou a se tornar uma lição de sobrevivência, e minha casa era um chão duro, mas eu estava VIVENDO, e a música era o meu alimento quando eu não tinha nada para comer. Com os pés apoiados no painel, observei o mundo passar voando através de um para-brisa sujo e aprendi a me render à imprevisibilidade de uma vida sem projeto, a confiar em um mapa de estradas sem destino, deixando-me levar aonde quer que aquilo me levasse, sem saber o que estava por vir, embora confiando fielmente na música para me manter vivo no caso de tudo desmoronar e eu precisar começar de novo.

E eu recomecei.

Parece que foi ontem, aquelas longas noites passadas naquele sofá sujo em Olympia, Washington, enfiado em meu saco de dormir a milhares de quilômetros de casa, esperando pelo próximo sonho. Novamente, eu era um estranho na casa de um estranho, mas o zumbido em meus ouvidos do som que fizemos juntos naquele pequeno celeiro fora da cidade me embalou para dormir todas as noites e manteve o fogo dentro de mim vivo. Minha fiel forquilha para achar água me levou a outro poço, tão profundo que acabou transbordando e afogando a todos nós. Eu estava perdido sem um barco salva-vidas.

Eu poderia ter me afogado. Eu poderia ter desistido. Eu poderia ter voltado para casa. Mas desistir nunca fez parte do meu DNA.

Quando ouvi a sala ao lado começar a ser tomada pela habitual procissão de convidados após o show, me recompus e me preparei para me juntar a eles. Eu escutava as suas vozes e reconhecia todas. Eram as vozes das pessoas que me carregaram ao longo daqueles anos. Uma grande família que se tornou minha nova tribo.

Entrei na sala e vi Gus Brandt distribuindo drinques e passes, sempre fazendo o possível para que todos se sentissem bem-vindos em nosso mundinho caótico. De guitarras quebradas a pernas quebradas, Gus cuidou de mim durante décadas, parte terapeuta, parte irmão mais velho, parte guarda-costas. Ele havia se tornado o meu farol quando eu me sentia perdido em um mar de estranhos, meu abrigo quando eu precisava de proteção, alguém a quem eu sempre poderia confiar minhas questões mais pessoais. Embora não fosse músico, seu amor pela música era igual, senão mais intenso do que o meu, e sem o seu ombro onde descansar, eu jamais passaria para a próxima música, a próxima cidade, o próximo palco. Ele está sempre presente, e agradeço por sua proteção.

Vi Rami Jaffee, meu fiel confidente, andando pela sala com a graça e a tranquilidade de um *maître romani*, espalhando a sua vibração como o verdadeiro embaixador dos "bons tempos" do Foo Fighters. Embora todas as noites ele ficasse escondido no canto do palco, sua entrada na banda se mostrou inestimável ao longo dos anos, e ele introduziu um elemento de musicalidade que nos levou a outro nível, álbum após álbum. Contudo, além de sua proficiência como músico, sua amizade tinha se tornado uma alegria a cada dia, uma pausa bem-vinda na monotonia de *O Feitiço do Tempo* da vida na estrada. E, todas as noites, após as cortinas se fecharem e o público voltar para casa, Rami e eu vamos subir no ônibus da turnê que compartilhamos e beberemos, fumaremos e dançaremos enquanto atravessamos a estrada até o nosso próximo destino. Embora ele tenha se juntado à banda uma década após a sua criação, no fundo, ele foi um de nós desde o início, e agradeço pela sua presença.

Vi Chris Shiflett, o homem que salvou a banda em nosso momento de maior necessidade, quando estávamos sem guitarrista e precisávamos terrivelmente de um resgate musical. Embora, por coincidência, nossos caminhos tenham se cruzado em um show do Scream em Santa Bárbara dez anos antes de seu teste (a única vez que tentamos tal coisa), vivíamos vidas paralelas até aquele ponto, tocando em bandas de punk rock com amigos e vivendo de vans e centavos, com a música e a aventura sendo as únicas verdadeiras recompensas. Antes mesmo de ele tocar uma única nota, eu já sabia que se encaixaria perfeitamente, porque ele apreciaria cada momento que passaria com a banda, e agradeço por isso.

Rasgando a sala como um tornado F5 de alegria hiperativa estava Taylor Hawkins, meu irmão de outra mãe, meu melhor amigo, um homem por quem eu levaria um tiro. Quando nos conhecemos, nosso vínculo foi imediato, e nos tornamos mais próximos a cada dia, a cada música, a cada nota que tocávamos juntos. Não tenho medo de dizer que nosso encontro foi uma espécie de amor à primeira vista, acendendo uma "chama gêmea" musical que arde até hoje. Juntos, nos tornamos uma dupla imparável, dentro e fora do palco, em busca de toda e qualquer aventura que viesse pela frente. Temos tudo a ver um com o outro, e agradeço por termos nos encontrado nesta vida.

Lá estava Nate Mendel, minha voz da razão, meu barômetro, aquele a quem eu sempre podia recorrer quando precisasse de embasamento. Se não fosse por aquele encontro inesperado em meu jantar de Ação de Graças em 1994, reunido ao redor de um tabuleiro Ouija para contatar os espíritos da minha casa mal-assombrada em Seattle, o mundo nunca teria conhecido o Foo Fighters como ele é hoje. Juntos, havíamos construído aquilo do zero, acabado com inúmeros obstáculos e, de algum modo, permanecemos relativamente intactos. Embora eu quase nunca o diga, seu papel em minha vida é indispensável, e não sei o que faria sem ele. Agradeço sua dedicação e lealdade.

Então, havia Pat Smear. O homem que fora meu herói do punk rock e que se tornou não apenas um colega de banda, duas vezes, mas também um porto seguro na minha vida. Desde o minuto em que entrou no ensaio do Nirvana em 1993 e deu à banda mais um ano de vida, Pat sempre esteve ali para caminhar pelo fogo ao meu lado, não importando os altos e baixos. Ele sempre esteve presente nos maiores desafios da minha vida e, com sua sabedoria e inteligência, me garantiu que eu poderia superar qualquer coisa. Que NÓS poderíamos superar qualquer coisa. Desejei estarmos sempre juntos desde o dia em que nos conhecemos, e tenho sido feliz à sua sombra desde então. Todas as noites no palco, quando olho para a minha esquerda e vejo as grossas colunas de fumaça emanando do seu sorriso, me sinto seguro, eternamente grato por seu espírito amável e sagaz.

Como uma banda, cada um de nós havia se tornado uma peça da engrenagem de um relógio estrondoso, que funcionava apenas porque os dentes de uma roda se encontravam com os da outra, travando-nos num movimento sincronizado. Sem isso, nosso pêndulo pararia. A porta giratória que atormentou os nossos primeiros anos agora estava trancada, e havíamos nos tornado algo eterno. Ao entrar, você estará dentro para o resto da vida. A estabilidade e a segurança que todos desejávamos sendo filhos do divórcio e da rebelião adolescente agora eram encontradas numa enxurrada de guitarras distorcidas e palcos iluminados a laser. Nós tínhamos nos tornado uma família.

No outro extremo da sala, entretendo os convidados com uma taça de champanhe na mão delicada, estava minha linda esposa, Jordyn, a mãe das minhas filhas, rainha do meu mundo, o peso em minha balança que me impede de tombar. Nossos caminhos se cruzaram num momento em que pensei estar condenado a viver para sempre no passado, mas, através de sua força e clareza, ela me mostrou um futuro. Juntos, criamos a maior conquista da minha vida, a minha família. E, à medida que nossa família aumentava, meu apreço pela vida também crescia. A cada filha nascida, eu nascia de novo, e a cada passo que elas davam, eu refazia os meus. Violet, Harper e Ophelia me deram a vida em troca, e palavras não conseguem expressar a gratidão que tenho por elas. A paternidade eclipsou qualquer sonho, qualquer desejo, qualquer música que eu já tivesse escrito, e, com o passar dos anos, descobri o verdadeiro significado do amor. Não vivo mais apenas para mim, vivo para elas.

Mas as vozes que não podiam ser ouvidas talvez fossem as mais altas na sala.

Jimmy deveria estar aqui, pensei. Ele foi a primeira pessoa para quem toquei o meu álbum do Naked Raygun em 1982, ao voltar para casa da viagem a Chicago, e, no momento em que baixamos a agulha naquela bolacha primitiva de vinil, embarcamos juntos numa nova jornada musical como aliados no heterodoxo mundo do punk rock. Éramos dois desajustados num mar de conformidade, criando o nosso próprio mundo, a nossa própria linguagem, o nosso próprio universo, através de nossa obsessão pela música. Não fazia diferença o quão longe eu estivesse, ele sempre me entendeu e abraçou a minha estranheza, assim como eu abracei a dele. Eu o considerava o irmão mais velho que nunca tive, e muito de quem sou é por causa dele. Éramos inseparáveis, compartilhando tudo em nossa vida, e partia o meu coração não poder compartilhar aquele momento com ele. Mas, no fundo, eu sabia que ele teria apreciado essa vitória, porque ela pertencia a nós dois.

"Isso não vai durar", dissera meu pai certa vez. É bem possível que tenha sido esse desafio que me levou a garantir que aquilo durasse. Tivemos problemas de relacionamento a vida inteira, mas, mesmo em sua ausência, fui moldado por sua presença, para o bem ou para o mal. Há muito tempo, abandonei qualquer ressentimento em relação a ele e o perdoei por suas falhas como pai, finalmente aliviando o fardo da nossa relação, permitindo que nos tornássemos bons amigos. Como seu filho, herdei mais do que os atributos físicos básicos: tínhamos as mesmas mãos, os mesmos joelhos, os mesmos braços. Quero crer que minha habilidade de decifrar sons e tocar música de ouvido foi herdada de seu abençoado código genético, e era ele a quem eu deveria agradecer por esse presente tão precioso. Algo que ele com certeza reconheceu quando me tornei um homem.

Sei que ele ficaria orgulhoso, e eu gostaria que ele estivesse vivo para fechar este círculo ao meu lado.

E Kurt.

Se ele pudesse ter visto a alegria que a sua música trouxe para o mundo, quem sabe poderia ter encontrado a sua própria. Minha vida foi mudada para sempre por Kurt, algo que nunca tive a chance de dizer enquanto ele ainda estava entre nós, e não ter tido a oportunidade de agradecer a ele por isso é um arrependimento com o qual precisarei viver até que nos reencontremos de alguma forma. Não passa um dia sem que eu não pense no tempo que passamos juntos, e, quando nos encontramos nos meus sonhos, há sempre um sentimento de felicidade e calma, quase como se ele estivesse apenas se escondendo, esperando a hora de voltar.

Embora não estejam mais conosco, ainda carrego essas pessoas em meu coração aonde quer que eu vá, assim como elas já me carregaram, e é o seu rosto que vejo todas as noites, pouco antes de as luzes se apagarem e eu ser atingido pelo rugido dos aplausos. Aquilo pertence a eles tanto quanto a mim. *Se eles tivessem esperado um pouco mais*, pensei, *talvez tivessem se juntado a essa celebração, outra reunião de amigos de longa data ligados por anos de profunda conexão.*

Mas, parada no meio de tudo isso, estava a indiscutível matriarca dessa extensa família, a pessoa para quem cada um daqueles quarenta mil fãs havia acabado de cantar "Parabéns para você" mais cedo naquela noite: minha mãe. Enquanto ela estava no palco ao meu lado, enquanto todo o estádio cantava em um coro estrondoso, fiquei emocionado, sabendo que aquela mulher que havia trabalhado incansavelmente para criar dois filhos sozinha — lutando para sobreviver, trabalhando em vários empregos, vivendo de mês em mês — e devotado toda a sua vida para os outros como professora de escola pública estava finalmente recebendo o reconhecimento que merecia. Não é preciso dizer que nenhum de nós estaria ali não fosse por ela. Ela me deu a vida não uma, mas duas vezes, permitindo-me a liberdade de me tornar quem eu queria ser, me libertando para seguir o meu próprio destino. Por meio de sua fé em mim, ela me deu coragem e confiança para que eu pudesse ter fé em mim mesmo. Por meio de sua paixão e convicção, ela me ensinou a viver com a minha própria paixão e convicção. E, por meio de seu amor incondicional por mim, ela me mostrou como amar os outros incondicionalmente. Ela poderia ter desistido. Ela poderia ter ido para casa. Mas desistir também nunca fez parte de seu DNA.

Ela sempre foi a minha heroína e a minha maior inspiração. Eu devia tudo aquilo a ela.

Levei a vida inteira para atravessar aquela faixa de pedestres, mas era grato por cada passo, ainda aquele mesmo garotinho com um violão e um sonho. Porque ainda esqueço que envelheci. Minha mente e meu coração ainda me pregam essa peça cruel, me enganando com a ilusão da juventude enquanto saúdo o mundo todos os dias com os olhos idealistas e travessos de uma criança rebelde que vive atrás de aventura e magia. Ainda encontro felicidade e apreço nas coisas mais básicas e simples. E, à medida que vou acumulando mais rugas e cicatrizes, eu ainda as ostento com certo orgulho, pois quase me servem como um rastro de migalhas de pão, espalhadas por um caminho que um dia vão me servir para encontrar o trajeto de volta ao ponto de partida.

Minhas lágrimas já haviam secado, e entrei sem alarde na sala com minhas duas surradas muletas para participar de um gigantesco abraço coletivo. O círculo agora estava completo, e todos chegáramos juntos ao outro lado da faixa de pedestres, todos gratos pela vida, pela música e pelas pessoas que amamos.

E PELA SOBREVIVÊNCIA.

AGRADECIMENTOS

Quando o mundo fechou as portas em março de 2020, me vi frente a frente com o maior medo da minha vida: nada para fazer.

 Com meu espírito inquieto e criativo, a ideia de ficar sentado no sofá vendo novelas ruins à espera da reabertura dos estádios me fez entrar em parafuso existencial. Quem eu era sem a minha música? Qual o meu propósito sem um instrumento nas mãos? Haveria um sentido maior na vida além de fazer espaguete com almôndegas duas vezes por semana para as mais capciosas críticas gastronômicas do mundo, minhas filhas? Tinha que pensar rápido em algo, não só para fazer passar o tempo, mas para aproveitar essa pausa na minha interminável e exaustiva agenda.

 Decidi então escrever um livro.

 Como nunca tive o tempo (ou a coragem) de me aventurar numa empreitada tão colossal, tateei pelo processo com a mesma atitude que sempre adotei em boa parte da vida: "Fingir até saber fazer." Afinal, sou filho de dois escritores brilhantes. Não poderia ser assim tão difícil. *Faço isso sozinho!*, pensei.

 Rapaz, como eu estava errado.

 Sem o pessoal fantástico da Dey Street/HarperCollins, esta criatura de quatrocentas páginas nunca teria chegado às mãos de vocês.

Quem neste mundo confiaria a um sujeito que largou a escola para virar baterista de punk rock um livro sobre salsichas empanadas e o Motörhead? Eu digo quem: a editora Liate Stehlik, que me permitiu a honra de contar minha história (ou ao menos um décimo dela) para o mundo. Obrigado. Dia desses te conto o resto. Jeanne Reina, por criar a capa e fazer minha ressaca parecer tão digna (da próxima vez, melhor marcar comigo antes da festa). Ben Steinberg, por estar do meu lado entre um round e outro, assim como Heidi Richter, Kendra Newton, Christine Edwards, Renata De Oliveira, Angela Boutin, Rachel Meyers e Pam Barricklow. Gramática perfeita, cortesia de Peter Kispert.

Mas, se há uma pessoa que fez desta experiência um prazer, é a incrível Carrie Thornton. Desde o momento em que nos conhecemos, soube que ela seria a pessoa certa para me guiar por este processo, e foi o que fez ao longo de todo o caminho. Nosso amor compartilhado por música, pela Virgínia e pela ridícula cultura gótica dos anos 1980 foi o encaixe perfeito, e eu não poderia ter desejado guia mais perfeita para me orientar na visita aos melhores e piores dias da minha vida. Só poderia ter compartilhado isto com você, e com você terei uma dívida eterna. Fomos uma ótima dupla, mas também nos tornamos ótimos amigos, e, quando é assim, deixa de ser trabalho e vira prazer. Obrigado, Carrie. Pela sua paciência, sabedoria e cuidado. Vai ter que me aturar para sempre agora. (Inserir aplausos de pé aqui.)

Pois, uma vez comigo, sempre comigo. Meu empresário, John Silva, está de prova. Depois de 31 anos juntos, não consigo imaginar a vida sem suas esgarçadas cordas vocais aos berros no meu telefone todas as manhãs. Não iria querer nada diferente. John Cutcliffe (a quem nunca ouvi gritar) também me acompanha desde o início, e é uma bênção ter compartilhado as últimas três décadas de aventuras com toda a sua calma incrível. Mas, sem o gênio irreverente de Kristen Welsh, a introspecção amorosa de Gaby Skolnek e a devoção duradoura de Michael Meisel, eu hoje com certeza não estaria aqui. Toda a equipe da SAM deveria ser condecorada. Alguém avise à rainha.

Steve Martin (não o engraçado) merece um agradecimento pelos 26 anos de serviços na sala de assessoria de imprensa de nossa Estrela da Morte, e não há nesta galáxia alguém mais qualificado. Dê uma olhada no bolso do assento à sua frente no avião. Se a revista de bordo trouxer uma matéria sobre a banda, deve ter sido ele quem conseguiu isso.

Eve Atterman, da WME, obrigado por me apresentar a este novo território. Fiquei muito feliz com o resultado.

Sempre credito o sucesso da nossa banda a termos criado nosso próprio selo, a Roswell Records, 26 anos atrás, e termos feito tudo do nosso jeito. Mas, se existe uma pessoa a creditar por essa decisão salvadora, é minha advogada pelos últimos 27 anos, Jill Berliner. Ela ergueu esta cidade a partir do rock and roll.

Sem todos os músicos e bandas com que tive o prazer de tocar ao longo dos anos, nunca teria me tornado o músico que sou hoje. Das minhas primeiras bandas de punk rock, Freak Baby, Mission Impossible e Dain Bramage, à descoberta do mundo com meus irmãos do Scream e à transformação do mundo da música com o Nirvana, cada uma dessas pessoas moldou meu jeito de tocar e afinou meu ouvido. Sem elas, não teria tido recursos para levar um som com titãs como o Queens of the Stone Age e o Them Crooked Vultures, duas bandas que me devolveram o amor pela música, pelo qual serei eternamente grato. A todas as bandas que um dia amei...

Mas, se não fosse pelos meus fiéis Foo Fighters, nada disso teria a mínima importância. Vocês fizeram da música mais do que apenas música, mas a minha vida. E que vida construímos juntos! Obrigado, caras.

E aos bravos homens que gravaram tudo, Barrett Jones, Butch Vig, Gil Norton, Nick Raskulinecz, Adam Kasper e Greg Kurstin, não existiria trilha sonora para acompanhar este livro sem vocês. Vocês deram a todos nós uma dádiva ao dividirem com a gente seu brilhantismo, seu incentivo e sua contribuição criativa quando eu precisava de um empurrãozinho para sair da inércia. Obrigado pelo tranco!

Ao longo dos anos, encontrei inspiração nos lugares mais estranhos, mas, tendo sido abençoado com tantos amigos brilhantes, só o que preciso fazer é recorrer a eles para acenderem meu fogo. Preston Hall, que construiu meu estúdio no porão na Virgínia, Jim Rota e John Ramsay, meus sócios no mundo da TV e do cinema, toda a equipe do Studio 606 e nossos incansáveis *roadies*, que dedicam suas vidas a garantir que o rock role. E isso sem falar em Russell Warby, Anton Brooks, Jeff Goldberg, Virginia Rand, Bryan Brown, Paola Kudacki, nos Varlay, Katherine Dore, Joe Zymblosky, Magda Wozinska, Ian Mackaye, Judy McGrath, Larry Hinkle, todo mundo na Sony/RCA, minha família estendida de Washington a San Fernando Valley... A lista é tão longa que dava para usar mais quatrocentas páginas para escrevê-la.

Para Jimmy. Sinto sua falta, cara.

Sem a minha linda família, eu não teria dado nem a partida. Jordyn, Violet, Harper, Ophelia, vocês me lembram a cada dia que não sou um "astro do rock", apenas o pai dessa incrível família, e não há nada nesse mundo que eu ame mais. Vocês me inspiram.

E, sim, há um yin para o meu yang musical, e seu nome é Lisa Grohl. Não fosse a coleção de discos da minha irmã (Neil Young, Bowie, Tears for Fears, Squeeze etc.), talvez eu tivesse seguido um caminho de puro death metal e maquiagem de cadáver. É a ela que vocês devem agradecer por salvá-los disso.

E, ah, sim... oi, mãe.

Obrigado. Por tudo.

🌐 intrinseca.com.br

𝕏 @intrinseca

f editoraintrinseca

📷 @intrinseca

♪ @editoraintrinseca

▶ intrinsecaeditora

1ª edição	JANEIRO DE 2022
reimpressão	OUTUBRO DE 2024
impressão	SANTA MARTA
papel de miolo	IVORY 65 G/M²
papel de capa	CARTÃO SUPREMO ALTA ALVURA 250 G/M²
tipografia	ADOBE GARAMOND